서실장의 더존실무 톡톡

더존 SmartA 활용
진짜**세무실무 시리즈(Ⅴ)**
www.sshedu.kr

2022 개정판

세무대리인이 알아야 할
연말정산 신고 실무
Point 50

서승희 저

2022 귀속

동영상강의
www.sshedu.kr

NANUM 나눔 A&T

머리말

IT산업의 발전이 국세행정에 많은 변화를 가져온 것처럼 세무대리인의 업무환경도 나날이 변화되고 있습니다. 장부를 수기로 작성하던 때가 언제 있었나 싶을 정도로 컴퓨터에 의존하고 있고 또한 이제는 입력이 아니라 자료수집이라는 새로운 용어에 익숙해져야 할 시대가 되었습니다.

사무실이 아니면 안 될 것 같은 업무처리도 재택근무가 가능한 환경으로 진화해 나가고 있습니다. 그렇지만 세무대리인이 하는 업무는 사업자의 세금을 대리하는 업무이기에 작은 것도 흘려보낼 수 없고 좀 더 꼼꼼하게 챙겨서 관리해야 하는 업무이기도 합니다.

때론 국세청 입장에서 고객을 납득시켜야 하고, 때론 고객입장에서 국세청과 싸워야 하기도 하는 일이라 정신노동이 많은 직무군입니다.

시스템을 활용해서 업무를 처리하는 것은 시스템이 가지고 있는 기능과 프로세스를 이해해야 하며, 이는 실무를 알고 있어야 수월하게 업무처리를 할 수 있습니다.

세법이나 회계기준을 기준으로 더존SmartA를 활용하여 좀 더 편리하고 효율적으로 전자신고까지 처리할 수 있도록 하며, 수임업체를 관리하는 업무 Tip을 공유하여 체크포인트를 따라해 보면 누구나 경력자다운 면모를 보일 수 있을 것입니다.

세무업무에 입문하여 실전에서 경력자로서의 실력을 보일 수 있도록 27년이 넘는 저의 업무노하우를 풀어보려고 합니다.

본 서를 집필하는 것만이 아니라 동영상자료를 제공하므로써 저자의 집필의도와 선임자의 업무처리능력을 배울 수 있도록 이해하기 쉽게 전달하고자 노력했습니다.

성공적인 세무대리 전문가가 되기를 바라며, 본 서가 완성될 수 있도록 도움을 주신 모든 분들께 감사를 드립니다.

저자 드림

CONTENTS

PART 01 연말정산의 시작

- Point01 연말정산! 13월의 월급 — 3
- Point02 연말정산 처음부터 끝까지 — 9
- Point03 연말정산 작업대상 명단과 공문작성하기 — 11
- Point04 회사가 준비할 사항 — 13
- Point05 근로자가 준비할 사항 — 18
- Point06 개인카드로 회사경비 사용한 내역은 미리 파악해 두자 — 31

PART 02 근로소득 연말정산

- Point07 세액계산 프로세스 한 눈에 살펴보자 — 36
- Point08 연말정산 간소화자료를 활용한 간편한 연말정산 — 43
- Point09 소득금액이 정확해야 정확한 세금을 계산할 수 있다 — 47
- Point10 가족이 많으면 세금도 줄어요 — 73
- Point11 급여에서 부담한 4대보험은 무조건 공제받는다 — 84
- Point12 주택마련저축과 주택자금차입금의 차이 — 87
- Point13 신용카드 사용하면 무조건 공제되나요? — 98
- Point14 노란우산공제도 세금절약 된다 — 106
- Point15 임금이 삭감되어도 고용유지되면 혜택받아요 — 108
- Point16 펀드와 투자금도 소득공제 받을 수 있습니다. — 110
- Point17 근로자이면 무조건 공제되는 근로소득세액공제 — 114
- Point18 중소기업에 취업한 청년이 소득세 절약하는 방법 — 117
- Point19 내일채움공제에 가입하고 세액감면받기 — 122
- Point20 외국인 기술자가 소득세 절약하는 방법 — 124
- Point21 연금가입하고 세금도 절약하자. — 126
- Point22 다자녀가 세금절약의 최고 좋은 방법 — 131
- Point23 보험료는 공제대상자를 확인하세요. — 133
- Point24 안경·렌즈구입비 영수증도 챙겨요. — 139
- Point25 근로자의 교육비는 전부 공제됩니다. — 144
- Point26 작년에 공제 못받은 기부금은 올해 공제받아요 — 151
- Point27 월세액은 입금내역이 필요해요 — 162
- Point28 미분양주택을 분양받아 생긴 차입금은 농어촌특별세가 적용되요 — 167
- Point29 외국에서 납부한 세액은 공제받으세요 — 170
- Point30 납세조합에서 받은 급여는 세액계산이 달라요 — 172

Point31	기납부세액 범위에서 환급이 가능합니다.	174
Point32	외국인근로자의 연말정산	175
Point33	한 해에 근무지가 2 이상입니다	178
Point34	맞벌이부부는 중복공제 안돼요	186
Point35	사례로 배우는 연말정산	187
Point36	연말정산 결과 다음연도 급여에 반영하기	217
Point37	세액은 나눠서 납부할 수 있습니다.	219
Point38	연말정산 결과 기장업체 보고하기	222
Point39	연말정산 결과 국세청 보고하기 - 지급명세서 제출	224
Point40	연말정산 결과 국세청 신고하기 - 원천징수이행상황신고서	230
Point41	연말정산 환급금 정리하는 방법	239
Point42	상여처분받은 근로자의 연말정산 수정하기	242
Point43	연말정산 때 놓친 공제 5월 확정신고로 돌려받으세요	245
Point44	근로소득연말정산 신고만 대행하기	247

PART 03 사업소득 연말정산

Point45	보험모집인·방문판매원의 연말정산	250
Point46	사업소득연말정산 보고하기	255
Point47	사업소득연말정산 신고만 대행하기	271

PART 04 기타소득 연말정산 (종교인소득)

Point48	종교인소득의 연말정산	275
Point49	종교인소득 연말정산 보고하기	278
Point50	데이타 백업과 복구하기	282

PART 01

연말정산의 시작

실습예제 데이터설치방법

WWW.NANUMANT.COM

웹하드에서 데이터를 다운받은 후 SmartA 실무프로그램에서 데이터를 복구한다.
복구하려고 하는 데이터를 [데이터경로]에서 지정하면 하단에 표시되는 복구할 회사목록에서 회사를 선택하고 암호를 입력한 다음 복구하기 를 클릭하여 데이터를 복구한다.
회사코드는 실제데이타가 없는 다른 회사코드를 지정하여 복구하여 등록한다.
회사코드 7700.㈜연말정산
복구시 암호 : 1234

Point 01 연말정산! 13월의 월급

1 연말정산제도

(1) 연말정산이란?

연말정산은 원천징수 의무자가 근로자(일용근로자 제외)의 해당 과세 기간 근로소득금액 또는 중도에 퇴직하는 경우에는 퇴직한 달까지의 해당 과세 기간 근로소득금액에 대해 근로자가 제출한 소득공제신고서 등의 내용에 따라 부담하여야 할 소득세액을 확정하는 제도이다.

연말이면 경제면에 자주 나오는 기사가 연말정산이다. 1월부터 12월까지 월급에서 미리 낸 세금을 연말에 정확하게 계산하여 더 많이 냈으면 돌려받고 덜 냈으면 더 내야 하는 것을 말한다. 막연하게 무조건 돌려받는 세금은 아닌 것이다. 연말정산을 통해 환급을 받는 금액을 13월의 월급이라고 한다.

> 매월 월급에서 미리 낸 세금 > 내야 할 세금 = 돌려받을 세금
> 매월 월급에서 미리 낸 세금 < 내야 할 세금 = 더 내야 할 세금

(2) 연말정산의 절차 및 방법

해당 과세 기간의 다음 년도 2월분 근로소득을 지급할 때 연말정산을 하여 과세 기간의 근로소득세를 정산하며, 이를 위하여 근로소득원천징수부를 기록하여야 한다.

1) 근로소득원천징수부의 비치·기록

매월분의 근로소득을 지급하는 원천징수 의무자는 근로소득원천징수부를 비치·기록하여야 한다. (소령 196조 ①)

2) 연말정산의무자

근로소득을 지급하는 모든 개인·법인은 연말정산 의무가 있다.

구분	연말정산 의무자
근로소득을 지급하는 자	해당 과세기간의 다음 년도 2월분 근로소득 또는 퇴직자의 퇴직하는 달의 근로소득을 지급하는 원천징수 의무자
국외 근로소득이 있는 자가 조직한 납세조합	국외 근로소득이 있는 자가 조직한 납세조합

3) 연말정산 시기

해당 과세 기간의 다음 년도 2월분 근로소득을 지급할 때(2월분 근로소득을 2월 말일까지 지급하지 않았거나 2월분의 근로소득이 없는 경우에는 2월 말일)에 연말정산하며, 중도 퇴사자는 퇴직하는 달의 근로소득을 지급하는 때에 연말정산 세액을 징수한다.

구분	연말정산 시기	신고·납부 기한	지급명세서의 제출 기한
월별납부자	다음 년도 2월분 근로소득 지급 시	다음 년도 3월 10일	다음 년도 3월 10일
반기별납부자	다음 년도 2월분 근로소득 지급 시	다음 년도 7월 10일	다음 년도 3월 10일

(3) 연말정산 세액계산 흐름도

1년의 총 급여액에서 각종 소득공제 후 세율을 적용한 다음 세액공제와 기 납부세액을 차감하여 차가감납부할 세액을 계산해가는 과정을 의미한다.

근로소득의 연말정산은 원천징수 의무자가 근로자에게 지급한 1년간(1.1.~12.31.까지)의 총 급여액에 대한 근로소득세액을 종합과세의 방법으로 세액을 정확하게 계산하여 확정한 후, 매월 급여 지급 시간이 세액표에 의하여 이미 원천징수납부한 세액과 비교하여 과부족을 정산하는 절차이다.

과세표준 및 세액계산 과정

연간 근로소득
명칭 여하에 불구하고 근로를 제공하고 지급받는 모든 대가 등(일용근로소득 제외)

(-)비과세 소득
- 실비변상적인 급여
  - 자가운전보조금(월 20만원 이내), 연구보조비(월 20만원 이내), 회사지급규정에 의해 지급받는 여비 등
- 국외근로소득(월 100만원, 월 300만원)
- 요건(업무 관련성, 지급기준 유무, 반납조건)을 갖춘 학자금
- 생산직 근로자 연장근로수당(연 240만원 이내)
- 현물식사 또는 월 10만원 이하 식사대
- 출산·보육수당(월 10만원 이내)
- 고용보험법에 의한 육아휴직급여 및 산전후 휴가급여, 육아휴직단축기급여

총 급여액
총 급여액은 의료비세액공제, 신용카드 소득공제 적용 시 활용

(-)근로소득공제

총 급여액	근로소득 공제액
500만원 이하	총 급여액×70%
500만원 초과 1,500만원 이하	350만원+(총 급여액 - 500만원)×40%
1,500만원 초과 4,500만원 이하	750만원+(총 급여액 - 1,500만원)×15%
4,500만원 초과 1억 원 이하	1,200만원+(총 급여액 - 4,500만원)× 5%
1억원 초과	1,475만원+(총 급여액 - 1억원)× 2%

- 총 급여 3,333,333원 이하 근로소득자이면 기본공제 대상 소득요건 충족(공제한도 : 2,000만원)

근로소득금액
근로소득금액은 기부금 세액공제, 중소기업창업투자조합 소득공제 한도 적용 시 활용

(-)인적공제
- 기본공제 : 근로자본인, 연간소득금액이 100만원 이하인 배우자 및 생계를 같이하는 부양가족(나이 요건 ○, 장애인은 나이요건 ×)에 대하여 1명당 150만원

부양가족	배우자	직계존속	직계비속	형제자매	위탁아동	수급자
나이요건	제한 없음.	60세 이상	20세 이하	20세 이하 60세 이상	18세 미만 (6월 이상 양육조건)	제한 없음.

- 추가공제 : 기본공제 대상자가 다음의 요건에 해당하는 경우 추가공제

요건	경로우대 (70세 이상)	장애인	부녀자 (부양/기혼)	한부모공제
공제금액	100만원	200만원	50만원	100만원

(-)연금보험료공제
- 국민연금법에 따라 근로자가 부담하는 연금보험료(전액 공제)
- 공무원연금법 등에 따라 근로자가 부담하는 기여금 또는 부담금(전액 공제)

(-)특별소득공제

보험료소득공제
건강보험료, 고용보험료, 노인장기요양보험료 근로자부담액(한도 없음.)

주택자금공제
① 주택임차차입금 원리금 상환액 소득공제(소법§52④)
  - 원리금 상환액의 40% 공제
  - 주택마련저축 불입액 공제와 합하여 연 300만원 한도
② 장기주택저당차입금 이자상환액 소득공제(소법§52⑤)
  - 기준시가 4억 원 이하의 주택에 대한 차입금 이자 상환액
  - 차입 조건에 따라 300~1,800만원 한도

(−)그 밖의 소득공제

개인연금저축소득공제
- 개인연금저축 불입액의 40% 공제
- 연 72만원 한도

주택마련저축납입액 소득공제
- 청약저축 또는 주택청약종합저축 납입액의 40%(연 120만원 이하)
- 근로자주택마련저축 납입액의 40%(월 15만원 이하)

신용카드 등 사용금액 소득공제
- 전통시장, 대중교통, 신용카드, 직불카드, 선불카드, 현금영수증 사용액 중 총 급여액의 25%를 초과하는 금액의 30%(신용카드 사용액은 15%)를 소득공제
- 한도 : 총 급여액의 25%와 300만원 중 적은 금액, 전통시장과 대중교통에 대하여는 추가로 각각 100만원의 한도 부여

중소기업창업투자조합출자등 소득공제
소기업·소상공인 공제부금 소득공제
- 투자금액의 10%(벤처기업 투자 시 5천만원 이하 50%, 초과분 30%)과 근로소득금액의 50% 중 적은 금액 공제
- 노란우산공제 불입액에 대하여 연 300만원 한도

우리사주조합 기부금
- 우리사주조합원이 아닌 근로자가 우리사주조합에 기부하는 기부금
- 근로소득금액의 30% 공제

고용유지중소기업의 근로자 소득공제
- 고용유지(Job-sharing) 중소기업의 근로자에 대하여 임금감소액의 50% 소득공제(한도 : 1천만원)

장기집합투자증권 저축소득공제
- 총 급여액 5천만원 이하 근로소득자에게 납입금액의 40%와 근로소득금액 중 적은 금액을 소득공제(해당 과세기간 8천만원 이하 근로자)(한도 : 연 240만원)

(+)소득공제 종합한도 초과액

종합한도 적용 대상 공제금액 합계가 2,500만원 초과하는 경우 그 금액은 없는 것으로 한다.

종합소득 과세표준

(×)기본세율

과세표준	산출세액
1,200만원 이하	과세표준×6%
1,200만원 초과 4,600만원 이하	과세표준×15% − 108만원
4,600만원 초과 8,800만원 이하	과세표준×24% − 522만원
8,800만원 초과 1억5천만원 이하	과세표준×35% − 1,490만원
1억5천만원 초과 5억원 이하	과세표준×38% − 1,940만원
5억원 초과	과세표준×40% − 2,940만원

산출세액

(−)소득세법상 세액공제

외국납부세액공제
- 거주자의 외국 납부세액이 있을 경우 공제

근로소득세액공제

근로소득에 대한 산출세액	근로소득세액공제액
130만원 이하	산출세액×55%
130만원 초과	715,000원+(산출세액−130만원)×30%

- 공제한도
 ① 총 급여액 3,300만원 이하 : 74만원
 ② 총 급여액 3,300만원 초과 7,000만원 이하 : 74만원−[(총 급여액 − 3,300만원)× 8/1,000] 또는 66만원 중 Max
 ③ 총 급여액 7,000만원 초과 : 66만원−[(총 급여액−7,000만원)×1/2] 또는 50만원 중 Max

자녀세액공제	자녀수	자녀세액공제액
	1명	연 15만원
	2명	연 30만원
	3명 이상	연 30만원 + 2명을 초과하는 1명당 연 30만원
	6세 이하 자녀 2명 이상	1명을 초과하는 1명당 15만원

• 자녀에 손자, 손녀는 포함되지 않음에 주의

출산·입양세액공제	• 첫째 30만원, 둘째 50만원, 셋째이상 70만원
연금계좌세액공제	• 연금계좌 납입액 대하여 12%를 곱한 금액을 세액공제 • 다음의 경우 연금계좌 납입액에 대하여 15%를 세액공제 ① 종합소득금액이 4천만원 이하인 경우 ② 총 급여액 5,500만원 이하의 근로소득만 있는 경우 • 연금저축계좌인 경우 연 400만원, 퇴직연금계좌 포함하여 연 700만원 한도
특별세액공제	• 보험료, 의료비, 교육비, 기부금 세액공제액이 산출세액을 초과할 경우 그 초과한 금액은 없는 것으로 하며, 기부금 세액공제액이 포함되어 있으면 5년간 이월하여 기부금 세액공제액을 계산한다.
보험료	① 기본공제 대상자를 피보험자로 하는 보장성 보험료의 12% 공제(연 100만원 한도) ② 기본공제 대상자 중 장애인 전용 보장성 보험료의 15% 공제(연 100만원 한도)
의료비	① 본인, 65세 이상, 장애인, 난임시술 의료비 ② (그 외 기본공제대상자 의료비 - 총 급여액의 3%)와 700만원 중 적은 금액 ③ 세액공제액 : (①+②)×15%
교육비	① 본인 전액, 장애인교육비 전액(직계존속교육비 제외) ② 대학생 연 900만원, 초·중·고·취학 전 아동 연 300만원 ③ 세액공제액 : (①+②)×15%
기부금	① 법정기부금 : 근로소득금액 한도 ② 우리사주조합 기부금 : (근로소득금액-①)×30% ③ 지정기부금: (근로소득금액-①-②)×10%+Min[(근로소득금액-①-②)×20%, 종교 외 지정기부금] ④ 세액공제액 : (①+②+③)×15% (3천만원 초과분 25%)
또는 연13만원 세액공제	• 항목별 특별세액 공제를 적용하지 아니한 경우

(−)조세특례제한법상 세액공제

정치자금세액공제	① 10만원 이하 정치자금 기부금 : 기부금액의 100/110 ② 10만원 초과 정치자금 기부금 : 초과 기부금액의 15%(3천만원 초과분은 25%) ③ 세액공제액 : ①+②
납세조합세액공제	• 납세조합에 의해 원천징수 된 근로소득에 대해 산출세액의 10% 세액공제
주택자금차입금이자 세액공제	• 구 조감법에 의한 주택자금차입금의 이자상환액 30%를 세액공제
월세액 세액공제	• 무주택 세대주(세대원도 가능)로서 총 급여 7,000만원 이하인 근로소득자 • 국민주택규모 주택(오피스텔 포함)의 월세액의 10% 세액공제(연 750만원 한도)

(−)세액감면

중소기업 취업자 소득세 감면	• 조특법 §30, 조특령 §27에 의해 중소기업 취업자에 대하여 취업일부터 3년간 근로소득세 70% 감면
외국인기술자에 대한 소득세 감면	• 조특법 §18에 의하여 외국인투자촉진법에 따른 외국인근로자에 대하여 근로소득세 50%(100%) 감면

결정세액

(−)기납부세액

• 주(현)근무지의 기납부세액 + 종(전)근무지 결정세액

차감징수세액

• 결정세액 > 기납부세액 : 차액을 납부
• 결정세액 < 기납부세액 : 차액을 환급

Point 02 연말정산 처음부터 끝까지

연말정산을 위해서 세무대리인은 1월초에 연말정산할 기장업체의 명단을 작성하고, 일정 및 개정사항을 안내하는 공문을 발송하여 기장업체가 연말정산을 대비한 준비작업을 할 수 있도록 안내한다.

연말정산 일정을 확인하여 기장업체로부터 수집된 자료를 통해 연말정산 작업을 진행하고 결과를 근로자가 확인하게 하고 수정작업 후 최종 완료된 결과에 따라 원천징수영수증을 교부하고 원천징수이행상황신고서에 반영하여 신고하며, 지급명세서를 제출한다.

연말정산 프로세스

연말정산 정보 확인
(2023년 1월초)

소득공제신고 및 소득공제 증빙서류 받음
(2023년 2월, 근로자 → 회사)

근로자가 제출한 검토 및 보완요청
(2023년 2월, 회사 → 근로자)

원천징수영수증 교부
(2023년 2월말까지, 회사 → 근로자)

지급명세서 제출
(2023년 3.10까지, 회사 → 국세청)

연말정산 환급금수령
(2023년 3월말, 회사 → 국세청)

(1) 연말정산 정보 확인(2023년 1월초)

회사는 연말정산 정보를 확인하고 근로자에게 연말정산 일정 및 정보를 제공해야 한다.
① 올해 달라진 연말정산 내용 파악하기
② 소득공제 관련 내용 파악하기
③ 연말정산 간소화서비스에서 제공하는 소득공제 항목을 확인하기
④ 소득공제신고서 작성 방법 파악하기

(2) 소득공제신고서 및 증빙서류 받음(2023년 2월, 근로자 → 회사)

소득공제신고서 및 소득공제 증빙서류를 근로자로부터 받는다. 기부금·의료비의 세액공제 및 신용카드 사용액에 대한 소득공제를 받고자 하는 근로자로부터는 기부금명세서, 의료비지급명세서 및 신용카드소득공제신청서를 소득공제신고서와 함께 근로자로부터 받는다.

(3) 근로자가 제출한 서류 검토 및 보완 요청(2023년 2월, 회사 → 근로자)

회사는 근로자가 제출한 소득공제신고서 및 소득공제 증빙서류를 검토한 후 근로자에게 소득공제신고서 등 보완요청을 하여야 한다. 근로자는 회사가 요청한 기한 내에 소득공제신고서 등을 보완하여 제출하여야 한다.

(4) 원천징수영수증 발급(2023년 2월말까지, 회사 → 근로자)

회사는 연말정산 시 소득공제내역을 반영하여 세액을 계산하고 연말정산을 완료하여 2월분 급여지급 시 확정된 세액을 정산하고 원천징수영수증을 발급하여야 한다.

(5) 원천징수이행상황신고서. 지급명세서 제출(2023년 3월 10일까지, 회사 → 국세청)

회사는 근로소득지급명세서를 3월 10일까지 국세청에 제출하여야 한다. 의료비지급명세서와 기부금명세서는 전산매체로 제출한다. 의료비지급명세서는 의료비 세액공제를 받는 근로자가 대상이고, 기부금명세서는 기부금 소득공제와 세액공제공제를 받는 경우에는 무조건 작성해야 한다. 또한 해당연도 공제금액이 없고, 이월액만 있는 경우에도 작성하여야 한다.

(6) 연말정산 환급금 수령(2023년 3월말, 세무서 → 회사 → 근로자)

회사는 2월분 "원천징수이행상황신고서" 제출 시(3월 10일까지)연말정산 환급도 함께 신청하여야 한다. 환급세액은 회사가 근로자에게 지급하며, 세무서에서 근로자에게 직접 지급하지는 않는다.

 **연말정산 작업대상 명단과 공문작성하기**

1 연말정산 대상확인

(1) 근로형태별 과세방법

근로계약을 작성하고 근로를 제공하는 근로자를 상용근로자 또는 상시근로자라고 한다. 여기에는 전년도부터 계속근무하고 있는 '계속근로자', 당해연도 중에 퇴직한 '중도퇴사자', 당해연도 중에 입사한 '신규입사자'가 있다. 이러한 상용근로자(상시근로자)는 매월 급여지급시 원천징수하고, 1년의 근로소득을 모두 집계하여 다음연도 2월 급여지급시 연말정산한 결과를 반영해야 한다. 그러나 중도퇴사자는 1년을 정산하기 어려우므로 중도퇴직한 달의 급여지급시 정산결과를 반영해야 한다.

근로형태	구분		과세방법	비고
월급/연봉	상용근로자 (또는 상시근로자)	계속근로자	월별 원천징수 후 연말정산으로 세금신고 종료됨	연말정산을 하지 못했거나 근로소득이외의 소득이 추가로 있는 경우 종합소득세신고로 종료됨
		중도퇴사자		
		신규입사자		
일급/시급	일용근로자		월별 원천징수로 세금신고 종료됨	

계속근로자와 신규입사자의 연말정산을 일반적인 '연말정산'이라 한다.

(2) 연말정산 대상 확인

구 분		연말정산대상여부	연말정산 시기
근로소득		○	다음연도 2월분 근로소득 지급시 (퇴직자는 퇴직하는 달의 근로소득 지급시)
일용근로소득		×	분리과세 대상으로 원천징수로 납세의무 종결
인적용역	사업소득	×	다음연도 5월 종합소득세 확정신고 (단, 간편장부대상자인 보험모집인*등은 연말정산 가능)
	기타소득	×	다음연도 5월 종합소득세 확정신고 (단, 기타소득금액 연 300만원 이하 분리과세 선택 가능

(3) 복수 근로소득자의 연말정산

복수 근로소득자란 해당 과세기간에 이직 등으로 2인이상으로부터 근로소득이 발생한 자를 말한다.

구 분	내 용
연말정산 방법	종전 근무처에서 근로소득원천징수영수증을 발급받아 현 근무처에 연말정산시 제출하여 근로소득을 합산해야 함.
합산하지 않은 경우	근로자가 직접 모든 근로소득에 대해 종합소득세를 합산하여 신고해야 함
종합소득세 무신고시	무신고가산세, 납부지연가산세 부담

2 작업대상 명단 작성

원천세신고한 내역을 [원천징수이행상황신고서]를 조회하여 근로소득 원천징수하는 기장업체의 명세를 작성하고 12월의 신고내역을 확인하여 연말정산 대상 인원을 확인한다.

명단작성 사례

2022년귀속 연말정산

회사코드	회사명	근로소득인원	공문안내(1/4)	자료수집여부(1/25)	연말정산작업(1월말)	결과전달	완료여부
101	㈜대한	4					
102	㈜민국	10					

3 공문작성

개정세법과 연말정산 일정을 정리한 공문을 작성하여 기장업체에 전달하고 일정내에 근로자의 자료를 수집할 수 있도록 하며, 기장업체 담당자에게 연말정산 교육도 할 수 있도록 한다.

Point 04 회사가 준비할 사항

1 원천징수 의무자(회사)의 연말정산 준비

원천징수 의무자(회사)는 전산프로그램의 업데이트, 종업원 연말정산교육, 서류제출일정, 근로소득원천징수부 마감 등 연말정산을 위한 제반 준비작업을 수행한다.

(1) 전산 프로그램 정비

상용 프로그램을 이용하는 경우 개발 업체의 업데이트를 확인한다.

(2) 근로소득 원천징수부 마감

해당 연도에 수입 시기가 도래하는 근로소득 지급액, 비과세소득, 원천공제금액, 원천징수세액 등이 근로소득원천징수부에 정확히 기재되었는지 확인한다.

※ 과세 대상 근로소득에 포함되는 복리후생적 비용, 성과급 등이 누락되지 않도록 유의한다.

(3) 연말정산 일정 안내

근로소득자 공제신고서에 소득공제 내역을 기재하여 증명서류와 함께 제출할 수 있는 기한을 안내한다. 연말정산 간소화서비스(www.hometax.go.kr)가 다음 연도 1월 15일부터 오픈되는 점을 고려하여 최소 1월말까지 근로소득자공제신고서 및 증명서류를 회사에 제출할 수 있도록 안내한다.

Smart A에서는 근로소득자공제신고서를 엑셀로 작성한 경우 업로드 할 수 있으며, 엑셀 파일을 종업원에게 안내할 수 있다.

> **Tip** 저장되어 있는 엑셀파일 위치
> - C:\DuzonDigitalware\NEO-iPlus\엑셀기본서식\인사급여\근로소득자소득공제신고서_2022파일
> - C:\DuzonBizon\Duzon-iPlus\엑셀기본서식\인사급여\근로소득자소득공제신고서_2022파일
> - C:\DuzonBizon\SmartAPlus\엑셀기본서식\인사급여\근로소득자소득공제신고서_2022파일

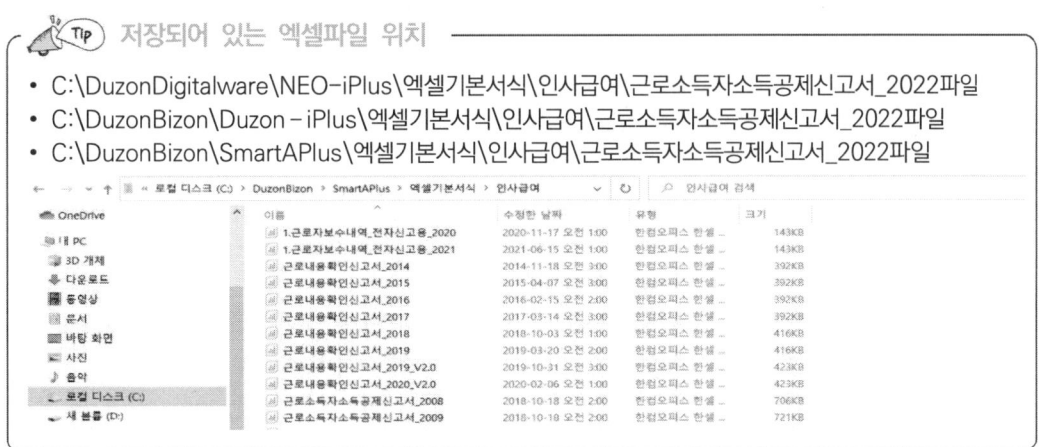

(4) 연말정산 간소화서비스

근로소득세 연말정산에 필요한 각종 소득공제증명자료를 국세청이 근로자를 대신해서 은행, 학교, 병의원 등 영수증 발급기관으로부터 수집하여 이를 인터넷 홈페이지(www.hometax.go.kr)에서 제공하는 서비스이다. 근로소득자는 연말정산 신고 시 국세청 연말정산간소화 서비스 홈페이지에서 출력 및 다운로드한 소득공제증명서류를 첨부하여 소속 회사(원천징수의무자)에 제출하면 된다.

> **Tip** 국세청 연말정산간소화서비스에서 제공하는 소득공제 대상 항목

소득공제 항목	내용	서비스 제공
보험료	• 일반보장성보험료 납입금액	○
	• 장애인전용보장성보험료 납입금액	○
의료비	• 의료기관에 지출한 의료비 금액	○
	• 약국에 지출한 의약품(한약 포함) 구입비용	○
	• 노인 장기요양보험법에 따라 지출한 본인일부부담금	○
	• 시력보정용 안경구입비용	○
	• 보청기·장애인보장구·의료용구구입(임차) 비용	○
	• 실손의료보험금 수령액자료 • 산후조리원 비용	○
교육비	• 유치원 교육비	○
	• 초·중·고교, 대학(원) 교육비 납입금액	○
	• 직업능력개발훈련비용	○
	• 국외교육비용	×
	• 학점인정(독학학위)교육비 납입금액	×
	• 취학전아동의 보육시설·학원·체육시설교육비 납입금액	○
	• 장애인특수교육비 납입금액	○
	• 교복 구입비 • 학자금 대출 원리금 상환액	○
주택자금	• 주택임차차입금원리금 상환금액	○
	• 장기주택저당차입금이자 상환금액	○
주택마련저축	• 주택청약저축 • 근로자주택마련저축	○
	• 장기주택마련저축 • 주택청약종합저축	○
장기주식형저축	• 장기주식형저축	○
퇴직연금	• 퇴직연금 납입금액	○
개인연금저축	• 개인연금저축 납입금액	○
연금저축	• 연금저축 납입금액	○
신용카드 등 사용금액	• 신용카드, 직불카드, 기명식선불카드 사용금액	○
	• 현금영수증 사용금액	○
소기업소상공인공제부금	• 공제부금 불입 금액	○
월세액	* LH공사등 공공임대주택사업자가 전산으로 관리하는 월세액자료	○
기부금	• 기부금액	○

※2021 원천징수의무자를 위한 연말정산 신고안내. 국세청

(5) 연말정산 사전교육

세법개정내용, 소득공제 신청 시 주의사항, 서류 발급 시 유의사항 등을 안내하며, 신규입사자의 경우 전 근무지 소득합산서류(전근무지 근로소득원천징수영수증) 제출에 대하여 안내하여 합산 신고할 수 있도록 한다.

(6) 연말정산시 회사가 근로자에게 받아야 하는 서류

수집서류		수집대상자
주민등록표등본 (가족관계 미확인 시 '가족관계증명서')		부양가족 공제를 적용받는 근로자 * 부양가족이 변동이 없는 경우 제출하지 않아도 됨
소득·세액공제 증명서류 (간소화 자료 및 영수증 수집 자료)		연말정산을 하는 모든 근로자
소득·세액공제신고서		연말정산을 하는 모든 근로자
소득· 세액공제 신고서 부속서류	'연금·저축 등 소득·세액공제 명세서'	퇴직연금·연금저축 세액공제, 주택마련저축·장기집합투자증권저축 소득공제를 받는 근로자
	'월세액·거주자간 주택임차차입금 원리금 상환액 소득·세액공제 명세서'	월세액 및 거주자간 주택임차차입금 원리금 상환액 공제를 받는 근로자
	의료비지급명세서	의료비 세액공제를 받는 근로자
	장애인 증명서 등	건강보험 산정 특례 대상자
	기부금명세서(기부금영수증)	기부금 세액공제를 받는 근로자 * 기부금명세서를 제출하지 않으면 기부금 세액공제를 받을 수 없음
	신용카드 등 소득공제 신청서	신용카드 등 소득공제를 받는 근로자
	국세청 홈텍스 연말정산간소화서비스 수집자료로 제출하고 제공되지 않는 자료는 직접 수집하여 제출한다.	
전(종) 근무지	근로소득원천징수영수증	중도 퇴직자 또는 2이상 회사의 근무자
	소득자별 근로소득원천징수부	

- 공제 증명서류를 제출할 필요가 없는 근로자

회사는 부양가족의 인적공제, 4대보험료, 자녀세액공제, 표준세액공제만으로 결정세액이 없는 근로자에게 별도의 공제 증명서류 제출을 요청할 필요가 없다. 다만, 인적공제 증명서류인 주민등록표등본 등은 필요하다.

[예 시-부양가족수에 따라 결정세액이 없는 자]

인적공제 가능 가족 수	독신 (본인)	2인 가족 (본인, 배우자)	3인 가족 (본인, 배우자, 자)	4인 가족 (본인, 배우자, 자2)
연간 총 급여	1,408만원 이하	1,623만원 이하	2,499만원 이하	3,083만원 이하

- 증명서류를 제출하지 아니한 경우 근로자 본인에 대한 기본공제 및 표준세액공제(13만원)만 적용하여 연말정산한다.

※ 원천징수 의무자를 위한 연말정산 안내 리플릿. 국세청

2 Smart A 연말정산 준비

Smart A에서는 근로소득원천징수부 점검, 사원등록 정비, 급여자료입력 정비, 근로소득자 소득공제신고서 등을 준비한다.

(1) 근로소득자 소득공제신고서

근로/연말 > 연말정산관리 I > 연말정산 근로소득 원천징수영수증

1) 연말정산 근로소득원천징수영수증에서 서식 작성

화면 상단의 전사원(F7) 아이콘을 클릭하여 연말정산 대상 사원을 조회한 다음 [공제신고서인쇄] 키를 클릭하여 서식을 출력할 수 있다. 이때 인쇄양식 중 필요한 페이지만을 선택하여 인쇄할 수 있다.

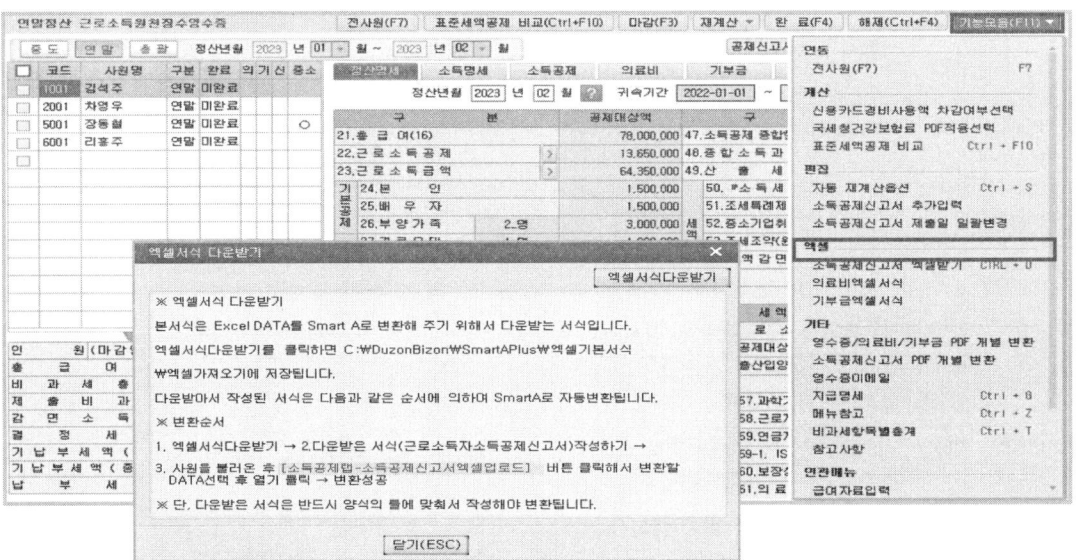

2) 엑셀 자료 업로드에 의한 서식 작성

연말정산 전에 근로자에게서 받은 근로소득공제신고서를 엑셀로 다운받아 작성한 후 사원별로 찾기 아이콘을 클릭하여 엑셀 자료에 입력된 기본공제, 특별공제, 그 밖의 공제, 세액공제 되는 총 지급액을 그대로 반영한다. 엑셀 서식을 다운받아 입력 시 꼭 사원등록에 소득자의 주민등록번호를 체크하므로 정확히 입력해야 하며, 정해진 양식을 수정 및 편집하면 프로그램으로 업로드 되지 않는다.

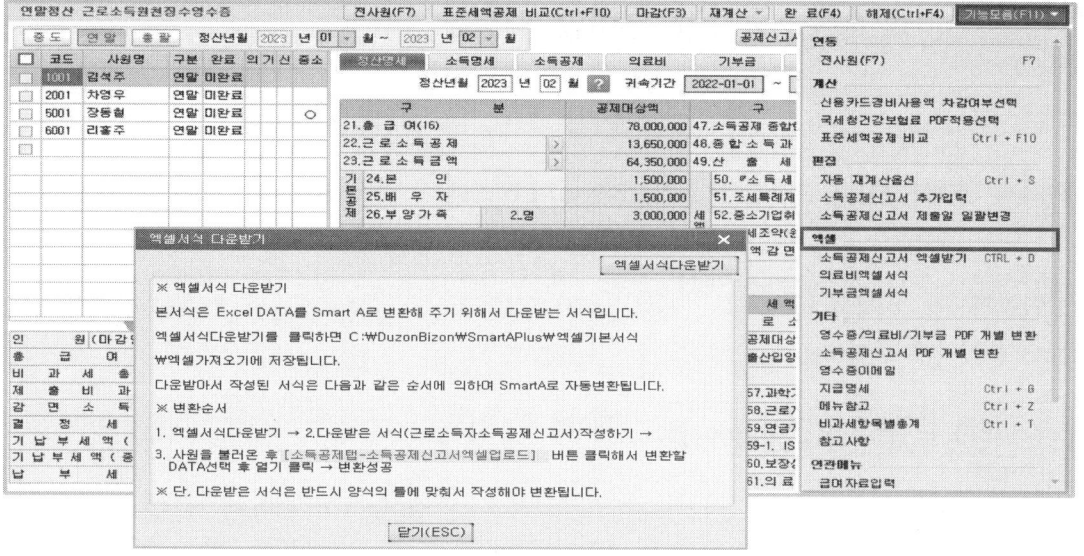

(2) 근로소득원천징수부 조회

근로/연말 > 연말정산관리 I > 소득자별근로소득원천징수부

각 사원별 총 급여, 비과세소득, 원천징수세액을 검토한다.

Point 05 근로자가 준비할 사항

1 근로자가 준비할 연말정산서류

연말정산을 위하여 근로자는 [근로소득자소득공제신고서]와 관련된 소득공제 증명서류를 제출하여야 한다.

(1) 근로소득자 소득공제신고서

근로소득자공제신고서는 임직원들의 연말정산 시 가장 중요한 서류에 해당된다. 임직원들의 인적공제에 해당되는 배우자 및 부양가족의 명세 및 1년 동안 지출된 보험료, 의료비 등의 각종 소득공제 항목에 대한 금액을 인적공제 대상자별로 합계액을 기재하고, 항목별 금액을 구분 기재하는 신고서이다. 임직원들이 근로자소득공제신고서를 작성하여 제출 기한 내에 신고서를 제출받아 보관한다. 특히 보험료, 의료비 등 다음에 해당하는 소득공제금액을 국세청 홈페이지에서 제공하는 자료에 의해 신청하는 경우에는 서식에서 "국세청자료"란에 기재하며, 이외 증빙서류를 제출하여 신청하는 소득공제금액에 대해서는 "그 밖의 자료"란에 기재한다.

① 일반보장성보험료 및 장애인전용보장성보험료(보험료세액공제)
② 병·의원·조산원(의료기관)에 지출하는 의료비, 의약품 구입비용 및 「노인장기요양보험법」에 따른 본인 일부 부담분(의료비세액공제)
③ 보육시설, 유치원, 학교 및 직업능력개발훈련시설에 지출한 수업료 등(교육비세액공제)
④ 신용카드·직불카드·기명식선불카드 등 및 현금영수증 사용 금액(신용카드소득공제)

(2) 각종 공제 요건 및 근로자가 준비해야 할 서류

공제 항목		첨부서류	발급처	비고
인적공제	부양가족 증명	주민등록표등본	구청·읍·면·동 주민센터	
		가족관계증명서 (주민등록표로 가족관계 확인 어려운 경우)		
	일시퇴거자	일시퇴거자 동거가족 상황표	본인 작성	
		본주소지·일시퇴거지 주민등록표등본	구청·읍·면·동 주민센터	
		재학증명서(취학의 경우)	학교	
		요양증명서(취학의 경우)	요양기관	
		재직증명서(취학의 경우)	직장	
		사업자등록증사본(사업상 형편)	본인 보관	
	입양자	입양사실확인서 또는 입양증명서	시·군·구청 또는 입양기관	
	수급자	수급자증명서	구청·읍·면·동 주민센터	
	위탁아동	가정위탁보호확인서	시·군·구청	
	장애인 / 장애인복지법	장애인증명서·장애인등록증(수첩) 사본	보훈청장, 구청·읍·면·동 주민센터	
	장애인 / 상이자	상이자증명서 사본	국가보훈처	
	장애인 / 그 외	장애인증명서(소득세법 시행규칙 서식)	의료기간	
보험료	연금보험료	연금납입확인서	연금계좌취급자	국세청
	보장성보험	보험료납입증명서 또는 보험료 납입영수증	보험사업자	국세청
의료비	의료비명세서	의료비지급명세서	본인 작성	
	의료기관·병원	계산서·영수증, 진료비(약제비) 납입확인서	병의원, 약국	국세청
	안경(콘텍트렌즈)	사용자의 성명과 시력교정용임을 안경사가 확인한 영수증	구입처	
	보청기, 장애인보장구	사용자의 성명을 판매자가 확인한 영수증	구입처	
	의료기기	의사·치과의사·한의사의 처방전	병의원	
		판매자 또는 임대인이 발행한 의료기기명이 기재된 의료비 영수증	구입처	
	노인장기요양	장기요양급여비 납부확인서	요양기관	
		실손의료보험금수령액	보험사업자	국세청
교육비	수업료, 등록금 등	교육비납입증명서	교육기관	국세청
	취학 전 아동 학원비	교육비납입증명서	학원	
	교복구입비	교육비납입증명서	구입처	
	장애인특수교육비	교육비납입증명서	사회복지시설 등	국세청
		장애인 특수 교육시설 해당 입증 서류	사회복지시설 등	
	국외교육비	국외교육비납입증명서	국외 교육기관	
		재학증명서		
		부양가족의 유학자격 입증 서류 (근로자가 국내 근무하는 경우)	교육기관 등	

공제 항목		첨부서류	발급처	비고
주택자금	금융기관 차입 주택임차차입금	주택자금상환등증명서	금융회사 등	국세청
		주민등록표등본	구청·읍·면·동 주민센터	
	개인 간 차입 주택임차차입금	주택자금상환등증명서	대주(貸主)	
		주민등록표등본	구청·읍·면·동 주민센터	
		임대차계약증서 사본	본인 보관	
		금전소비대차계약서 사본	본인 보관	
		원리금 상환 증명서류 (계좌이체영수증 및 무통장입금증 등)	본인 보관	
	월세액	주민등록표등본	구청·읍·면·동 주민센터	
		임대차계약증서 사본	본인 보관	
		월세액 지급 증명서류(현금영수증, 계좌이체영수증, 무통장입금증 등)	본인 보관	
		월세내역을 전산으로 관리하는 한국토지주택공사(LH), 공무원연금공단등 공공임대주택사업자로부터 월세액 자료를 제공받는 경우	해당 기관	국세청
	장기주택 저당차입금	장기주택저당차입금 이자상환증명서	금융회사 등	
		주민등록표등본	구청·읍·면·동 주민센터	
		개별(공동)주택가격 확인서	시·군·구청	
		건물등기부등본 또는 분양계약서	등기소, 본인 보관	
		기존 및 신규차입금의 대출계약서 사본 (대환, 차환, 연장 시)	금융회사 등	
기부금		기부금명세서	본인 작성	
		정치자금 영수증	중앙선관위 또는 기부처	국세청
		기부금 영수증	기부처	국세청
		행정안전부와 근로복지공단의 긴급재난지원금 관련 기부금	기부처	국세청
연금저축(개인연금저축)		연금저축(개인연금저축) 납입증명서 또는 통장사본	금융회사 등 또는 본인 보관	국세청
소기업·소상공인공제		공제부금납입증명서	소기업소상공인공제조합	국세청
주택마련저축		주택마련저축납입증명서 또는 통장 사본	금융회사 등 또는 본인 보관	국세청
		주민등록표등본	구청·읍·면·동 주민센터	
투자조합 출자공제		출자 등 소득공제신청서	본인 작성	
		출자(투자)확인서	투자조합관리자 등	
신용카드 등 사용액		신용카드 등 소득공제 신청서	본인 작성	
		신용카드 등 소득금액 확인서	카드회사	국세청
우리사주조합출연금		우리사주조합출연금액 확인서	우리사주조합	
주택자금이자 세액공제		• 미분양주택확인서(근로자는 주택자금이자 세액공제 신청서 작성) • 금융기관이 발행한 차입금이자 상환증명서 • 매매계약서 및 등기부등본	지방자치단체	
외국인기술자 세액감면		외국인기술자에 대한 세액면제 신청서	본인 작성	
외국인근로자 세액감면		소득세법 제59조의2 규정에 의한 근로소득세액감면신청서	본인 작성	

공제 항목	첨부서류	발급처	비고
외국납부세액공제	외국납부세액공제(필요경비산입)신청서	본인 작성	
주식매수선택권 행사 이익에 대한 소득세 감면	주식매수선택권에 의한 소득세감면신청서	본인 작성	
외국인근로자 단일세율 적용	외국인근로자 단일세율적용 신청서	본인 작성	
외국인근로자 등	외국인등록사실증명(주민등록표등본에 갈음)	출입국관리사무소	
	재외국민등록부등본(국내 주민등록 없는 재외국민)	재외공관	

※ 「비고」란에 '국세청'으로 표시된 항목은 국세청 연말정산간소화 서비스(www.yesone.go.kr)에서 제공하는 증명서류임. (영수증 발급기관에서 국세청에 자료를 제출하지 않은 경우에는 조회가 불가능하며, 이 경우 영수증 발급기관에서 직접 수집하여야 한다.)
※ 소득공제 항목에 따라 필요한 "주민등록표등본"은 1장만 제출할 수 있음.
※ 동일한 원천징수 의무자에게 제출한 증빙서류에 변동이 없는 경우 다음 연도부터는 제출하지 아니할 수 있음.
※ 인터넷을 이용한 첨부서류 발급
  • 주민등록표등본 ➡ 정부민원포털 민원24(www.minwon.go.kr)
  • 건물등기부등본 ➡ 대법원 인터넷등기소(www.iros.go.kr)
  • 개별(공동)주택가격확인 ➡ 국토해양부 부동산공시가격알리미(www.realtyprice.or.kr)

■ 소득세법 시행규칙 [별지 제37호서식(1)] <개정안 2021. 12.> (9쪽 중 제1쪽)

소득·세액 공제신고서/근로소득자 소득·세액 공제신고서(년 소득에 대한 연말정산용)

※ 근로소득자는 신고서에 소득·세액 공제 증명서류를 첨부하여 원천징수의무자(소속 회사 등)에게 제출하며, 원천징수의무자는 신고서 및 첨부서류를 확인하여 근로소득 세액계산을 하고 근로소득자에게 즉시 근로소득원천징수영수증을 발급해야 합니다. 연말정산 시 근로소득자에게 환급이 발생하는 경우 원천징수의무자는 근로소득자에게 환급세액을 지급해야 합니다.

소득자 성명		주민등록번호	-
근무처 명칭		사업자등록번호	- -
세대주 여부	[ ]세대주 [ ]세대원	국 적	(국적 코드:)
근무기간	~	감면기간	~
거주구분	[ ]거주자 [ ]비거주자	거주지국	(거주지국 코드:)
인적공제 항목 변동 여부	[ ]전년과 동일 [ ]변동	분납신청 여부	[ ]신청 [ ]미신청
원천징수세액 선택	[ ]120% [ ]100% [ ]80%	※ 근로소득자 본인이 원하는 경우 매월 원천징수하는 세액을 법령상 세액의 120%, 100%, 80% 중 선택할 수 있습니다.	

I. 인적공제 및 소득·세액공제 명세

인적공제 항목 / 각종 소득·세액 공제 항목

관계코드	성 명	소득금액기준(백만원) 초과여부	기본공제 부녀자	기본공제 한부모	경로우대	출산입양	장애인	자녀	자료구분	보험료 건강	보험료 고용	보장성	장애인전용보장성	의료비 일반	의료비 난임	의료비 65세이상 장애인 건강보험산정특례자	의료비 실손의료보험금	교육비 일반	교육비 장애인
내·외국인	주민등록번호																		
인적공제 항목에 해당하는 인원수를 적습니다.								국세청계											
0	(근로자 본인)		○					기타 계											
								국세청											
								기타											
								국세청											
								기타											
								국세청											
								기타											

각종 소득·세액 공제 항목 - 신용카드등 사용액

자료구분	신용카드	직불카드등	현금영수증	도서공연등사용분 (총급여 7천만원 이하만 기재)	전통시장 사용분	대중교통 이용분	소비증가분 2020년 전체사용분	소비증가분 2021년 전체사용분	기부금
국세청 계									
기타 계									
국세청									
기타									
국세청									
기타									

유의사항

1. "인적공제 항목 변동 여부"란에는 해당 항목에 "√"표시합니다(인적공제 항목이 전년과 동일한 경우에는 주민등록표등본을 제출하지 않습니다).
2. 관계코드

구 분	관계코드	구 분	관계코드	구 분	관계코드
소득자 본인 (「소득세법」§50①1)	0	소득자의 직계존속 (「소득세법」§50①3가)	1	배우자의 직계존속 (「소득세법」§50①3가)	2
배우자 (「소득세법」§50①2)	3	직계비속(자녀·입양자) (「소득세법」§50①3나)	4	직계비속(코드 4 제외) (「소득세법」§50①3나)	5*
형제자매 (「소득세법」§50①3다)	6	수급자(코드1~6제외) (「소득세법」§50①3라)	7	위탁아동 (「소득세법」§50①3마)	8

* 관계코드 5: 해당 직계비속과 그 배우자가 장애인인 경우 그 배우자를 말하며, 관계코드 4~6은 소득자와 배우자의 각각의 관계를 포함합니다.

3. 연령기준 및 소득기준
 - 경로우대: (.   .   ) 이전 출생(만 70세 이상: 연 100만원 공제)
 - 소득금액기준: 부양가족의 소득금액 합계액이 100만원(근로소득만 있는 자는 총급여 500만원)을 초과하는지 여부를 "√"표시합니다.
4. "부녀자 공제"란에는 소득자 본인이 여성인 경우로서 다음의 요건을 모두 충족하는 경우에 "√"표시합니다.
 가. 해당 과세기간의 종합소득과세표준을 계산할 때 합산하는 종합소득금액이 3천만원 이하일 것
 나. 배우자가 없는 여성으로서 「소득세법」 제50조제1항제3호에 따른 부양가족이 있는 세대주이거나 배우자가 있는 여성일 것
5. "장애인 공제"란에는 다음의 해당 코드를 적습니다.

구분	「장애인복지법」에 따른 장애인 및 「장애아동 복지지원법」에 따른 장애아동 중 발달재활서비스를 지원받고 있는 사람	「국가유공자 등 예우 및 지원에 관한 법률」에 따른 상이자 및 이와 유사한 자로서 근로능력이 없는 자	그 밖에 항시 치료를 요하는 중증환자
해당코드	1	2	3

6. 내·외국인: 내국인은1, 외국인은9로 구분하여 적습니다. 종교관련종사자가 외국인에 해당하는 경우 국적을 적으며, 국적코드는 거주지국코드를 참조하여 적습니다.
7. 내·외국인: 내국인1, 외국인9로 구분하여 적습니다. 근로소득자가 외국인에 해당하는 경우 국적을 적으며, 국적코드는 거주지국코드를 참조하여 적습니다.

210mm×297mm[백상지80g/㎡ 또는 중질지80g/㎡]

(9쪽 중 제2쪽)

구분		지출명세			지출구분	금액	한도액	공제액
II. 연금보험료 공제 (국민연금, 공무원연금, 군인연금, 교직원연금 등)	연금보험료	국민연금보험료		종(전)근무지	보험료		전액	
				주(현)근무지	보험료		전액	
		국민연금보험료 외의 공적연금보험료		종(전)근무지	보험료		전액	
				주(현)근무지	보험료		전액	
		연금보험료 계						
III. 특별소득공제	보험료	국민건강보험 (노인장기요양보험 포함)		종(전)근무지	보험료		전액	
				주(현)근무지	보험료		전액	
		고용보험		종(전)근무지	보험료		전액	
				주(현)근무지	보험료		전액	
		보험료 계						
	주택자금	주택임차차입금		대출기관차입	원리금상환액		작성방법 참조	
				거주자 차입				
		장기주택저당차입금	2011년 이전 차입분	15년 미만	이자 상환액		작성방법 참조	
				15년~29년				
				30년 이상				
			2012년 이후 차입분 (15년 이상)	고정금리이거나 비거치상환 대출				
				기타 대출				
			2015년 이후 차입분	15년 이상	고정금리이면서 비거치상환 대출			
					고정금리이거나 비거치상환 대출			
					기타 대출			
				10년~15년	고정금리이거나 비거치상환 대출			
		주택자금 공제액 계						
	기부금 (이월분)	「소득세법」 제34조제2항제1호에 따른 기부금			기부금이월액		작성방법 참조	
		「소득세법」 제34조제3항제1호(종교단체 기부금 제외)에 따른 기부금			기부금이월액			
		「소득세법」 제34조제3항제1호에 따른 기부금 중 종교단체기부금			기부금이월액			
		기부금이월분(합계)						
IV. 그 밖의 소득공제		개인연금저축(2000년 이전 가입)			납입금액		납입액 40%와 72만원	
		소기업·소상공인 공제부금			납입금액		작성방법 참조	
	주택마련저축	청약저축			납입금액		작성방법 참조	
		근로자주택마련저축			납입금액		작성방법 참조	
		주택청약종합저축			납입금액		작성방법 참조	
		주택마련저축 소득공제 계						
	투자조합 출자 등	2019년 출자·투자분		벤처 등	출자·투자금액		작성방법 참조	
				조합1				
				조합2				
		2020년 출자·투자분		벤처 등	출자·투자금액		작성방법 참조	
				조합1				
				조합2				
		2021년 출자·투자분		벤처 등	출자·투자금액		작성방법 참조	
				조합1				
				조합2				
		투자조합 출자 등 소득공제 계						
	신용카드등 사용액	① 신용카드			사용금액			
		② 직불·선불카드			사용금액			
		③ 현금영수증			사용금액			
		④ 도서·공연사용분 등 (총급여 7천만원 이하자)			사용금액			
		⑤ 전통시장사용분			사용금액			
		⑥ 대중교통이용분			사용금액			
		⑦ 소비증가분 (2021년 신용카드등사용금액 중 2020년 대비 5%를 초과하여 증가한 금액)			증가금액			
		계(①+②+③+④+⑤+⑥+⑦)						
		우리사주조합 출연금			출연금액		작성방법 참조	
		고용유지중소기업 근로자			임금삭감액		작성방법 참조	
		장기집합투자증권저축			납입금액		작성방법 참조	

210mm×297mm[백상지80g/㎡ 또는 중질지80g/㎡]

(9쪽 중 제3쪽)

구분			세액감면·공제명세		세액감면·공제 명세			
V. 세액감면 및 공제	세액감면	외국인 근로자	입국목적 [ ]정부간 협약 [ ]「조세특례제한법」상 감면 [ ]조세조약 상 감면					
			기술도입계약 또는 근로제공일		감면기간 만료일			
			외국인 근로소득에 대한 감면	접수일		제출일		
			근로소득에 대한 조세조약 상 면제	접수일		제출일		
		성과공유 중소기업 경영성과급 감면		시작일		종료일		
		중소기업 청년근로자 및 핵심인력 성과보상기금 수령액 감면		시작일		종료일		
		내국인 우수 인력 국내 복귀 감면		시작일		종료일		
		중소기업 취업자 감면		취업일		감면기간 종료일		
	세액공제		공제 종류	명세	한도액	공제대상금액	공제율	공제세액
		연금 계좌	「과학기술인공제회법」에 따른 퇴직연금	납입금액	작성방법 참조		12%, 15%	
			「근로자퇴직급여 보장법」에 따른 퇴직연금	납입금액				
			연금저축	납입금액				
			ISA 만기시 연금계좌 납입액	납입금액				
			연금계좌 계					
		특별세액공제	보험료	보장성	보험료	100만원		12%
				장애인전용보장성	보험료	100만원		15%
				보험료 계				
			의료비	본인·65세 이상자·장애인·건강보험산정특례자	지출액	작성방법 참조		15%
				난임시술비	지출액			20%
				그 밖의 공제대상자	지출액			15%
				실손의료보험금 계	수령액			
				의료비 계				
			교육비	소득자 본인	공납금(대학원 포함)	전액		15%
				취학전 아동 (명)	유치원·학원비 등	1명당 300만원		
				초·중·고등학교 (명)	공납금	1명당 300만원		
				대학생(대학원 불포함) (명)	공납금	1명당 900만원		
				장애인 (명)	특수교육비	전액		
				교육비 계				
			기부금	정치자금 기부금	10만원 이하	기부금액		100/110
					10만원 초과	기부금액		15%, 25%
				「소득세법」 제34조제2항제1호에 따른 기부금	기부금액	작성방법 참조		20% 또는 35%
				우리사주조합기부금	기부금액			
				「소득세법」 제34조제3항제1호 (종교단체 기부금 제외)에 따른 기부금	기부금액			
				「소득세법」 제34조제3항제1호에 따른 기부금 중 종교단체기부금	기부금액			
				기부금 계				
		외국납부세액		국외원천소득				
				납세액(외화)				
				납세액(원화)	-			
				납세국명	납부일			
				신청서제출일	국외근무처			
				근무기간	직책			
		주택자금차입금이자세액공제		이자상환액			30%	
		월세액 세액공제		지출액			10% 또는 12%	

신고인은 「소득세법」 제140조에 따라 위의 내용을 신고하며, 위 내용을 충분히 검토하였고 신고인이 알고 있는 사실 그대로를 정확하게 적었음을 확인합니다.

년   월   일

신고인   (서명 또는 인)

VI. 추가 제출 서류			
1. 외국인근로자 단일세율적용신청서 제출 여부(○ 또는 × 로 적습니다)			제출 ( )
2. 종(전)근무지 명세	종(전)근무지명	종(전)급여총액	종(전)근무지 근로소득 원천징수영수증 제출 ( )
	사업자등록번호	종(전) 결정세액	
3. 연금·저축 등 소득·세액 공제명세서 제출 여부 (○ 또는 × 로 적습니다)		제출 ( ) ※ 연금계좌, 주택마련저축 등 소득·세액공제를 신청한 경우 해당 명세서를 제출해야 합니다.	
4. 월세액·거주자 간 주택임차차입금 원리금상환액 소득·세액 공제 명세서 제출여부 (○ 또는 × 로 적습니다)		제출 ( ) ※ 월세액, 거주자 간 주택임차차입금 원리금상환액 소득·세액공제를 신청한 경우 해당 명세서를 제출해야 합니다.	
5. 그 밖의 추가 제출 서류	① 의료비지급명세서 ( ), ② 기부금명세서 ( ), ③ 소득·세액공제 증명서류		

유 의 사 항

1. 근로소득자가 종(전)근무지 근로소득을 원천징수의무자에게 신고하지 않은 경우에는 근로소득자 본인이 종합소득세 신고를 해야 하며, 신고하지 않은 경우 가산세 부담 등 불이익이 따릅니다.
2. 현 근무지의 연금보험료·국민건강보험료 및 고용보험료 등은 신고인이 기재하지 않아도 됩니다.
3. "공제금액"란은 근로소득자가 원천징수의무자에게 제출하는 경우 적지 않을 수 있습니다.

인적공제 및 소득·세액공제 명세 작성방법

1. 배우자 또는 생계를 같이하는 부양가족의 연간 소득금액이 100만원(근로소득만 있는 경우에는 총급여액 5백만원)을 초과하는 경우에는 인적공제 대상에 해당하지 않습니다.
2. 배우자 또는 형제자매 등이 부모·자녀 등을 부양가족으로 신고한 경우 부양가족공제를 중복하여 받을 수 없으므로 신고서에 적지 않습니다.
3. 부녀자공제는 기본공제대상 부양가족이 있는 세대주인 여성근로자 또는 배우자가 있는 여성근로자로서 해당 과세기간에 종합소득 과세표준을 계산할 때 합산하는 종합소득금액이 3천만원 이하인 거주자에 한해 연 50만원을 공제합니다.
4. 한부모가족 소득공제는 배우자가 없는 근로자로서 기본공제대상자인 직계비속이 있는 경우 연 100만원을 공제합니다. (부녀자공제와 중복 시 하나만을 선택하여 적용)
5. 장애인공제는 근로자의 기본공제대상자로서 「소득세법」에 따른 장애인으로 연간 소득금액이 100만원(근로소득만 있는 경우에는 총급여액 5백만원) 이하인 경우 장애인인 해당 부양가족 1명당 연 200만원을 공제합니다.
6. 인적공제항목은 해당란에 "○"표시를 하며, 각종 소득·세액공제 항목은 공제를 위하여 실제 지출한 금액을 적습니다.
   - 자녀세액공제 대상 자녀가 있는 경우 자녀란에 "○"표시를 합니다.
   - 각종 소득공제 항목에서 보험료에는 국민건강보험료·노인장기요양보험료 및 고용보험료를 포함하고, 피보험자를 기준으로 적습니다.
7. "국세청 자료"란은 국세청 홈택스(연말정산간소화 서비스)에서 제공하는 연말정산소득·세액공제 명세의 각 소득공제 항목의 금액을 적습니다.
8. 기타 자료란은 소득자가 국세청 홈택스(연말정산간소화 서비스)에서 제공하는 증명서류 외의 것을 제출한 소득·세액공제 증명서류 금액을 적습니다.
9. 소득·세액공제는 서식에서 정하는 바에 따라 순서대로 소득·세액공제를 적용하여 종합소득과세표준과 세액을 계산합니다.

특별소득공제명세 작성방법

	일반사항	주택자금상환등증명서·장기주택저당차입금이자상환증명서의 납입액 또는 상환액을 적습니다.
주택자금	주택임차 차입금	주택임차차입금 원리금 상환액: 해당 연도 주택임차차입금에 대한 원리금상환액의 40%까지 공제됩니다. 주택임차차입금 원리금 상환은 대출기관차입분, 거주자로부터 차입분을 구분하여 작성하며 공제금액은 「조세특례제한법」제87조에 따른 주택마련저축 소득공제와 합하여 연 300만원을 초과할 수 없습니다.
	장기주택 저당차입금	해당 과세기간에 지급한 이자상환금액(원금상환금은 제외합니다)을 적습니다. 2011년 이전 차입분은 상환기간 15년 미만, 15년 이상 29년 이하(「소득세법 시행령」 제112조제10항제5호 포함), 30년 이상(「소득세법 시행령」 제112조제10항제5호 포함)으로 구분하여 적고, 2012년 이후 차입분(상환기간 15년 이상)은 고정금리·비거치식 상환분과 기타 상환분을 구분하여 적고, 2015년 이후 차입분은 상환기간 15년 이상, 10년 이상 15년 미만으로 구분하여 적습니다.
기부금(이월분)		2013년 이전 기부금액 중 한도초과 등으로 공제받지 못하고 이월된 금액을 적습니다. 해당 연도 기부금액과 합하여 기부금공제 한도를 적용합니다. (2013년 이전 기부금액 중 이월된 기부금은 해당연도 기부금보다 우선하여 공제 적용합니다.)

그 밖의 소득공제 작성방법

개인연금저축공제	공제금액은 개인연금저축 납입액의 40%까지 공제됩니다. 해당 공제를 신청할 때에는 이 서식 제8쪽의 연금·저축 등 소득·세액 공제명세서를 작성해야 합니다.
주택마련저축공제	해당 과세기간의 총급여액이 7천만원 이하인 근로소득자가 실제 납입한 금액[연 120만원 한도(2015년 이후 주택청약종합저축 납입분에 대해서는 연 240만원 한도)]을 기준으로 40%까지 공제됩니다. (2014년 이전 가입분 중 총급여 7천만원을 초과하는 자는 2017년 납입 분까지 종전 규정에 따라 공제) 해당 공제를 신청할 때에는 이 서식 제8쪽의 연금·저축 등 소득·세액 공제명세서를 작성해야 합니다.
소기업·소상공인 공제부금소득공제	해당 과세기간의 공제부금 납부액과 300만원(근로소득금액이 4천만 원 이하인 경우에는 500만원, 근로소득금액 1억 원 초과하는 경우에는 200만원) 중 적은 금액을 적습니다.

투자조합 출자공제	내용	「조세특례제한법」 제16조에 따라 중소기업창업투자조합 등에 출자 또는 투자한 금액을 적습니다. 공제금액은 출자금액 등의 10%까지 공제되나, 개인투자조합 또는 벤처기업에 직접투자하는 경우 출자금액 등의 3천만원 이하분은 100%, 5천만원 이하분은 70%, 5천만원 초과분은 30%까지 공제됩니다. ※ 벤처 등(「조세특례제한법」 제16조제1항제3호·제4호·제6호), 조합1(「조세특례제한법」 제16조제1항제1호·제5호), 조합2(「조세특례제한법」 제16조제1항제2호)로 구분하여 적습니다
	공제	구 분 / 공제율 / 한 도 액
		2019년~2021년 출자·투자분 / 10%(100%, 70%, 30%) / 해당 과세연도 근로(종합)소득금액의 50%. 다만, 「조세특례제한법」 제16조제1항제2호의 벤처기업투자신탁 투자에 대한 1인당 소득공제액은 최대 3백만원

신용카드등 소득공제	1. "사용금액"란에는 카드사 등에서 발급한 신용카드등 사용금액 확인서에 따른 공제대상액의 합계액(해당 연도 1월 1일부터 12월 31일까지 사용금액을 말합니다)을 적습니다. 사용금액에는 사업관련비용을 뺀 금액을 적습니다. 2. 다른 거주자의 기본공제를 적용받지 않은 배우자와 생계를 같이하는 직계존비속의 사용금액도 포함됩니다. 다만, 연간소득금액이 100만원(근로소득만 있는 자는 총급여 5백만원) 이하인 사람에 한정합니다. 3. 공제금액: ①+②+③+④+⑤-⑥+⑦에 해당하는 금액 ※ 도서·공연등 사용분은 총급여 7천만원 이하자에 대하여 적용하며, 7천만원 초과자는 각 지불수단별 사용금액의 합계액에 해당 금액을 포함하여 계산합니다. ① 전통시장사용분(신용카드·현금영수증·직불카드·선불카드) × 40% ② 대중교통이용분(신용카드·현금영수증·직불카드·선불카드) × 40% ③ 도서·신문·공연·박물관·미술관(이하 이 서식에서 "도서·공연등 사용분"이라 하며, 총급여 7천만원 이하자만 기재합니다) 사용분(신용카드·현금영수증·직불카드·선불카드) × 30% ④ 현금영수증, 직불·선불카드사용분[전통시장·대중교통, 도서·공연등 이용(사용)분에 포함된 금액 제외] × 30% ⑤ 신용카드사용분(= 신용카드등 사용금액 합계액 - 전통시장사용분 - 대중교통이용분 - 도서·공연등 사용분 - 현금영수증, 직불·선불카드사용분) × 15%

신용카드등 소득공제	⑥ 다음의 어느 하나에 해당하는 금액	
	최저사용금액 ≤ 신용카드사용분	최저사용금액 × 15%
	신용카드사용분 < 최저사용금액 ≤ 신용카드 + 현금영수증 + 직불·선불카드 + 총급여 7천만원 이하자의 도서·공연등 사용분	신용카드사용분 × 15% + (최저사용금액 - 신용카드사용분) × 30%
	신용카드 + 현금영수증 + 직불·선불카드 + 총급여 7천만원 이하자의 도서·공연등 사용분 < 최저사용금액	신용카드사용분 × 15% + (현금영수증 + 직불·선불카드 + 총급여 7천만원 이하자의 도서·공연등 사용분) × 30% + (최저사용금액 - 신용카드사용분 - 현금영수증 - 직불선불카드 - 총급여 7천만원 이하자의 도서·공연등 사용분) × 40%
	⑦ 2021년 신용카드등사용금액 중 2020년 신용카드등사용금액 대비 5%를 초과하여 증가한 금액의 10%	
	4. 공제한도: 총급여 7천만원 이하자는 300만원(2020년 과세연도의 경우 330만원)과 총급여액의 100분의 20에 해당하는 금액 중 작거나 같은 금액, 총급여 7천만원 초과~1.2억원 이하자는 250만원(2020년 과세연도의 경우 280만원), 총급여 1.2억원 초과자는 200만원(2020년 과세연도의 경우 230만원)을 한도로 하되, 한도초과금액이 있는 경우 한도초과금액과 ①+②+③+⑦에 해당하는 금액 중 작은 금액을 신용카드 등 소득공제 금액에 추가합니다(각 항목별 연간 100만원 한도).	
우리사주조합 출연금 소득공제	우리사주출연금 중 연 400만원(「조세특례제한법」 제16조제1항제3호의 벤처기업 등의 우리사주조합의 경우 연 1,500만원)을 한도로 소득공제합니다.	

(9쪽 중 제6쪽)

인적공제 및 소득·세액공제 명세 작성방법

그 밖의 소득공제 작성방법

고용유지중소기업 근로자 소득공제	고용유지중소기업에 근로를 제공하는 상시근로자에 대하여 2021년 12월 31일이 속하는 과세연도까지 임금삭감액에 50%에 해당하는 금액을 해당 과세연도의 근로소득금액에서 공제합니다. 이 경우 공제할 금액이 1천만원을 초과하는 경우에는 그 초과하는 금액은 없는 것으로 합니다.
장기집합투자증권 저축	해당 과세기간에 장기집합투자증권저축 납입액(연 600만원 한도)을 기준으로 40%까지 공제됩니다. 해당 공제를 신청할 때에는 이 서식 제8쪽의 연금·저축 등 소득·세액 공제명세서를 작성해야 합니다.

세액공제 작성방법

외국납부공제	① 외국납부세액과 ② 산출세액에 국외원천소득이 해당 과세기간의 근로소득금액에서 차지하는 비율을 곱하여 산출한 금액 중 작은 금액
연금계좌	1. 「근로자퇴직급여 보장법」(확정급여형 퇴직연금제도 제외), 「과학기술인공제회법」에 따라 근로자가 부담한 퇴직연금 납입액, 연금저축 납입액을 적습니다. 2. 공제한도는 연금저축계좌 납입액에 대해서는 50세 미만 연 400만원(총급여 1.2억원 또는 종합소득금액 1억원 초과자의 경우 300만원), 50세 이상 연 600만원(총급여 1.2억원 또는 종합소득금액 1억원 초과자의 경우 300만원)이고, 연금저축계좌 납입액과 퇴직연금계좌 납입액을 합한 금액에 대해서는 50세 미만 연 700만원, 50세 이상 연 900만원 (다만, 총급여 1.2억원 또는 종합소득금액 1억원 초과자의 경우 700만원) 입니다. 3. 공제세액은 연금계좌 납입금액에 공제율 12%를 적용한 금액입니다.(다만, 해당 과세기간의 종합소득과세표준을 계산할 때 합산하는 종합소득금액이 4천만원 이하(근로소득만 있는 경우 총급여 5천500만원 이하)인 거주자에게는 공제율 15%를 적용합니다) 4. ISA 만기시 연금계좌 납입액 공제세액은 ISA계좌의 계약기간이 만료되고 해당 계좌잔액의 전부 또는 일부를 연금저축계좌·퇴직연금계좌로 납입한 경우 그 납입한 금액을 납입한 날이 속하는 과세기간의 연금계좌 납입액에 포함(전환금액의 10%, 300만원 한도로 세액공제 한도 확대) 5. 연금계좌 소득공제를 신청하는 경우 이 서식 8쪽의 연금·저축 등 소득·세액공제 명세서를 작성하여야 합니다.
보험료	보장성보험의 "보험료"란에는 자동차·생명·상해보험 등 보장성보험에 납입한 금액을 적습니다. 장애인전용보장성보험의 "보험료"란에는 장애인을 피보험자 또는 수익자로 하는 장애인전용보험에 납입한 금액을 적습니다.

의료비	의료비지급명세서의 지급금액 합계액을 적습니다.
	1. 공제대상은 근로소득이 있는 거주자가 근로자 본인과 기본공제대상자(연령 및 소득금액의 제한을 받지 않습니다)를 위하여 해당연도 1월 1일부터 12월 31일까지 지급한 의료비입니다.
	2. 근로자 거주자, 과세기간 종료일 현재 65세 이상인 자와 장애인, 건강보험산정특례자를 위하여 지급한 의료비, 난임시술비는 의료비지급액이 공제액입니다. 다만, 그 밖의 기본공제대상자를 위하여 지출한 의료비가 총급여액의 3%에 미달하는 경우 그 미달하는 금액을 뺍니다.
	3. 그 밖의 공제대상을 위해 지출한 의료비는 총급여액의 3%를 초과하여 지출한 금액을 공제하되, 연 700만원 한도로 공제합니다.
	4. 의료비공제금액은 근로자인 거주자와 해당 부양가족을 위해 다음의 어느 하나에 해당하는 비용의 합계액을 말합니다.(미용·성형수술을 위한 비용 및 건강증진을 위한 의약품 구입비용은 포함되지 않습니다)
	  가. 진찰·치료·질병예방을 위하여 「의료법」 제3조에 따른 의료기관에 지급한 비용
	  나. 치료·요양을 위하여 「약사법」 제2조에 따른 의약품(한약을 포함합니다)을 구입하고 지급한 비용
	  다. 장애인의 보장구(「조세특례제한법」 제105조 및 같은 법 시행령 제105조에 따른 보장구에 한합니다) 및 의료기기(「의료기기법」 제2조제1항에 따른 의료기기(한약을 포함합니다)에 해당해야 합니다)의 구입 또는 임차비용(의료기기의 경우 의료기기를 명시한 의사의 처방전이 필요합니다)
	  라. 시력보정용 안경 또는 콘택트렌즈 구입비용(1명당 연 50만원 한도)
	  마. 보청기 구입비용
	  바. 「노인장기요양보험법」 제40조제1항에 따라 실제 지출한 본인 일부부담금
	  사. 「모자보건법」에 따른 산후조리원에 산후조리 및 요양의 대가로 지출한 비용
	실손의료보험금란에는 해당 과세기간에 수령한 실손의료보험금 중 이전 과세기간에 지출한 의료비에 대한 실손의료보험금을 차감한 금액을 기재합니다.

교육비	1. 공제대상은 근로소득 있는 거주자가 근로자 본인과 기본공제대상(연령의 제한을 받지 않습니다)를 위하여 해당 연도 1월 1일부터 12월 31일까지 입학금, 수업료, 학교·유치원·어린이집 등의 급식비·교과서대금·방과후 학교 및 방과후 과정 등의 수업료·특별활동비·도서구입비(초등학교 취학 전 아동, 초·중·고등학생), 교복구입비용(중·고등학생), 학교에서 실시하는 체험학습비 등과 근로자 본인의 학자금대출 상환액을 적습니다. 2. 장애인의 특수교육비는 기본공제대상자인 장애인을 위하여 사회복지시설, 보건복지부장관이 장애인재활교육을 실시하는 기관으로 인정한 비영리법인 또는 「장애아동복지지원법」 제21조제3항에 따라 지방자치단체가 지정한 발달재활서비스 제공기관에 지출한 교육비를 말합니다.

기부금	해당 기부금란에 기부금납입영수증의 기부금액 합계액을 적습니다.
	1. 정치자금기부금(「조세특례제한법」 제76조) 한도액: 종합소득금액
	해당 과세기간에 「정치자금법」에 따라 정당(같은 법에 따른 후원회 및 선거관리위원회를 포함합니다)에 기부한 정치자금 중 10만원까지는 그 기부금액의 110분의 100, 10만원을 초과하는 금액에 대해서는 100분의 15(해당 금액이 3천만원을 초과하는 경우 그 초과분에 대해서는 100분의 25)를 종합소득산출세액에서 공제합니다.
	2. 우리사주조합기부금(「조세특례제한법」 제88조의4제13항) 한도액: (종합소득금액 - 정치자금기부금 - 「소득세법」 제34조제2항제1호에 따른 기부금) × 30%(해당연도에 발생한 기부금으로 한정하여 해당 기부금란에 기부금납입영수증의 기부금액 합계액을 적습니다.)
	3. 소득세법에 따른 기부금
	  ① 「소득세법」 제34조제2항제1호에 따른 기부금 한도액: 종합소득금액
	  ② 「소득세법」 제34조제3항제1호에 따른 기부금 한도액
	    가. 종교단체에 기부한 금액이 있는 경우: [{(종합소득금액 - 정치자금기부금 - 「소득세법」 제34조제2항제1호에 따른 기부금 - 우리사주조합 기부금) × 10%} + {(종합소득금액 - 정치자금기부금 - 「소득세법」 제34조제2항제1호에 따른 기부금 - 우리사주조합 기부금) × 20%와 종교단체 외에 지급한 금액 중 작은 금액}]
	    나. 종교단체에 기부한 금액이 없는 경우: (종합소득금액 - 정치자금기부금 - 「소득세법」 제34조제2항제1호에 따른 기부금 - 우리사주조합 기부금) × 30%
	해당 과세기간에 지급한 한도 내 「소득세법」 제34조제2항제1호에 따른 기부금과 「소득세법」 제34조제3항제1호에 따른 기부금을 합한 금액에서 사업소득금액을 계산할 때 필요경비에 산입한 기부금을 뺀 금액의 100분의 20(해당 금액이 1천만원을 초과하는 경우 그 초과분에 대해서는 100분의 35)에 해당하는 금액을 종합소득산출세액에서 공제합니다.

월세액	해당 과세기간의 총급여액이 7천만원 이하인 근로소득자(해당 과세기간에 종합소득과세표준을 계산할 때 합산하는 종합소득금액이 6천만원을 초과하는 사람은 제외)가 지급하는 월세액(연 750만원 한도)의 10%(총급여 5,500만원 이하는 12%)를 종합소득산출세액에서 공제합니다.

유의사항

1. 공제항목별로 연간 지출금액(보장성보험료·의료비·교육비·주택자금·신용카드·주택마련저축 등의 경우 근로소득자가 근무기간 동안 지출한 금액) 등을 적습니다. 이 경우 소득자는 원천징수의무자가 공제한도 등을 알아야 계산한 금액을 특별소득공제 또는 특별세액공제를 받게 되며, 특별소득공제, 특별세액공제, 월세세액공제를 신청하지 않은 사람은 연 13만원을 종합소득산출세액에서 공제(표준세액공제)받게 됩니다.
2. 공제항목 중 작성란이 부족할 경우에는 신고서 서식을 수정하거나 별지를 이용하여 작성합니다.

210mm×297mm[백상지80g/㎡ 또는 중질지80g/㎡]

소득·세액 공제신고서 첨부서류

구 분		첨부서류
기본공제		주민등록표등본*, 가족관계증명서*(부양가족이 주거를 함께 하지 않는 경우에 제출합니다), 입양관계증명서*, 수급자증명서*, 가정위탁보호확인서 등
추가공제		장애인증명서*, 장애인등록증(수첩, 복지카드) 사본*, 장애아동임을 증명할 수 있는 서류(발달재활서비스 제공기관 입소통지서 등)
특별소득공제	주택자금	1. 주택자금상환등증명서, 장기주택저당차입금이자상환증명서, 주민등록표등본 2. 장기주택저당차입금으로 취득한 주택의 건물 등기사항증명서 등
개인연금저축공제		개인연금저축납입증명서 또는 개인연금저축통장 사본
주택마련저축공제		주택마련저축납입증명서, 주민등록표등본
소기업·소상공인 공제부금 소득공제		공제부금납입증명서
투자조합출자공제		출자등소득공제신청서, 출자 또는 투자확인서
신용카드등 사용액 소득공제		신용카드등 사용금액에 대한 소득공제신청서, 신용카드등사용금액확인서, 대중교통 이용분 증빙자료(승차권 등)
장기집합투자증권 저축 소득공제		장기집합투자증권저축 납입증명서
그 밖의 공제		공제 관련 서류 등
연금계좌세액공제		연금납입확인서(세액공제용)
특별 세액 공제	보험료	보험료납입증명서·보험료납입영수증

	의료비	1. 의료비지급명세서 및 다음에 해당하는 영수증
		  가. 의료기관·약사 등이 확인한 것
		  나. 안경 등의 경우에는 안경사가 확인한 것
		  다. 보청기·장애인 보장구의 경우에는 판매자가 확인한 것
		  라. 의료기기 구입 또는 임차 비용의 경우에는 판매자가 확인한 것 및 의사 등의 처방전
		  마. 산후조리원에 산후조리 및 요양의 대가로 지출한 비용의 경우 산후조리원이 확인하는 영수증
		2. 국민건강보험공단 이사장이 발행하는 의료비부담명세서

	교육비	1. 교육비납입증명서 2. 방과후 학교 수업용 도서구입 증명서(학교 외에서 구입한 초·중·고등학교의 방과후 학교 수업용 도서의 구입비가 있는 경우에 작성합니다) 3. 「사회복지사업법」에 따른 사회복지시설, 보건복지부장관으로부터 장애인 재활교육시설로 인정받은 비영리법인 또는 이와 유사한 외국시설임을 입증할 수 있는 서류 4. 국외유학인증서 등 「국외유학에 관한 규정」에 따른 자비유학자격을 입증할 수 있는 서류*
	기부금	기부금명세서 및 기부금영수증(발급기관이 기부자의 성명, 기부금액 및 기부일 등 기부명세를 적고, 확인한 것에 한정합니다)
월세액 세액공제		임대차계약서 사본, 무통장입금증 등 월세액을 지급하였음을 증명하는 서류, 주민등록표등본

유의사항

※ "*"표시된 첨부서류의 경우 원천징수의무자에게 제출하고, 그 이후 변동사항이 없으면 다음 연도부터는 제출하지 않을 수 있습니다. 특히, 주민등록표등본은 공제대상배우자, 공제대상부양가족, 공제대상장애인 또는 공제대상경로우대자의 변동이 없으면 제출하지 않습니다.
※ 국세청 홈택스(연말정산간소화 서비스)에서 제공하는 연말정산소득·세액 공제명세를 첨부서류로서 원천징수의무자에게 제출할 수 있습니다.
※ 주민등록표등본은 정부민원포털 정부24(www.gov.kr)에서 무료로 발급받을 수 있습니다.

(9쪽 중 제8쪽)

연금·저축 등 소득·세액 공제명세서

1. 인적사항

① 상 호		② 사업자등록번호	
③ 성 명		④ 주민등록번호	
⑤ 주 소		(전화번호:)	
⑥ 사업장 소재지		(전화번호:)	

2. 연금계좌 세액공제

1) 퇴직연금계좌

* 퇴직연금계좌에 대한 명세를 작성합니다.

퇴직연금 구분	금융회사 등	계좌번호 (또는 증권번호)	납입금액	세액공제금액

2) 연금저축계좌

* 연금저축계좌에 대한 명세를 작성합니다.

연금저축 구분	금융회사 등	계좌번호 (또는 증권번호)	납입금액	소득·세액 공제금액

3) ISA 만기시 연금계좌 납입액

* 납입 연금저축계좌·퇴직연금계좌에 대한 명세를 작성합니다.

연금 구분	금융회사 등	계좌번호 (또는 증권번호)	납입금액	세액공제금액

3. 주택마련저축 소득공제

* 주택마련저축 소득공제에 대한 명세를 작성합니다.

저축 구분	금융회사 등	계좌번호 (또는 증권번호)	납입금액	소득공제금액

4. 장기집합투자증권저축 소득공제

* 장기집합투자증권저축 소득공제에 대한 명세를 작성합니다.

금융회사 등	계좌번호 (또는 증권번호)	납입금액	소득공제금액

5. 중소기업 창업투자조합 출자 등에 대한 소득공제

* 중소기업창업투자조합 출자 등 소득공제에 대한 명세서를 작성합니다.

투자연도	투자구분	금융기관 등	계좌번호 (또는 증권번호)	납입금액

작성방법

1. 연금계좌 세액공제, 주택마련저축·장기집합투자증권저축·중소기업창업투자조합 출자 등 소득공제를 받는 소득자에 대해서는 해당 소득·세액 공제에 대한 명세를 작성해야 합니다. 해당 계좌별로 납입금액과 소득·세액 공제금액을 적고, 공제금액이 영(0)인 경우에는 적지 않습니다.
2. 퇴직연금계좌에서 "퇴직연금 구분"란은 퇴직연금{확정기여형(DC), 개인형(IRP)}·과학기술인공제회로 구분하여 적습니다.
3. 연금저축계좌에서 "연금저축 구분"란은 개인연금저축과 연금저축으로 구분하여 적습니다.
4. ISA 만기시 연금계좌 납입액에서 "연금 구분" 란은 연금저축계좌와 퇴직연금계좌로 구분하여 적습니다.
   - ISA 만기시 연금계좌 납입액 공제세액은 ISA계좌의 계약기간이 만료되고 해당 계좌잔액의 전부 또는 일부를 연금저축계좌·퇴직연금계좌로 납입한 경우 그 납입한 금액을 납입한 날이 속하는 과세기간의 연금계좌 납입액에 포함(전환금액의 10%, 300만원 한도로 세액공제 확대)
5. 주택마련저축 공제의 "저축 구분"란은 청약저축, 주택청약종합저축 및 근로자주택마련저축으로 구분하여 적습니다.
6. 중소기업창업투자조합 출자 등 소득공제의 "투자 구분"란은 벤처 등(「조세특례제한법」 제16조제1항제3호 · 제4호 · 제6호), 조합1(「조세특례제한법」 제16조제1항제1호 · 제5호), 조합2(「조세특례제한법」 제16조제1항제2호)로 구분하여 적습니다.
7. 공제금액란은 근로소득자가 적지 않을 수 있습니다.

210mm×297mm[백상지 80g/㎡ 또는 중질지 80g/㎡]

(9쪽 중 제9쪽)

[ ] 월세액·[ ] 거주자 간 주택임차차입금 원리금 상환액 소득·세액공제 명세서

[무주택자 해당여부 [ ]여, [ ]부]

1. 인적사항

① 상 호		② 사업자등록번호	
③ 성 명		④ 주민등록번호	
⑤ 주 소			(전화번호:)
⑥ 사업장 소재지			(전화번호:)

2. 월세액 세액공제 명세

⑦ 임대인 성명 (상호)	⑧ 주민등록번호 (사업자번호)	⑨ 유형	⑩ 계약 면적(㎡)	⑪ 임대차계약서 상 주소지	⑫ 계약서 상 임대차 계약기간		⑬ 연간 월세액(원)	⑭ 세액공제금액 (원)
					개시일	종료일		

※ ⑨ 유형: **구분코드** - 단독주택: 1, 다가구: 2, 다세대주택: 3, 연립주택: 4, 아파트: 5, 오피스텔: 6, 고시원: 7 기타: 8
※ ⑫ 계약서상 임대차계약기간 - 개시일과 종료일은 예시와 같이 기재 (예시) 2017.01.01.

3. 거주자 간 주택임차차입금 원리금 상환액 소득공제 명세

1) 금전소비대차 계약내용

⑮ 대주(貸主)	⑯ 주민등록번호	⑰ 금전소비대차 계약기간	⑱ 차입금 이자율	원리금 상환액			㉒ 공제금액
				⑲ 계	⑳ 원금	㉑ 이자	

2) 임대차 계약내용

㉓ 임대인 성명 (상호)	㉔ 주민등록번호 (사업자번호)	㉕ 유형	㉖ 계약 면적(㎡)	㉗ 임대차계약서상 주소지	㉘ 계약서상 임대차 계약기간		㉙ 전세보증금 (원)
					개시일	종료일	

※ ㉕ 유형: **구분코드** - 단독주택: 1, 다가구: 2, 다세대주택: 3, 연립주택: 4, 아파트: 5, 오피스텔: 6, 고시원: 7 기타: 8
※ ㉘ 계약서상 임대차계약기간 - 개시일과 종료일은 예시와 같이 기재 (예시) 2017.01.01.

작성 방법

1. 월세액 세액공제나 거주자 간 주택임차자금 차입금 원리금 상환액 공제를 받는 근로소득자에 대해서는 해당 소득·세액공제에 대한 명세를 작성해야 합니다.
2. 해당 임대차 계약별로 연간 합계한 월세액·원리금상환액과 소득·세액공제금액을 적으며, 공제금액이 "영(0)"인 경우에는 적지 않습니다.
3. ⑨, ㉕ 유형은 단독주택, 다가구주택, 다세대주택, 연립주택, 아파트, 오피스텔, 고시원, 기타 중에서 해당되는 **유형의 구분코드**를 적습니다.
4. ㉙ 전세보증금은 과세기간 종료일(12. 31.) 현재의 전세보증금을 적습니다.

210mm×297mm[백상지 80g/㎡ 또는 중질지 80g/㎡]

Point 06 : 개인카드로 회사경비 사용한 내역은 미리 파악해 두자

1. 법인의 경비로 처리된 개인카드 사용분

근로자 개인의 신용카드사용액 중 사업관련비용, 즉 법인의 경비로 처리된 개인카드사용액은 '신용카드등소득공제'에서 제외하여야 한다. 이는 법인의 경비로 입력된 일반전표 입력에서 사원별로 금액을 조회하고 연말정산시 해당 금액을 제외한다. SmartA에서는 [직원신용카드경비사용명세]에서 관련 금액을 키워드입력을 반영하여 조회해 준다.

2. 직원신용카드경비사용명세 작성

(1) 부서/사원등록

> 재무회계 > 기초정보관리 > 부서사원등록

	코드	부서명	사용		코드	사원명	사용	입사년월일	E-Mail	연락처	휴대전화	변동사유	변동일자	직위
	10	관리	여		1001	차영우	여							

(2) 일반전표입력에서 사원코드등록

> 재무회계 > 전표관리 > 일반전표입력

전표입력시 입력된 키워드에 의해 자료를 조회하게 되므로, 일반전표의 3만원 이하 경비사용분은 해당 전표의 적요란에 카드사용분은 '직원카드', 현금영수증 사용분은 '직원현금영수증' 키워드를 포함해야 한다.

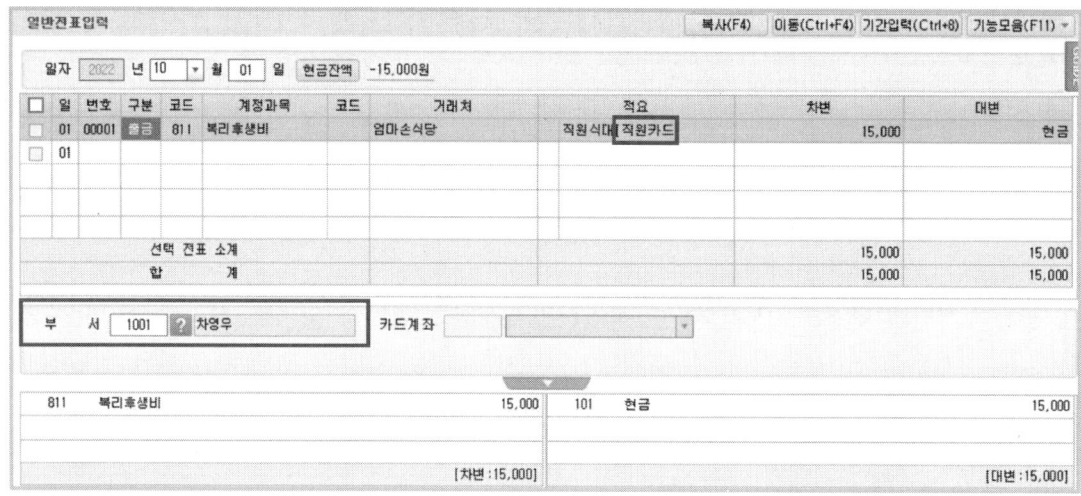

(3) 직원신용카드경비사용명세서 작성

근로/연말 > 연말정산관리 I > 직원신용카드경비사용명세서

1) 회계사원등록

2) 일반전표 불러오기 설정

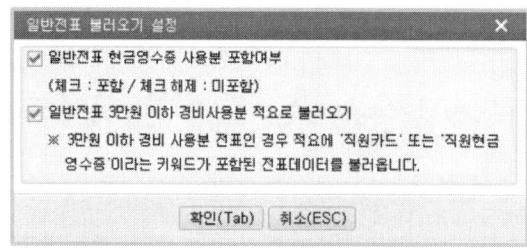

3) 사원별불러오기

인사코드의 사원코드·사원명에 대한 회계코드를 연결한 다음 사원별 불러오기[F8] 나 전체사원 불러오기[F7] 를 클릭하여 전표로 입력된 직원카드사용 데이터를 불러온다. 이 때 일반전표 불러오기 설정 에서 설정된 등록자료에 의해서 키워드별로 데이터를 조회해 준다.

인사코드	사원명	회계코드	사용금액
1001	김석주	1001	36,000
2001	차영우	1002	

* 일반전표 현금영수증 사용분 포함여부 : 포함
* 일반전표 3만원 이하 경비사용분 적요로 불러오기 : 부

전표	전표일자	코드	계정과목	사용금액	구분	코드	카드명	카드번호
일반	2022-01-15	811	복리후생비	20,000	카드			
일반	2022-01-30	811	복리후생비	16,000	카드			

카 드		36,000
현금영수증		0
합 계		36,000

계속근무자	2명	36,000원
퇴 사 자	0명	0원
합 계	2명	36,000원

① 사원을 선택시 회계사원등록(F6)에 입력된 사원의 회계전표를 반영합니다.
② 카드사용금액이 있는 사원을 기준으로 상단의 정렬방법으로 정렬됩니다. (코드순, 입력순 등)
③ 카드사용금액이 있는 사원을 기준으로 인원수, 금액이 집계되고 출력됩니다.
④ 일반전표의 3만원 이하 경비사용분은 해당 전표의 적요란에 카드 사용분은 '직원카드',
   현금영수증 사용분은 '직원현금영수증' 키워드를 포함하는 경우 불러옵니다.
   ([일반전표 불러오기 설정] > '일반전표 3만원 이하 경비사용분 적요로 불러오기'에 체크후 불러오기 합니다.)

PART 02

근로소득 연말정산

세무대리인이 알아야 할 **연말정산실무** Point50

 세액계산 프로세스 한 눈에 살펴보자

1 연말정산 근로소득원천징수영수증

근로/연말 > 연말정산관리 I > 연말정산근로소득원천징수영수증

근로소득자로부터 제출받은 자료에 의해 연말정산에 필요한 추가 자료를 입력하는 메뉴이며, [근로소득자 소득공제신청서]의 입력정보를 반영 받아 완료할 수 있다.

계속근무자의 연말 정산일 경우 [연말], 중도퇴사자의 연말정산은 [중도], 전체사원의 연말정산내역을 조회할 때 [총괄]탭으로 조회한다.

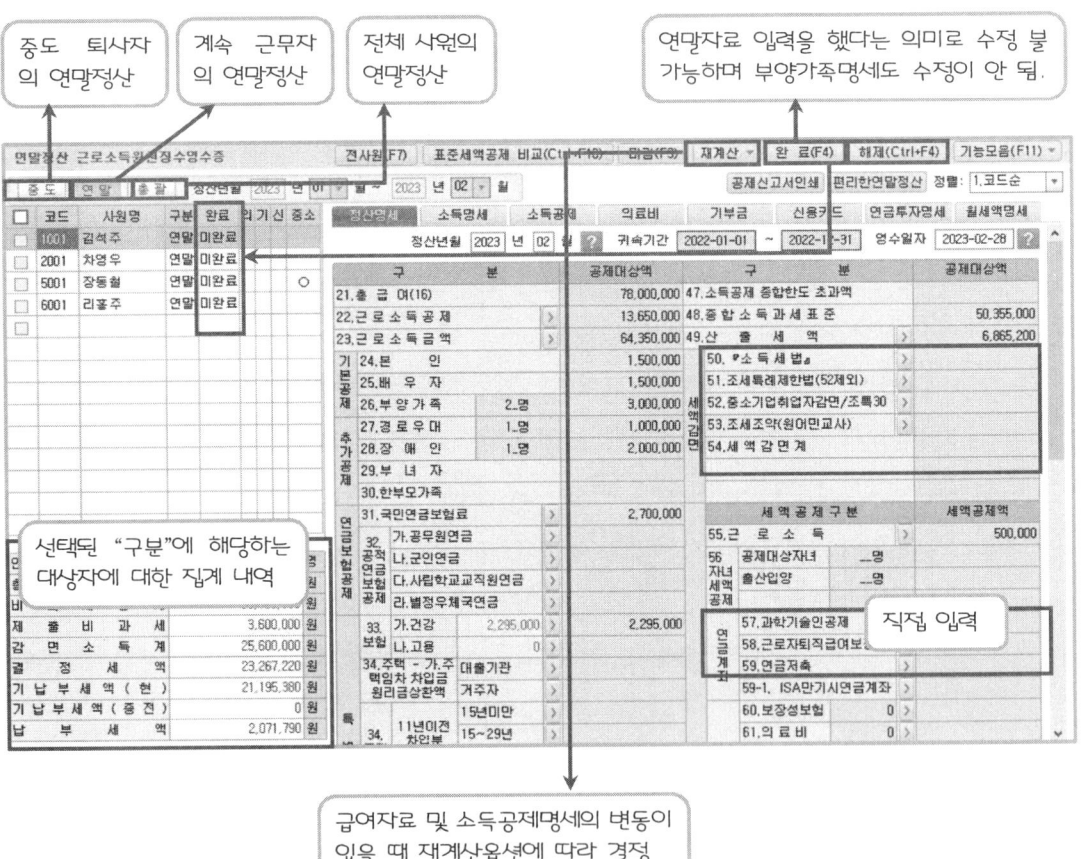

(1) 전사원

사원등록 메뉴의 입사일에 따라 당해 연도 귀속인 사원 중 연말정산근로소득원천징수영수증 메뉴에 입력되어 있지 않은 사원을 자동 반영한다.

(2) 정산년월

연말정산을 하는 연월을 입력한다.

※ 계속근무자의 연말정산의 경우는 2023년 2월로 관리한다.

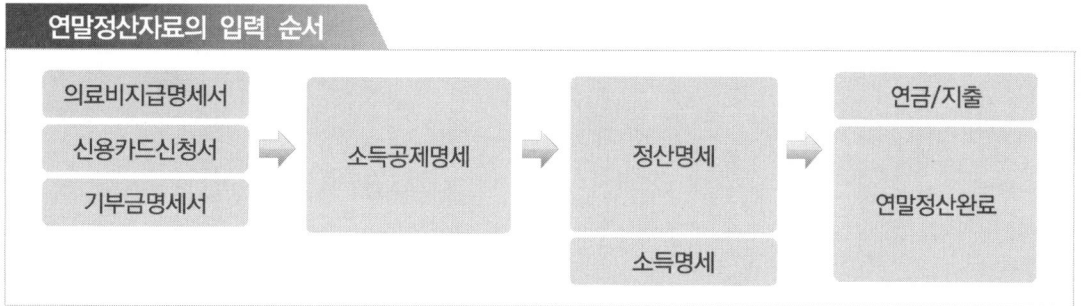

2 소득명세Tab

정산 기간 동안의 소득에 대한 명세를 보여주고 기타 비과세, 종전 근무지의 근로소득 내역 및 인정상여, 과세대상추가금액 등을 입력한다.

소득명세에 근무처별 소득명세(현 근무지, 종전 근무지), 비과세소득, 보험료명세(건강보험료, 장기요양보험료, 국민연금보험료, 고용보험료, 연금보험료), 세액명세가 급여자료 입력에서 자동 반영되어 각 사원별 [정산명세]에 반영된다.

3 소득공제Tab

소득공제를 받기 위한 인적공제와 보험료, 의료비, 교육비 등 지출내역을 국세청자료와 기타로 구분하여 입력한다. 사원등록 메뉴의 부양가족명세 및 의료비지급명세서, 기부금명세서, 신용카드신청서의 명세서 불러오기로 입력내용이 자동 반영되며, 국세청과 기타로 구분하여 작성하여야 한다.

관계코드	성명	기본	소득100만원초과여부	부녀자	한부모	장애인	경로70	출산입양	자녀	구분	보험료	
내외국인	주민등록번호										건강	고용
3 1	김반장 330505-*******	부					○			국세청		
1										기타		
4 1	천상자 351226-*******	60세이상					○			국세청		
1										기타		
5 4	김태일 900708-*******	부								국세청		
1										기타		
6 4	김태이 010128-*******	부								국세청		
1										기타		
7 6	김석회 630306-*******	장애인				1				국세청		
1										기타		
8										국세청		
										기타		
계	7명	4	0	0	0	1	2	0	0	국세청	0	0
										기타	2,295,000	0

※ 보험료,의료비,교육비,카드등은 공제 대상 실제 지출금액 입력.[교육비공제]는 [학생구분]입력요망.
※ 관 계 : 0.소득자본인 1.소득자의 직계존속 2.배우자의 직계존속 3.배우자 4.직계비속(자녀.입양자)
         5.직계비속(코드 4제외) 6. 형제자매 7.수급자 (코드1~6제외) 8. 위탁아동
※ [기본코드 : 6.기초수급] 을 선택한 부양가족은 "관계코드"를 "7. 수급자" 로 입력하셔야 합니다.
※ 반드시 전년도부양가족 선 반영후 입력요망: [주의]"사원등록"에서 [전년도 부양가족]를 불러오면 데이터 변경될
※ 소득100만원초과여부: 부양가족의 총소득금액을 확인하여 입력합니다.(총급여 500만원 초과자 등) 0.부 1.여(○)

- ■ 입력 시 유의사항
  ① 근로소득자 소득공제 신고서에 작성된 데이터를 불러오기 하면 자동으로 반영되며 직접 입력도 가능하다.
  ② 소득공제명세에 입력된 의료비, 보험료 등 지출액은 연말정산근로소득원천징수영수증 메뉴의 [정산명세] Tab에 총 지출액으로 자동 반영되며, 반영된 데이터는 각 해당 사항별로 나누어 입력해야 연말정산 소득공제를 받을 수 있다.
  ③ 소득공제명세에 추가로 입력된 부양가족은 사원등록 메뉴에 자동 반영되며 [정산명세] Tab에도 자동 반영된다.
  ④ 비거주자인 경우에는 본인공제만 가능하므로 사원등록 메뉴에서 부양가족을 입력해도 본인만 반영된다.
  ⑤ 입력된 데이터의 총 지출액이 표기되며 공제대상별로 사용자가 직접 나누어 입력해야 한다.
  ⑥ 소득공제명세의 인적공제 항목과 사원등록 메뉴의 부양가족명세는 반드시 일치해야 한다.

> **자주하는 질문**
>
> **Q** 급여자료에 입력된 건강보험료, 장기요양보험료, 고용보험료가 연말정산근로소득원천징수영수증-소득공제명세 본인기타 보험료 란에 자동으로 반영이 안 됩니다.
>
> **A** 연말정산근로소득원천징수영수증 [소득공제명세] Tab-상단의 [재계산] 클릭하여 [소득공제명세보험료 재계산]을 적용하면 자동으로 반영된다.

4 의료비Tab

의료비지급명세서에서 작성된 자료를 반영하며, 공제대상자별로 지급처별 지급내역을 작성하면 [정산명세] Tab의 [61.의료비]에 자동 반영된다. 의료비 지급 내역을 공제대상자별로 지급처별 지급내역을 작성하여야 한다. [의료비지급명세서]서식을 작성한 경우 [불러오기]의 [명세서 불러오기]를 통하여 자동으로 반영할 수 있다.

지급내역									
공제대상자					지급처			지급명세	
부양가족 관계코드	성명	내외	주민등록번호	본인등 해당여부	상호	사업자번호	의료증빙코드	건수	

자주하는 질문

Q 의료비 금액을 입력하였는데 공제금액이 안 나옵니다.
A 의료비 공제금액은 총 급여액의 3%를 초과하여 지출하는 경우 공제금액이 계산되어 나옵니다.

5 기부금Tab

공제되는 기부금이 있는 경우 근로자 본인과 부양가족의 기부금지급내역을 작성하고 공제대상금액을 계산하며, 이는 [정산명세] Tab의 [63.기부금]란에 자동 반영된다.

[해당연도기부명세]작성 후 [기부금조정명세]를 작성하면 [조정명세서현황]을 조회할 수 있으며, 급여자료입력시 공제항목 중 기부금항목이 있는 경우 [급여공제내역]에서 조회할 수 있다.

① [기부금] TAB에서 기부금 지급내역을 공제 대상자별로 지급처별 지급 내역을 작성하여야 한다.
② 연말정산근로소득원천징수영수증에 당해 연도지출액과 전년도이월액에 대한 공제대상금액이 반영된다.

[해당연도 기부명세 화면]

6. 신용카드Tab

근로자 본인과 부양가족의 신용카드 등 사용액에 대하여 지급내역을 작성하고, 소득공제금액을 계산하며, 이는 [정산명세] Tab의 [42.신용카드등]란에 자동 반영된다. 공제 대상자별 신용카드 등(신용카드, 현금영수증, 직불·선불카드) 사용액을 국세청 자료와 그 밖의 자료로 구분하여 입력하면 하단에 소득공제액이 자동 계산된다.

[신용카드Tab 화면]

7 연금명세Tab

연금/주택마련저축 소득공제를 받기 위하여 해당 납입액 등을 작성하는 서식이다. 퇴직연금 공제, 연금저축 공제, 주택마련저축 공제, 장기집합투자증권저축 공제에 해당하는 내용이 있는 경우 공제대상 불입액과 공제금액을 계산한다.

[정산명세] Tab에서 작성된 내용이 자동으로 반영된다.

정산명세	소득명세	소득공제	의료비	기부금	신용카드	연금명세	월세액명세
● 퇴직연금 공제		※ 정산명세 탭에서 입력한 명세를 조회합니다.				전체화면보기	
퇴직연금	금융회사등	계좌번호(또는증권번호)		불입금액		공제금액	
● 연금저축 공제						전체화면보기	
연금저축	금융회사등	계좌번호(또는증권번호)		납입금액		소득·세액 공제금액	
연금저축	KEB하나은행(구)주식	1234-52-04567		1,200,000		144,000	

8 월세액명세Tab

주택임차차입금 원리금상환액 및 월세액 소득공제를 받기 위하여 월세액의 지급액 등을 작성하는 서식이다. 월세액 소득공제, 거주자간 주택임차차입금 원리금 상환액 소득공제에 해당하는 내용이 있는 경우 지급액과 공제금액을 계산한다.

[정산명세] Tab에서 작성된 내용이 자동으로 반영된다.

정산명세	소득명세	소득공제	의료비	기부금	신용카드	연금명세	월세액명세	
● 2. 월세액 세액공제 명세			※ 정산명세 탭에서 입력한 명세를 조회합니다.				전체화면보기	
임대인성명 (상호)	주민(사업자)등 록번호	주택유형	주택계약 면적(m²)	임대차계약서상 주소지	임대차계약기간		월세액	
					시작	종료		

9 정산명세Tab

인적공제, 특별공제, 그 밖의 소득공제 및 세액공제, 감면 등 연말정산 작업이 진행되는 화면으로 차감징수세액까지 연말정산 세액산출과정을 한 화면에서 조회할 수 있다. 근로소득원천징수영수증을 열지 않아도 정산명세에 대한 내용을 한 번에 볼 수 있으며, 연말정산 내용을 반영하여 조회하고, 해당사항에 입력할 수 있다.

| 부양가족의 소득공제 여부 판단 시 참고사항 |

구분	소득금액 제한	나이 제한	비고
보 험 료	○	○	
의 료 비	×	×	
교 육 비	○	×	직계존속의 교육비는 공제 불가능
기 부 금	○	○	정치자금은 본인 지출분만 공제 가능
주 택 자 금	-	-	본인 명의 지출분만 공제 가능
연 금 저 축	-	-	본인 명의 지출분만 공제 가능
신 용 카 드	○	×	형제자매 사용분은 공제 불가능

연말정산 간소화자료를 활용한 간편한 연말정산

'연말정산간소화자료'란 국세청에서 제공되는 연말정산의 자료를 PDF로 다운받아 회사의 연말정산 프로그램에 등록(업로드)하는 방법을 말한다.

2010년 연말정산 분부터 소득·세액공제 증명서류를 종이문서 출력 없이 전자문서로 제출하는 '종이없는 연말정산'을 실시하고 있다. 자료를 파일로 받아 업로드하는 방식으로 공제요건을 근로자 책임하에 직접 판단해야 함에 주의해야 한다.

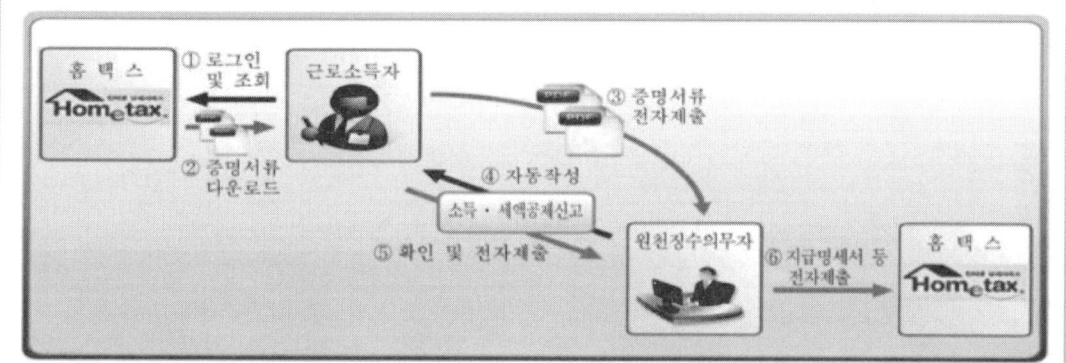

※ 국세청. 2021년 귀속 원천징수의무자를 위한 연말정산 신고안내

1 국세청 연말정산간소화 서비스 자료를 활용한 연말정산

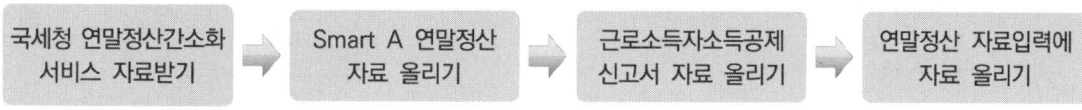

(1) 국세청 연말정산간소화 서비스 자료받기

국세청 연말정산간소화 서비스(www.yesone.go.kr)에서 공인인증서로 로그인하여 접속한 다음 조회/발급 메뉴에서 연말정산간소화 중 해당서식을 전자문서(PDF) 다운로드하여 다운받는다.

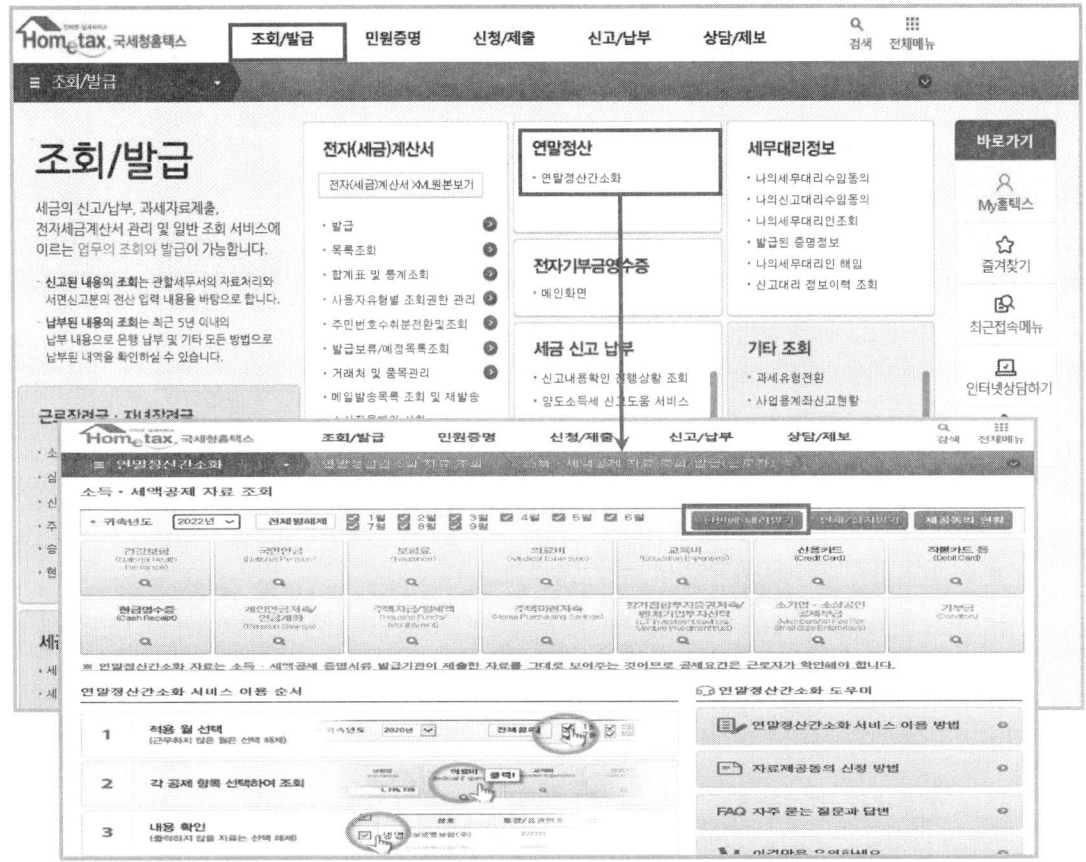

(2) Smart A 연말정산자료 올리기

근로/연말 > 연말정산관리 I > 국세청 연말정산 간소화입력

1) 사원등록

먼저 국세청 연말정산 간소화입력 메뉴에서 전체사원불러오기(F3) 를 통해서 재직 중(퇴사자 제외)인 사원을 불러오기 한다.

2) 국세청 전자문서(PDF)

체크된 사원에 대해서 해당 소득공제 항목을 전체 선택 또는 해당 소득공제만 선택하여 [국세청 연말정산간소화서비스]에서 다운받아 놓은 PDF 파일을 가져올 위치를 선택하여 가져오기 버튼을 실행한다. 또는 사원별로 PDF란에서 찾기를 통해서 다운받아 놓은 경로를 찾아서 선택하여 자료를 가져올 수 있다.

※ 가져올 위치를 변경하려면 설정 버튼을 실행시켜 경로지정을 하면 변경한 위치로 저장된다.(기본 위치는 C:\내문서)

3) 연말정산 자료전송하기

본 메뉴에서 반영된 국세청 자료를 해당 메뉴(의료비, 신용카드소득공제신청서, 기부금 명세서 등)로 선택하여 전송한다.

※ [국세청 연말정산서식 자료입력(간소화서비스)] 메뉴는 국세청 전자문서(PDF) 가져오기를 한 자료에 대해 금액 편집, 추가, 수정되지 않는다.

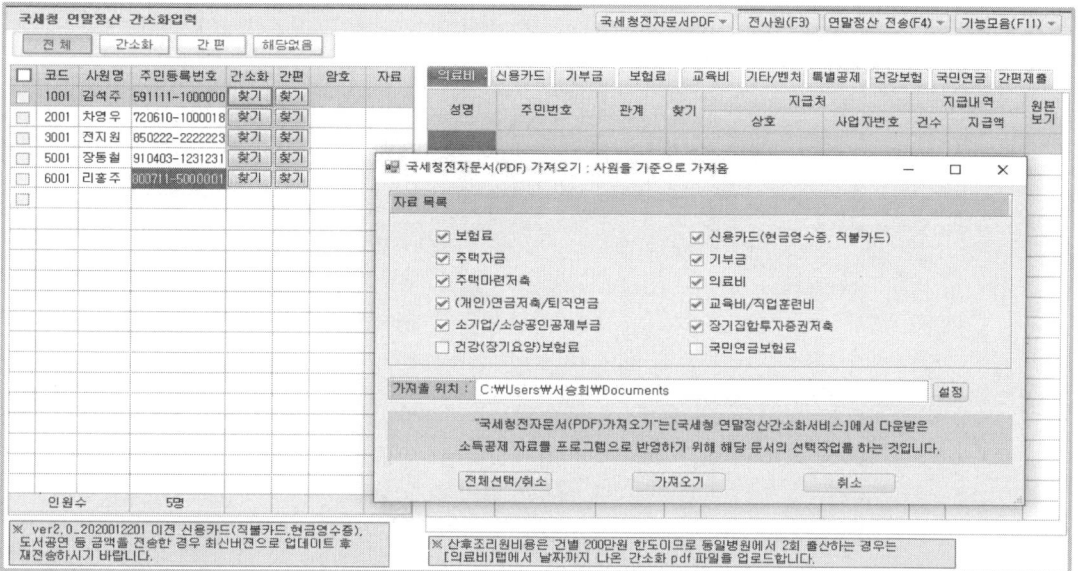

2 엑셀자료를 활용한 연말정산

(1) 근로소득자소득공제신고서 엑셀자료 작성

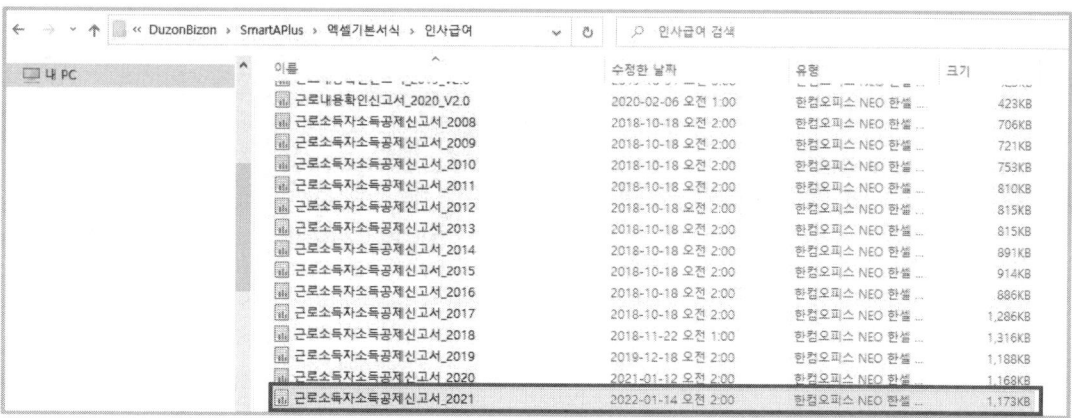

(2) 엑셀 일괄등록(세액계산용) 엑셀자료 업로드

내컴퓨터의 엑셀기본서식폴더에 있는 '편리한연말정산 일괄등록(세액계산용)'을 선택하여 작성한 다음 [연말정산근로소득원천징수영수증]에서 업로드하여 조회할 수 있다.

Point 09. 소득금액이 정확해야 정확한 세금을 계산할 수 있다

1. 근로소득금액

> 근로소득금액 = 총 급여액(비과세소득제외) − 근로소득공제

2. 총급여액

(1) 근로소득

근로소득이란 근로계약에 의하여 근로를 제공하고 지급받은 대가로 급여·봉급·급료·세비·상여금 등을 말한다. 근로소득이란 고용관계, 그밖에 이와 유사한 계약에 의하여 근로를 제공하고 받는 모든 대가로서 봉급·급료·수당 등 그 명칭과 관계가 없으며, 해당 과세 기간에 발생한 다음의 소득으로 한다.(소법 §20 ①)

① 근로를 제공함으로써 받는 봉급·급료·보수·세비·임금·상여·수당과 이와 유사한 성질의 급여
② 법인의 주주총회·사원총회 또는 이에 준하는 의결기관의 결의에 따라 상여로 받는 소득(잉여금처분에 의한 상여)
③ 법인세법에 따라 상여로 처분된 금액(인정상여)
④ 퇴직함으로써 받는 소득으로서 퇴직소득에 속하지 아니하는 소득

(2) 근로소득의 범위

근로소득은 고용관계 또는 이와 유사한 계약에 의하여 근로자가 근로를 제공하고 받는 모든 대가로 다음에 해당하는 소득을 말한다.

1) 근로의 제공으로 인하여 받는 봉급 등

① 근로를 제공함으로써 받는 봉급·급료·보수·세비·임금·상여·수당과 이와 유사한 성질의 급여
② 법인의 주주총회·사원총회 또는 이에 준하는 의결기관의 결의에 따라 상여로 받는 소득

③ 「법인세법」에 따라 상여로 처분된 금액
④ 퇴직함으로써 받는 소득으로서 퇴직소득에 속하지 아니하는 소득

2) 각종 수당

① 근로수당·가족수당·전시수당·물가수당·출납수당·직무수당, 기타 이와 유사한 성질의 급여(근속수당·명절휴가비·연월차수당·승무수당·공무원의 연가보상비·공무원의 직급보조비·정근수당·휴업수당 등)
② 급식수당·주택수당·피복수당, 기타 이와 유사한 성질의 급여
③ 기술수당·보건수당 및 연구수당, 그 밖에 이와 유사한 성질의 급여
④ 시간외근무수당·통근수당·개근수당·특별공로금, 기타 이와 유사한 성질의 급여(출퇴근, 교통비 및 체력단련비 명목으로 지급하는 금액 등)
⑤ 벽지수당·해외근무수당, 기타 이와 유사한 성질의 급여

3) 급여성 대가

① 기밀비(판공비 포함)·교제비, 기타 이와 유사한 명목으로 받는 것으로서 업무를 위하여 사용된 것이 분명하지 아니한 급여
② 종업원이 받는 공로금·위로금·개업축하금·학자금·장학금(종업원의 수학 중인 자녀가 사용자로부터 받는 학자금·장학금 포함), 기타 이와 유사한 성질의 급여
③ 여비의 명목으로 받는 연액 또는 월액의 급여
④ 퇴직으로 받는 소득으로 퇴직소득에 속하지 아니하는 소득
⑤ 휴가비, 기타 이와 유사한 성질의 급여

4) 기타 경제적 이익

① 주택을 제공받음으로써 얻는 이익(근로소득으로 보지 아니하는 사택제공이익 제외)
② 종업원이 주택(주택에 부수된 토지 포함)의 구입·임차에 소요되는 자금을 저리 또는 무상으로 대여 받음으로써 얻는 이익
③ 종업원이 계약자이거나 종업원 또는 그 배우자, 기타의 가족을 수익자로 하는 보험·신탁 또는 공제와 관련하여 사용자가 부담하는 보험료·신탁부금 또는 공제부금(근로소득으로 보지 아니하는 단체순수보장성보험 등의 보험료 등은 제외)
④ 법인의 임원 또는 종업원이 해당 법인 또는 해당 법인과 「법인세법 시행령」 제87조의 규정에 의한 특수 관계에 있는 법인으로부터 부여받은 주식매수선택권을 해당 법인 등에서 근무하는 기간 중 행사함으로써 얻은 이익(주식매수선택권 행사 당시의 시가와 실제 매수가액과의 차액을 말하며, 주식에는 신주인수권을 포함)

(3) 근로소득에 포함하지 않는 금액

1) 종업원 등의 사택제공이익

주주 또는 출자자가 아닌 임원(「소득세법 시행령」 제38조 제3항에 따른 소액주주인 임원 포함)과 임원이 아닌 종업원(비영리법인 또는 개인의 종업원 포함) 및 국가·지방자치단체로부터 근로소득을 지급받는 사람이 다음에 해당하는 사택을 제공받음으로써 얻는 이익은 근로소득에 포함하지 아니한다.

① 사용자가 소유하고 있는 주택을 종업원 및 임원에게 무상 또는 저가로 제공
② 사용자가 직접 주택을 임차하여 무상으로 제공

2) 중소기업 종업원의 주택의 구입·임차 자금을 대여 받음으로써 얻는 이익

조세특례제한법 시행령 제2조에 따른 중소기업의 종업원이 주택(주택에 부수된 토지를 포함한다)의 구입·임차에 소요되는 자금을 저리 또는 무상으로 대여 받음으로써 얻는 이익

3) 단체순수보장성보험 등

「소득세법시행령」 제38조 제1항 제12호 단서에서 규정하는 다음의 보험료 등은 근로소득으로 보지 아니한다.

① 종업원의 사망·상해 또는 질병을 보험금의 지급사유로 하고 종업원을 피보험자와 수익자로 하는 보험으로서 만기에 납입보험료를 환급하지 아니하는 단체순수보장성보험과 만기에 납입보험료를 초과하지 아니하는 범위 안에서 환급하는 단체환급부보장성보험의 보험료 중 연 70만원 이하의 금액
② 임직원의 고의(중과실 포함) 외의 업무상 행위로 인한 손해의 배상청구를 보험금의 지급사유로 하고 임직원을 피보험자로 하는 보험의 보험료

4) 퇴직급여 지급을 위한 사용자 적립금액

퇴직급여로 지급되기 위하여 적립되는 급여는 근로소득에 포함하지 아니하며, 이때 퇴직급여 지급을 위해 적립되는 급여란 근로자가 적립금액 등을 선택할 수 없는 것으로서 아래의 요건을 모두 충족하는 방법으로 적립하는 것을 말함(소칙 §15의3)

① 퇴직급여제도의 가입 대상이 되는 근로자(임원을 포함) 전원이 적립할 것
  다만, 각 근로자가 다음 어느 하나에 해당하는 날에 향후 적립하지 아니할 것을 선택할 수 있는 것이어야 한다.
  - 사업장에 적립 방식(적립할 때 근로자가 적립 금액을 임의로 변경할 수 없는 적립방식)이 최초로 설정되는 날(해당 사업장에 최초로 근무하게 된 날에 적립방식이

이미 설정되어 있는 경우에는 최초로 퇴직급여제도의 가입 대상이 되는 날을 말함)
- 적립 방식(적립할 때 근로자가 적립 금액을 임의로 변경할 수 없는 적립 방식)이 변경되는 날

② 적립할 때 근로자가 적립 금액을 임의로 변경할 수 없는 적립 방식을 설정하고 그에 따라 적립할 것

③ 적립 방식이 「근로자퇴직급여 보장법」 제6조 제2항에 따른 퇴직연금규약, 같은 법 제19조 제1항에 따른 확정기여형퇴직연금규약 또는 「과학기술인공제회법」 제16조의2에 따른 퇴직연금급여사업을 운영하기 위하여 과학기술인공제회와 사용자가 체결하는 계약에 명시되어 있을 것

④ 사용자가 「소득세법 시행령」 제40조의2 제1항 제2호 가목 및 다목의 퇴직연금계좌에 적립할 것

5) 선원의 재해보상을 위한 보험료

선원법에 따른 선원의 재해보상을 위하여 선박소유자가 자기를 보험계약자 및 수익자로 하고 선원을 피보험자로 한 보험의 보험료는 해당 선원의 근로소득으로 보지 아니한다. (소득세법 기본통칙 20-38…1)

6) 사내근로복지기금으로부터 받는 장학금 등

① 종업원이 사내근로복지기금으로부터 「사내근로복지기금법」 제14조 및 같은 법 시행령 제19조의 규정에 의하여 지급받는 자녀학자금은 지급되는 학자금의 원천이 출연금인지 또는 출연금의 수익금인지 여부에 관계없이 과세대상 근로소득에 해당하지 아니한다.(재소득-67, 2003.12.13.)

② 사내근로복지기금이 기금의 용도사업으로 정관에 규정하고, 정관에 규정한 수혜대상자에게 용도사업의 일환으로 창립기념품을 지급하는 경우 동 기념품은 근로소득으로 보지 아니한다.(서면1팀-1366, 2007.10.08.)

7) 경조금(소칙 §10①)

사업자가 그 종업원에게 지급한 경조금 중 사회통념상 타당하다고 인정되는 범위 내의 금액은 이를 지급받은 자의 근로소득으로 보지 아니한다.

(4) 비과세 특례

1) 벤처기업 주식매수선택권 행사이익 비과세특례(조특법 §16의2)

벤처기업의 임원 또는 종업원이 해당 벤처기업으로부터 2022년 12월 31일 이전에

「벤처기업육성에 관한 특별조치법」 제16조의3에 따라 부여받은 주식매수선택권 및 「상법」 제340조의2 또는 제542조의3에 따라 부여받은 주식매수선택권(코넥스상장기업으로부터 부여받은 경우로 한정)을 행사(벤처기업 임원 등으로서 부여받은 주식매수선택권을 퇴직 후 행사하는 경우를 포함)함으로써 얻은 이익(주식매수선택권 행사 당시의 시가와 실제 매수가액과의 차액을 말하며, 주식에는 신주인수권을 포함) 중 연간 3천만원 이내의 금액에 대해서는 소득세를 과세하지 아니한다.

2) 벤처기업 주식매수선택권 행사이익 납부특례(조특법 §16의3)

벤처기업의 임원 또는 종업원이 2022.12.31.까지 해당 벤처기업으로부터 부여받은 주식매수선택권을 행사(벤처기업 임원 등으로서 부여받은 주식매수선택권을 퇴직 후 행사하는 경우 포함)함으로써 얻은 이익*(조특법 §16의2에 따라 비과세 되는 금액은 제외)에 대하여 벤처기업 임원 등이 원천징수의무자에게 납부특례의 적용을 신청하는 경우 주식매수선택권 행사시 소득세를 원천징수하지 아니하고, 납부특례세액을 종합소득과세표준 확정신고시 5년간 분할하여 납부할 수 있다.

다만, 주식매수선택권의 행사가격과 시가와의 차액을 현금으로 교부받는 경우에는 납부특례를 적용하지 아니한다.

* 주식매수선택권 행사이익 = 주식매수선택권 행사 당시의 시가 − 실제 매수가액(행사가격)

3) 벤처기업 주식매수선택권 행사이익에 대한 과세특례(조특법 §16의4)

벤처기업의 임직원이 해당 벤처기업으로부터 부여받은 주식매수선택권으로서 적격주식매수선택권을 행사(퇴직 후 행사하는 경우 포함)함으로써 얻은 이익(주식매수선택권 행사 당시의 시가와 실제 매수가액과의 차액을 말하며, 주식에는 신주인수권을 포함함)에 대해서 양도소득세 과세 적용을 신청(주식매수선택권전용계좌를 개설하고 확인서를 첨부하여 행사일 전일까지 신청)한 경우에는 주식매수선택권 행사시에 소득세를 과세하지 아니할 수 있다.

① 벤처기업 임직원에는 주식매수선택권 행사시 지분 10% 초과보유자, 지배주주, 지분 10% 초과보유자 및 그 초과보유자와 친족관계 또는 경영지배관계에 있는 자는 제외한다.
② 적격주식매수선택권은 다음 각 호의 요건을 갖추어야 한다.
 - 주식매수선택권의 수량·매수가액·대상자 및 기간 등에 관하여 주주총회의 결의를 거쳐 벤처기업 임직원과 약정할 것
 - 주식매수선택권을 다른 사람에게 양도할 수 없을 것
 - 사망·정년 등 불가피한 경우 이외에는 주주총회의 결의가 있는 날부터 2년 이상 재직 후에 주식매수선택권을 행사할 것
 - 해당 벤처기업으로부터 부여받은 주식매수선택권의 연간 행사가액의 합계가 3년간 5억원 이하일 것

(5) 비과세 근로소득

근로소득에는 해당하나 여러 가지 정책적인 목적상 비과세하는 근로소득을 비과세근로소득이라 하고, 실비변상적인 급여, 비과세되는 식대, 생산직근로자의 연장근로수당, 국외근로소득, 외국인 근로자의 근로소득특례 항목과 기타 비과세소득이 있다.

1) 실비변상적 성질의 급여(소법 §12 3호 자)

① 법령·조례에 의한 위원회 등의 보수를 받지 아니하는 위원(학술원 및 예술원의 회원포함) 등이 받는 수당
② 「선원법」에 의하여 받는 식료
「선원법」에 따라 승선 중인 선원에게 공급하는 식료에 대해서는 비과세되는 것이나, 휴가기간 동안에 지급 받는 급식비는 이에 포함되지 아니하며, 승선 중인 선원이 식료품비명목으로 일정액을 현금으로 지급 받는 경우에는 과세대상 근로소득에 해당한다.
③ 일직료·숙직료 또는 여비로서 실비변상정도의 금액
종업원의 소유차량을 종업원이 직접 운전하여 사용자의 업무수행에 이용하고 시내출장 등에 소요된 실제여비를 받는 대신에 그 소요경비를 해당 사업체의 규칙 등에 의하여 정해진 지급기준에 따라 받는 금액(자기차량운전보조금) 중 월 20만원 이내의 금액을 포함
④ 법령·조례에 의하여 제복을 착용하여야 하는 자가 받는 제복·제모 및 제화
⑤ 병원·실험실·금융회사 등·공장·광산에서 근무하는 사람 또는 특수한 작업이나 역무에 종사하는 사람이 받는 작업복이나 그 직장에서만 착용하는 피복
⑥ 특수분야에 종사하는 군인이 받는 낙하산강하위험수당·수중파괴작업위험수당·잠수부위험수당·고전압위험수당·폭발물위험수당·항공수당·비무장지대근무수당·전방초소근무수당·함정근무수당 및 수륙양용궤도차량승무수당, 특수분야에 종사하는 경찰 공무원이 받는 경찰특수전술업무수당과 경호공무원이 받는 경호수당
⑦ 선원법의 규정에 의한 선원(「선원법」 제2조 제3호 및 제4호의 규정에 의한 선장 및 해원)이 받는 월 20만원 이내의 승선수당
※ 국외근로소득 및 야간수당 등에 대해 비과세를 적용받는 선원에 대해서는 승선수당 비과세 규정을 적용하지 아니한다.
⑧ 경찰공무원이 받는 함정근무수당·항공수당 및 소방공무원이 받는 함정근무수당·항공수당·화재진화수당
⑨ 광산근로자가 받는 입갱수당 및 발파수당
⑩ 다음의 어느 하나에 해당하는 근로자가 받는 연구보조비 또는 연구활동비 중 월 20만원이내의 금액

- 「유아교육법」, 「초·중등교육법」 및 「고등교육법」에 따른 학교 및 이에 준하는 학교(특별법에 따른 교육기관 포함)의 교원

    ※ 「초·중등교육법」에 따른 교육기관이 학생들로부터 받은 방과후학교 수업료를 교원에게 수업시간당 일정 금액으로 지급하는 금액은 연구보조비 비과세 대상에 해당하지 아니하는 것임(재정경제부 소득세제과-484, 2007.08.31.) - 「특정연구기관육성법」의 적용을 받는 연구기관, 특별법에 따라 설립된 정부출연연구기관, 「지방자치단체출연 연구원의 설립 및 운영에 관한 법률」에 따라 설립된 지방자치단체출연연구원에서 연구활동에 직접 종사하는 자(대학교원에 준하는 자격을 가진 자에 한함) 및 직접적으로 연구활동을 지원하는 자. 다만, 직접적으로 연구활동을 지원하는 자에는 「특정연구기관 육성법」의 적용을 받는 연구기관, 특별법에 따라 설립된 정부출연연구기관, 「지방자치단체출연 연구원의 설립 및 운영에 관한 법률」에 따라 설립된 지방자치단체출연연구원의 종사자 중 "건물의 방호·유지·보수·청소 등 건물의 일상적 관리에 종사하는 자와 식사제공 및 차량의 운전에 종사하는 자"는 제외한다.

- 「기초연구진흥 및 기술개발지원에 관한 법률 시행령」 제16조의2 제1항 제1호 또는 제3호의 기준을 충족하여 「기초연구진흥 및 기술개발지원에 관한 법률」 제14조의2 제1항에 따라 인정받은 중소기업 또는 벤처기업의 기업부설연구소와 연구개발전담부서(중소기업 또는 벤처기업에 설치하는 것으로 한정)에서 연구활동에 직접 종사하는 자

⑪ 국가 또는 지방자치단체가 지급하는 다음에 해당하는 금액
- 「영유아보육법 시행령」 제24조 제1항 제7호에 따른 비용 중 보육교사의 처우개선을 위하여 지급하는 근무환경개선비
- 「유아교육법 시행령」 제32조 제1항 제2호에 따른 사립유치원 수석교사·교사의 인건비
- 전문과목별 전문의의 수급 균형을 유도하기 위하여 전공의에게 지급하는 수련보조수당

⑫ 취재수당

「방송법」에 따른 방송, 「뉴스통신진흥에 관한 법률」에 따른 뉴스통신, 「신문 등의 진흥에 관한 법률」에 따른 신문(일반일간신문, 특수일간신문, 인터넷신문을 말하며, 해당 신문을 경영하는 기업이 직접 발행하는 「잡지 등 정기간행물의 진흥에 관한 법률」에 따른 정기간행물을 포함한다)을 경영하는 언론기업 및 「방송법」에 따른 방송채널 사용사업에 종사하는 기자(해당 언론기업 및 「방송법」에 따른 방송채널사용사업에 상시 고용되어 취재활동을 하는 논설위원 및 만화가를 포함한다)가 취재활동과 관련하여 받는 취재수당 중 월 20만원 이내의 금액. 이 경우 취재수당을 급여에 포함하여 받는 경우에는 월 20만원에 상당하는 금액을 취재수당으로 본다.

⑬ 근로자가 벽지에 근무함으로 인하여 받는 월 20만원 이내의 벽지수당

⑭ 근로자가 천재·지변 기타 재해로 인하여 받는 급여

⑮ 「수도권정비계획법」 제2조 제1호에 따른 수도권 외의 지역으로 이전하는 「국가균형발전특별법」 제2조 제9호에 따른 공공기관의 소속 공무원이나 직원에게 한시적으로 지급하는 월 20만원 이내의 이전지원금

⑯ 종교관련 종사자가 소속 종교단체의 규약 또는 소속 종교단체의 의결기구의 의결·

승인 등을 통하여 결정된 지급 기준에 따라 종교활동을 위하여 통상적으로 사용할 목적으로 지급 받은 금액 및 물품

2) 국외근로소득(소법 §12 3호 거)

① 국외 또는 「남북교류협력에 관한 법률」에 따른 북한지역(이하 "국외 등")에서 근로를 제공(원양어업 선박 또는 국외 등을 항행 하는 선박이나 항공기에서 근로를 제공하는 것 포함)하고 받은 보수 중 월 100만원 [원양어업선박, 국외 등을 항행하는 선박 또는 국외 등의 건설현장 등에서 근로(설계 및 감리업무 포함)를 제공하고 받는 보수의 경우 월 300만원] 이내의 금액. 이 경우 그 근로의 대가를 국내에서 받는 경우를 포함한다.

 원양어업선박 등에 근로제공시 비과세 적용

① 원양어업선박 또는 국외 등을 항행하는 선박이나 항공기에서 근로를 제공하고 보수를 받는 자의 급여는 원양어업선박에 승선하는 승무원이 원양어업에 종사함으로써 받는 급여와 국외 등을 항행하는 선박 또는 항공기의 승무원이 국외 등을 항행하는 기간의 근로에 대해 받는 급여에 한한다. 이 경우 외국을 항행하는 기간에는 해당 선박이나 항공기가 화물의 적재·하역 기타 사유로 국내에 일시적으로 체재하는 기간을 포함한다.
② 승무원은 원양어업선박에 승선하여 근로를 제공하는 자 및 외국을 항행하는 선박 또는 항공기에서 근로를 제공하는 자로서 다음에 해당하는 자를 포함한다.
 - 해당 선박에 전속되어 있는 의사 및 그 보조원
 - 해외기지조업을 하는 원양어업의 경우에는 현장에 주재하는 선박수리공 및 그 사무원

 국외 등의 건설현장 등에서 근무시 비과세 적용

① 국외 등의 건설현장에서 근로를 제공하고 받는 보수 중 월 300만원 이내 금액을 비과세하는 근로자는 건설관련 기능직, 건설 단순 종사원, 감리, 설계업무 수행자에 한하므로 국외 건설현장의 각종 지원업무를 수행하는 근로자는 월 100만원 이내 금액을 비과세
 - 해외지사에서 근무하는 거주자가 국외 등의 건설현장 등을 위한 영업업무, 인사노무업무, 자재관리업무, 재무회계업무, 기타 공통 사무업무 등에 종사하고 받는 보수 중 월 100만원 이내의 금액을 비과세(서면법규과-1552, 2012.12.28.)
② 국외 등의 건설현장 등은 국외 등의 건설공사 현장과 그 건설공사를 위하여 필요한 장비 및 기자재의 구매, 통관, 운반, 보관, 유지·보수 등이 이루어지는 장소를 포함한다.

② 공무원(「외무공무원법」 제32조에 따른 재외공관 행정직원을 포함)과 「대한무역투자진흥공사법」에 따른 대한무역투자진흥공사, 「한국관광공사법」에 따른 한국관광공사, 「한국국제협력단법」에 따른 한국국제협력단, 「한국국제보건의료재단법」에 따른 한국국제보건의료재단의 종사자가 국외 등에서 근무하고 받는 수당 중 해당 근로자가

국내에서 근무할 경우에 지급받을 금액 상당액을 초과하여 받는 금액 중 실비변상적 성격의 급여로서 외교부장관이 기획재정부장관과 협의하여 고시하는 금액

※ 외교부-고시 제2019-3(2019.6.12) : 국외 등에서 근무하고 받는 수당 전액 비과세(단, 재외근무수당은 75%까지 비과세, 재외공관 행정직원이 재외공관별 주거보조비 상한액 범위내에서 받는 주거보조비, 특수지 근무수당, 의료보험료 및 실의료비 전액)

③ 근로의 대가를 국내에서 지급받는 경우도 포함하나, 출장·연수 등을 목적으로 출국한 기간 동안의 급여는 국외근로소득에 해당하지 않음(소득세 집행기준 12-16-1)

3) 생산직근로자가 받는 야간근로수당 등(소법 §12 3호 더)

생산직 및 그 관련직에 종사하는 근로자로서 급여수준 및 직종 등을 고려하여 「소득세법 시행령」에서 규정한, 월정액급여 210만원 이하로서 직전 과세기간의 총급여액이 3천만원 이하인 근로자(일용근로자 포함)가 「근로기준법」에 따른 연장근로·야간근로 또는 휴일근로를 하여 통상임금에 더하여 받는 급여 및 선원법에 의하여 받는 승선수당(비율급으로 받는 경우에는 월 고정급을 초과하는 비율급) 중 연 240만원(광산근로자 및 일용근로자는 해당 급여 총액) 이내의 금액은 비과세가 적용된다.

① 생산직 및 그 관련직에 종사하는 근로자

- 공장 또는 광산에서 근로를 제공하는 자로서 통계청장이 고시하는 한국표준직업분류에 의한 생산 및 관련 종사자 중 「소득세법 시행규칙」 별표 2에 규정된 직종에 종사하는 근로자
- 어업을 영위하는 자에게 고용되어 근로를 제공하는 자로서 어선에 승무하는 선원. 다만, 선원법 제2조 제3호에 따른 선장은 포함하지 아니한다.
- 통계청장이 고시하는 한국표준직업분류에 의한 돌봄서비스 종사자, 운전 및 운송 관련직 종사자, 운송·청소·경비 관련 단순 노무직 종사자 중 「소득세법 시행규칙」 별표 2에 규정된 직종에 종사하는 근로자
- 통계청장이 고시하는 한국표준직업분류에 따른 미용관련 서비스 종사자, 숙박시설 서비스 종사자, 조리 및 음식 서비스직 종사자, 매장 판매 종사자, 통신 관련 판매직 종사자, 음식·판매·농림·어업·계기·자판기·주차관리 및 기타 서비스 관련 단순 노무직 종사자 중 「소득세법 시행규칙」 별표 2의2에 규정된 직종에 종사하는 자로서 다음 각 호의 요건을 모두 갖춘 사업주에게 고용된 자
  - 해당 과세연도의 상시근로자 수가 30인 미만일 것
  - 해당 과세연도의 소득세 또는 법인세 과세표준이 5억원 이하일 것. (소득세 과세표준은 사업소득에 대한 것에 한정)

> **TIP** 생산 및 그 관련직에 종사하는 근로자 해당 여부
>
> ① '공장'이라 함은 제조시설 및 그 부대시설을 갖추고 한국표준산업분류에 의한 제조업을 경영하기 위한 사업장을 말하는 것으로, 해당 사업장에 고용되거나 파견된 근로자로서 제조·생산활동에 참여하여 근로를 제공하는 자는 이에 포함되는 것이나, 그 외 건설업체 등의 직원으로서 공장시설의 신설 및 증·개축업무 또는 유지·보수용역을 제공하는 자는 동 규정에 의한 '공장에서 근로를 제공하는 자'에 포함되지 않음
> ② 건설업을 경영하는 업체의 건설현장에서 근로를 제공하는 일용근로자는 '공장에서 근로를 제공하는 자'에 해당하지 않으므로 동 건설용역근로자에게 지급되는 야간근로수당 등은 비과세하지 않음
> ③ 생산직근로자의 범위에는 제조업을 경영하는 자로부터 제조공정의 일부를 도급받아 용역을 제공하는 '소사장제' 업체에 고용되어 공장에서 생산직에 종사하는 근로자도 포함
> ④ 작업반장·작업조장 또는 직공반장의 직위에 있는 근로자가 자기통제하의 생산관련 다른 종사자와 함께 직접 그 작업에 종사하면서 그 작업의 수행을 통제하는 직무를 함께 수행하는 경우에는 생산직근로자로 보는 것이며, 단위작업의 수행에 직접적으로 참여하지 않고 통제 및 감독업무만을 수행하는 경우에는 생산직근로자의 범위에 해당하지 않음
> ⑤ 자동차 정비공장은 공장에 포함되고, 견습공은 그가 배우고 있는 직종에 따라 분류
> ⑥ 「광업법」 제3조의 법정광물 이외의 석재(화강암 등)를 채굴, 쇄석하여 골재를 생산하는 장소에서 종사하는 자는 생산직근로자에 포함되지 아니함
> ⑦ 운송업을 주업으로 하는 법인의 근로자 중 물류센터 창고에서 운송품 이동·출하업무 등을 상시 수행하는 지게차 운전원의 연장근로·야간근로 또는 휴일근로를 하여 받는 급여는 「소득세법」 제12조 제3호 더목에 따른 생산직근로자가 받는 연장근로·야간근로 또는 휴일근로를 하여 받는 급여에 해당하는 것으로 같은 규정에 따른 비과세를 적용할 수 있음

생산직 및 관련직의 범위((소득세법 시행규칙 제9조제1항 관련))

연번	직종 대분류	직종 중분류	한국표준직업분류번호
1	서비스 종사자	돌봄 서비스직 미용 관련 서비스직 여가 및 관광 서비스직 숙박시설 서비스직 조리 및 음식 서비스직	4211 422 4321 4322 44
2	판매 종사자	매장 판매 및 상품 대여직 통신 관련 판매직	52 531
3	기능원 및 관련 기능 종사자	식품가공 관련 기능직 섬유·의복 및 가죽 관련 기능직 목재·가구·악기 및 간판 관련 기능직 금속 성형 관련 기능직 운송 및 기계 관련 기능직 전기 및 전자 관련 기능직 정보 통신 및 방송장비 관련 기능직 건설 및 채굴 관련 기능직 기타 기능 관련직	71 72 73 74 75 76 77 78 79
4	장치·기계 조작 및 조립 종사자	식품가공 관련 기계 조작직 섬유 및 신발 관련 기계 조작직 화학 관련 기계 조작직 금속 및 비금속 관련 기계 조작직 기계 제조 및 관련 기계 조작직 전기 및 전자 관련 기계 조작직 운전 및 운송 관련직 상하수도 및 재활용 처리 관련 기계 조작직 목재·인쇄 및 기타 기계 조작직	81 82 83 84 85 86 87 88 89
5	단순노무 종사자	건설 및 광업 관련 단순 노무직 운송 관련 단순 노무직 제조 관련 단순 노무직 청소 및 경비 관련 단순 노무직 가사·음식 및 판매 관련 단순 노무직 농림·어업 및 기타 서비스 단순 노무직	91 92 93 94 95 99

* 공장·광산근로자 중 야간근로수당 등이 비과세되지 아니하는 직종(예시)
- 구내이발사, 세탁공
- 전화 및 전신기조작원 등 관련종사자
- 물품 및 창고관리 등 관련종사자 … 물품, 비품, 저장품 또는 원재료의 입고, 출고, 재고의 기록유지, 검사, 인도, 검수하는 자
- 자재수급 및 생산계획사무원 … 생산계획, 작업계획수립업무, 생산실적 기록 및 정리업무를 하는 자 등
- 노사관계종사자(노동조합전임자)
- 수송운용관리자(차량배차담당, 수송영업관리)
※ 공장시설의 신설 및 증·개축공사에 종사하는 건설일용근로자는 공장에서 근로를 제공하는 자에 해당하지 아니함

② 월정액급여 계산
- 생산직 및 그 관련직에 종사하는 근로자가 야간근로수당 등의 비과세를 적용받기 위해서는 월정액급여가 210만원 이하인 경우에 한한다.
- 이때 월정액급여는 매월 직급별로 받는 봉급·급료·보수·임금·수당 그 밖에 이와 유사한 성질의 급여(해당 과세기간 중에 받는 상여 등 부정기적인 급여와 「소득세법시행령」 제12조에 따른 실비변상적 성질의 급여는 제외)의 총액에서 「근로기준법」에 따른 연장근로·야간근로 또는 휴일근로를 하여 통상임금에 더하여 받는 급여 및 「선원법」에 따라 받는 생산수당(비율급으로 받는 경우에는 월 고정급을 초과하는 비율급을 말한다)을 뺀 급여를 말한다.

> * 월정액급여 = 급여총액(상여 등 부정기적인 급여와 실비변상적 성격의 비과세급여 제외) – 연장·야간·휴일근로를 하여 통상임금에 더하여 받는 급여

③ 총급여액 계산

생산직 및 그 관련직에 종사하는 근로자가 연장근로수당 등에 대해 비과세를 적용받기 위해서는 월정액급여 210만원 이하 요건과 직전 과세기간의 「소득세법」 제20조 제2항에 따른 총급여액 3천만원 이하 요건을 동시에 충족하여야 한다.

④ 생산직근로자 등 비과세금액 한도
- 「근로기준법」에 의한 연장근로·야간근로 또는 휴일근로를 하여 통상임금에 더하여 받는 급여 중 연 240만원 이하의 금액은 비과세하나, 광산근로자 및 일용근로자는 연 240만원을 초과하더라도 전액 비과세한다.
  ※ 월정액급여 210만원을 초과하는 달에 받는 연장·야간 또는 휴일근로수당(주휴수당 포함)은 모두 과세
- 어선에 승무하는 선원(선장 제외)의 경우 선원법에 의하여 받는 생산수당(비율급으로 받는 경우 월 고정급을 초과하는 비율급) 중 연 240만원 이내의 금액 비과세

4) 비과세 식사대 등(소법 §12 3호 러)

근로자가 사용자로부터 현물 식사 또는 금전으로 식사대를 제공받을 경우 비과세 되는 당해 식사 또는 식사대는 다음의 요건에 해당하여야 한다.

구 분	내 용
현물식사	① 근로자가 사내급식 또는 이와 유사한 방법으로 제공받는 식사 기타 음식물은 비과세한다. 비과세되는 식사·기타 음식물이라 함은 사용자가 무상으로 제공하는 음식물로서 다음의 요건에 해당하여야 한다. 　- 통상적으로 급여에 포함되지 아니함 　- 음식물의 제공 여부로 급여에 차등이 없음 　- 사용자가 추가 부담하여 제공 ② 사용자가 기업 외부의 음식업자와 식사·기타 음식물 공급계약을 체결하고 그 사용자가 교부하는 식권에 의하여 제공받는 식사·기타 음식물로서 당해 식권이 현금으로 환금할 수 없고, 통상적으로 급여에 포함되지 아니하고, 음식물의 제공 여부로 급여에 차등이 없으며, 사용자가 추가부담으로 제공하는 경우 비과세되는 식사·기타 음식물로 본다.
월 10만원 이하 식사대	① 식사·기타 음식물을 제공받지 아니하는 근로자가 받는 월 10만원 이하 식사대는 비과세되는 근로소득에 해당된다. ② 식사대가 연봉계약서에 포함되어 있고, 회사의 사규 또는 급여지급기준 등에 지급기준이 정하여져 있는 경우로서 당해 종업원이 식사·기타 음식물을 제공받지 아니하는 경우에는 당해 규정에 의한 금액 중 10만원 이내의 금액은 비과세되는 식사대에 해당된다. ③ 근로자가 2 이상의 회사에 근무하면서 식사대를 매월 각 회사로부터 지급받는 경우 각 회사로부터 받은 식사대를 합한 금액 중 월 10만원 이내의 금액에 대하여 비과세한다. ④ 식사·기타 음식물을 제공받고 있는 근로자가 별도로 식사대를 지급받는 경우에는 제공받은 식사·기타 음식물에 한하여 비과세되는 급여로 본다. 다만, 다른 근로자와 함께 일률적으로 급식수당(10만원 이내 비과세)을 지급받고 있는 근로자가 야간근무 등 시간외근무를 하는 경우에 별도로 제공받은 식사·기타 음식물은 비과세되는 급여에 포함한다.

5) 그 밖의 비과세 소득(소법 §12 3호)

① 병역의무 수행을 위하여 징집·소집되거나 지원하여 복무 중인 사람으로서 병장 이하의 현역병(지원하지 아니하고 임용된 하사를 포함), 의무경찰 그 밖에 이에 준하는 사람이 받는 급여

② 법률*에 따라 동원된 사람이 동원 직장에서 받는 급여

　* 「향토예비군 설치법」, 「민방위기본법」, 「병역법」, 「소방기본법」, 「감염병의 예방 및 관리에 관한 법률」, 「계엄법」 등을 말함

③ 장해급여·유족급여 등
- 「산업재해보상보험법」에 따라 수급권자가 받는 요양급여·휴업급여·장해급여·간병급여·유족급여·유족특별급여·장해특별급여, 장의비 또는 근로의 제공으로 인한 부상·질병·사망과 관련하여 근로자나 그 유족이 받는 배상·보상 또는 위자(慰藉)의 성질이 있는 급여
- 「근로기준법」 또는 「선원법」에 따라 근로자·선원 및 그 유족이 받는 요양보상금·휴업보상금·상병보상금(傷病補償金)·일시보상금·장해보상금·유족보상금·행방불명보상금·소지품 유실보상금·장의비 및 장제비

- 「고용보험법」에 따라 받는 실업급여·육아휴직 급여·육아기 근로시간 단축 급여, 출산전후휴가 급여(배우자 출산휴가 급여 포함) 등, 「제대군인 지원에 관한 법률」에 따라 받는 전직지원금, 「국가공무원법」·「지방공무원법」에 따른 공무원 또는 「사립학교교직원 연금법」·「별정 우체국법」의 적용을 받는 사람이 관련 법령에 따라 받는 육아휴직수당

  ※ 고용보험법 제21조제1항 후단에 따라 사업주가 무급휴업·휴직을 실시하고 동법에 근거하여 정부가 근로자에게 직접 지급하는 고용유지지원금은 소득세 과세대상에 해당하지 않음(기획재정부 소득세제과- 407, 2020.08.05.)

- 「국민연금법」에 따라 받는 반환일시금(사망으로 인해 받는 것만 해당) 및 사망일시금
- 「공무원연금법」, 「공무원재해보상법」, 「군인연금법」, 「사립학교교직원 연금법」 또는 「별정우체국법」에 따라 받는 급여 중 다음에 해당하는 급여

  > 공무상 요양비·요양급여·장해일시금·비공무상 장해일시금·비직무상 장해 일시금·장애보상금·사망조위금·사망보상금·유족일시금·퇴직유족일시금·유족연금일시금·퇴직유족연금일시금·유족연금부가금·퇴직유족연금부가금·유족연금특별부가금·퇴직유족연금특별부가금·순직유족보상금·직무상유족보상금·위험직무순직유족보상금·재해부조금·재난부조금 또는 신체·정신상의 장해·질병으로 인한 휴직기간에 받는 급여

  * 공무원이 공무원보수규정 제28조에 따라 휴직기간(공무상 질병 휴직 포함) 중 소속기관으로부터 지급받는 급여는 과세 대상에 해당

④ 비과세 학자금 지급액

「초·중등교육법」 및 「고등교육법」에 따른 학교(외국에 있는 이와 유사한 교육기관 포함) 및 「근로자직업능력개발법」에 따른 직업능력개발훈련시설의 입학금·수업료·수강료, 그 밖의 공납금 중 다음의 각 요건을 갖춘 학자금에 대해서는 해당 과세기간에 납입할 금액을 한도로 비과세한다.

- 당해 근로자가 종사하는 사업체의 업무와 관련 있는 교육·훈련을 위하여 받는 것일 것
- 당해 근로자가 종사하는 사업체의 규칙 등에 의하여 정하여진 지급기준에 따라 받는 것일 것
- 교육·훈련기간이 6월 이상인 경우 교육·훈련 후 당해 교육기간을 초과하여 근무하지 아니하는 때에는 지급받은 금액을 반납할 것을 조건으로 하여 받는 것일 것

  ※ 비과세되는 학자금에 대해서는 교육비공제를 받을 수 없음(법인46013-2380, 1999.06.24.)

⑤ 외국정부(외국의 지방자치단체와 연방국가인 외국의 지방정부 포함) 또는 국제연합과 그 소속기구의 기관에 근무하는 사람으로서 대한민국 국민이 아닌 사람이 그 직무수행의 대가로 받는 급여

- 그 외국정부가 그 나라에서 근무하는 우리나라 공무원의 급여에 대하여 소득세를 과세하지 아니하는 경우에 한한다.
- "직무수행의 대가로 받는 급여"에는 외국정부 및 국제기관(국제연합과 그 소속기구

의 기관)이 일반적으로 기업이 경영하는 수익사업을 직접 경영하는 경우에 있어서 이를 종사하고 받는 급여는 포함하지 아니한다.(소득세법 기본통칙 12-14…1)
⑥ 「국가유공자 등 예우 및 지원에 관한 법률」 또는 「보훈보상대상자 지원에 관한 법률」에 따라 받는 보훈급여금 및 학습보조비
⑦ 「전직대통령 예우에 관한 법률」에 따라 받는 연금
⑧ 작전임무를 수행하기 위하여 외국에 주둔 중인 군인·군무원이 받는 급여
⑨ 종군한 군인·군무원이 전사(전상으로 인한 사망 포함)한 경우 그 전사한 날이 속하는 과세기간의 급여
⑩ 「국민건강보험법」, 「고용보험법」, 「노인장기요양보험법」에 따라 국가·지방자치단체 또는 사용자가 부담하는 보험료
- 「공적연금 관련법」, 「근로자퇴직급여보장법」, 「과학기술인공제회법」에 따른 연금의 사용자부담분은 납입 당시 근로자에게 귀속된 소득으로 보기 곤란하고, 추후 인출시 과세(퇴직·연금)되므로 2013년부터 비과세 소득에서 삭제
⑪ 근로자 또는 그 배우자의 출산이나 6세 이하(해당 과세기간 개시일을 기준으로 판단) 자녀의 보육과 관련하여 사용자로부터 받는 급여로서 월 10만원 이내의 금액
- 근로자가 6세 이하 자녀 2인 이상을 둔 경우 자녀수에 상관없이 월 10만원 이내의 금액을 비과세하며, 사용자가 분기마다 보육수당을 지급하는 경우에는 지급월에 10만원 이내의 금액을 비과세한다.
⑫ 「국군포로의 송환 및 대우 등에 관한 법률」에 따른 국군포로가 지급받는 보수 및 퇴직일시금
⑬ 「교육기본법」 제28조 제1항에 따라 받는 장학금 중 대학생이 근로를 대가로 지급받는 장학금(「고등교육법」 제2조 제1호부터 제4호까지의 규정에 따른 대학에 재학하는 대학생에 한함)
⑭ 「발명진흥법」 제2조 제2호에 따른 직무발명으로 받는 다음의 보상금으로서 연 500만원 이하의 금액
- 「발명진흥법」 제2조 제2호에 따른 종업원 등이 같은 호에 따른 사용자 등으로부터 받는 보상금
- 대학의 교직원 또는 대학과 고용관계가 있는 학생이 소속 대학에 설치된 「산업교육진흥 및 산학연협력촉진에 관한 법률」 제25조에 따른 산학협력단으로부터 같은 법 제32조 제1항 제4호에 따라 받는 보상금

(6) 근로소득의 수입시기

근로소득의 귀속연도는 근로소득의 수입시기에 해당하는 날이 속하는 과세연도를 말하며, 수입시기에 따라 해당 연도의 연말정산 대상 근로소득이 정해진다.

| 근로소득의 수입시기 |

구 분	수입시기
급여	근로를 제공한 날
잉여금처분에 의한 상여	당해 법인의 잉여금처분결의일
해당 사업연도의 소득금액을 법인이 신고하거나 세무서장이 결정·경정함에 따라 발생한 그 법인의 임원 또는 주주·사원 그 밖의 출자자에 대한 상여	해당 사업연도 중 근로를 제공한 날 이 경우 월평균금액을 계산한 것이 2년도에 걸친 때에는 각각 해당 사업연도 중 근로를 제공한 날
「소득세법」 제22조 제3항에 따라 근로소득으로 보는 임원 퇴직소득금액 한도초과액	지급받거나 지급받기로 한 날
부당해고기간 급여	법원의 판결·화해 등에 의하여 부당해고기간의 급여를 일시에 지급받는 경우에는 해고기간에 근로를 제공하고 지급받는 것으로 봄
급여를 소급인상하고 이미 지급된 금액과의 차액을 추가로 지급하는 경우	근로제공일이 속하는 연·월
성과급 상여	- 자산수익률·매출액 등 계량적 요소에 따라 성과급상여를 지급하기로 한 경우 당해 성과급상여의 귀속시기는 계량적 요소가 확정되는 날이 속하는 연도 - 계량적·비계량적 요소를 평가하여 그 결과에 따라 차등 지급하는 경우 당해 성과급상여의 귀속시기는 개인별 지급액이 확정되는 연도
사이닝보너스 (기업이 우수한 인재를 스카우트하기 위해 연봉 외에 지급)	근로계약 체결시 일시에 선지급(계약기간 내 중도퇴사시 일정금액 반환 조건)하는 경우 당해 선지급 사이닝보너스를 계약조건에 따른 근로기간동안 안분
도급 기타 이와 유사한 계약에 의하여 급여를 받는 경우에 당해 과세기간의 과세표준 확정 신고기간 개시일 전에 당해 급여가 확정되지 아니한 때	그 확정된 날에 수입한 것으로 봄(다만, 그 확정된 날 전에 실제로 받은 금액은 그 받은 날로 한다.)

※ 2021년귀속 원천징수의무자를 위한 연말정산 신고안내. 국세청

3 근로소득공제

(1) 총 급여액(비과세금액차감)에 따른 근로소득공제금액

근로소득공제는 총 급여액 구간별로 순차적으로 공제한다.

총 급여액	근로소득 공제액
500만원 이하	총 급여액 × 70%
500만원 초과 1,500만원 이하	350만원 + (총 급여액 − 500만원) × 40%
1,500만원 초과 4,500만원 이하	750만원 + (총 급여액 − 1,500만원) × 15%
4,500만원 초과 1억 원 이하	1,200만원 + (총 급여액 − 4,500만원) × 5%
1억 원 초과	1,475만원 + (총 급여액 − 1억 원) × 2%

* 공제한도 : 2,000만원

(2) 공제대상 및 공제방법

① 모든 근로소득자에게 공제신청서나 증빙 없이 공제한다.(비거주자 포함)
② 근로소득공제는 근로 기간이 1년 미만인 경우에도 월할 공제하지 아니하고 전액 공제한다.
③ 2인 이상으로부터 급여를 지급받는 경우 주된 근무지에서 합산하여 한 번만 근로소득공제를 적용한다.
④ 법인의 세무조정 등에서 상여로 처분 받은 인정상여액도 근로를 제공한 년도의 근로소득에 포함한다.
⑤ 잉여금 처분에 의한 상여는 해당 법인의 잉여금처분 결의일이 속하는 년도의 근로소득에 포함한다.

4 국세청 중점확인사항-근로소득 원천징수

구 분	중점 확인사항	관련근거
과세대상 근로소득 포함항목	① 2022년 귀속 급여 중 미지급 급여 • 1월부터 11월까지 미지급 급여는 해당 과세기간의 12.31.에 지급한 것으로 보며, 12월분 미지급 급여는 다음 연도 2월 말일에 지급한 것으로 보아 소득세를 원천징수하고 연말정산 시 미지급 급여를 총급여액에 포함	소법 §135

구 분	중점 확인사항	관련근거
과세대상 근로소득 포함항목	② 일용근로자를 일반급여자로 보는 시기 • 일용근로자에 해당하는 거주자가 3월 이상(건설공사 종사자는 1년) 계속하여 동일한 고용주에게 고용되는 경우에는 3월 이상이 되는 월부터 일반급여자로 보아 원천징수 • 연말정산시 일반급여자로 보는 해당연도 1월 1일부터 12월 31일까지 지급받은 급여를 합산하여 연말정산 해야 함	소령 §20

	③ 인정상여
	• 종업원에게 주택자금 등 저리 또는 무상으로 대여한 대여금의 인정이자
	• 현실적인 퇴직에 해당하지 않는 임직원에게 지급한 퇴직금의 인정이자
	• 회사의 제품·상품을 소속 직원에게 무상으로 지급하는 현물급여(양도가능 할인쿠폰 포함)및 현저하게 낮은 가액으로 할인판매한 가액과 시가와 차액
	• 다만, 사용인에게 자기의 제품이나 상품 등을 할인판매하는 경우로서 다음에 해당하는 때는 인정상여에 포함하지 아니함(법기통 52-88…3)
	  - 할인판매가액이 법인의 취득가액 이상이며 통상 일반 소비자에게 판매하는 가액에 비하여 현저하게 낮은 가액이 아닌 것
	  - 할인판매를 하는 제품 등의 수량은 사용인이 통상 자기의 가사를 위하여 소비하는 것이라고 인정되는 정도의 것
		법령 §88
		소령 §98

	④ 파견수당(파견공무원, 대학병원 교수, 파견근로자 등) • 파견공무원, 대학병원 교수, 파견근로자 등이 파견지에서 근로의 대가로 지급받는 각종수당(비과세 소득 제외)	소령 §38
	⑤ 시내출장 여비와 별도로 지급받는 자기차량운전보조금 • 시내출장의 여비를 별도로 지급받으면서 자기차량운전보조금을 지급받거나, 근로자 본인 소유 차량이 없음에도 자기차량운전보조금을 지급받는 경우 그 자기차량운전보조금은 근로소득에 해당	소령 §12 소통칙
	⑥ 비과세 한도를 초과한 국외근로소득 비과세 금액과 국외 출장기간 중의 급여 • 국외 등 건설현장에서 근로를 제공하고 받는 보수 중 월 300만원 이내의 금액을 비과세하나, 이는 건설관련 기능직, 건설 단순 종사원, 설계·감리업무 수행자에 해당하는 것으로, 국외 건설현장 파견직원 중 경영지원·영업·자재·기타 공통업무를 수행하는 직원은 월 100만원 이내에서 비과세 됨 • 인사발령내역, 출입국 사실 등을 확인하여 국외 장기출장 중에 받은 급여는 비과세가 아닌 과세대상 근로소득에 포함	소령 §16
	⑦ 현물식사와 별도로 지급받는 식사대 • 현물식사를 근로자에게 제공하면서 급여에 별도로 식사대를 포함하여 지급하는 경우 그 식사대(10만원)는 비과세가 아닌 근로소득에 해당	소령§17의2 소통칙 12-17의2 …1
	⑧ 직원에게 지급하는 비과세 아닌 학자금 및 자녀교육비 지원액 • 명예퇴직하는 근로자에게 노사합의에 의해 퇴직 후 일정기간 동안 지원하는 자녀학자금은 당해 근로자의 근로소득에 해당 • 회사가 임직원의 자녀를 특정하여 학교장으로 하여금 장학생 등으로 추천하게 하여 지급하는 장학금(학자금)은 당해 임직원의 근로소득에 해당 • 우수인재 확보를 위해 근로관계가 없는 대학생 등에게 지급하는 장학금은 그 학생이 해당 회사에 입사한 이후 계약조건에 따라 안분한 금액을 근로소득에 가산함(장학금은 입사 전까지 소득세 과세대상 아님)	소령 §11 소령 §38①2

구 분	중점 확인사항	관련근거
과세대상 근로소득 포함항목	⑨ 초·중·고 교사의 방과후학교 수업대가 • 초·중등 교육법에 따른 교육기관이 학생들로부터 받은 방과후학교 수업료를 교원에게 수업시간당 일정금액으로 지급하는 금액은 비과세 연구보조비에 해당하지 아니하는 것임	소령 §12
이중근무자	• 소속 근로자가 재취직자 또는 2인 이상으로부터 근로소득이 있는 자에 해당하는 지 확인하여 종(전) 근무지의 근로소득을 합산하였는지 확인	소법 §137의2
전출·합병 ·법인전환 등 고용승계자	• 관계회사 또는 지점 간 전출·입 근로자 등에 대한 연말정산 시 종(전) 근무지의 근로소득을 합산하여 연말정산하였는지, 지급명세서를 작성 시 종(전) 근무지와 주(현) 근무지의 근로소득을 구분하였는지 확인	소통칙 137-0…2, 3
외국인 근로자	• 외국인 단일세율(19%) 또는 외국인기술자 세액감면은 외국인에게 적용 (대한민국 국적을 가진 재외국민은 제외)	조특법 §18

※ 2021년귀속 원천징수의무자를 위한 연말정산 신고안내. 국세청

5 급여자료입력 정비

근로/연말 > 근로소득관리 > 급여자료입력

2022년도의 개정세법을 확인하여 비과세 여부를 정확히 검토한 다음, 비과세 적용이 잘못된 경우 [수당등록]에서 수정한다.

(1) 수당 등록 및 공제 등록 시 참고 사항

구분	유형	내용	비고
수당등록	과세구분	과세수당이면 과세, 비과세수당이면, 비과세를 선택하여 입력한다.	
	근로소득유형	과세구분을 [비과세]로 선택할 경우 비과세 유형을 입력한다.	비과세유형에 의하여 각 비과세 항목별 한도액이 자동계산 된다.
	월정액여부	• 과세구분이 비과세인 경우 월정액 계산 시 포함 여부를 선택한다. • 비과세되는 수당 중 실비변상이 아닌 수당은 월정액에 포함되어야 한다. (ex : 식대)	연장근로수당의 월정액급여 150만원 이하 판단 시 반영이 된다.
	구 분	해당 수당이 급여, 상여 지급 시 지급되는 수당 항목에 체크를 한다.	
공제등록	공제소득유형	소득공제유형을 선택한다.	기부금 및 사회보험정산자료 집계에 자동 반영이 된다.
	구 분	해당 항목이 급여, 상여지급 시 공제되는 항목에 체크를 한다.	
비과세설정		월, 년별 적용할 비과세 항목을 설정한 후 구분에 따라 월	지급명세서 미제출로 표시된 항목은

구분	유형	내용	비고
		한도액 및 연 한도금액을 입력한다. 설정된 한도액 범위를 기준으로 자동으로 비과세, 과세금액이 계산된다.	근로소득원천징수영수증 및 원천징수이행상황신고서에 반영되지 않는다.
사회보험		사회보험 대상 금액기준으로 4대 사회보험을 계산하는 경우에 사용한다.	
코드 참고 사항		비과세 및 감면소득 코드표로 지급명세서 작성여부를 보여준다.	

(2) 비과세소득 설정

종류	프로그램상 비과세유형	비고
생산직근로자의 연장·야간근로수당	1.연장근로	• 240만원까지 비과세 • 생산직에 근로하면서 월정액 급여가 210만원 이하일 경우에만 비과세(직전년도 총 급여가 3,000만원 이하)
식대	2.식대	• 월 10만원까지 비과세 • 식사를 제공받을 경우 식대는 과세
자가운전보조금	3.자가운전	• 월 20만원까지 비과세 • 종업원 본인의 소유차량으로 회사업무수행을 하고 지급기준에 의해 지급받는 것, 출장비 별도지급 시 보조금은 과세
연구보조비	4.연구개발비	• 월 20만원까지 비과세
기자의 취재수당	5.취재수당	• 월 20만원까지 비과세
출산보육수당	7.육아수당	• 월 10만원까지 비과세
일·숙직료, 여비	8.기타비과세	• 전액 비과세
국외근로소득	9.국외근로	• 월 100만원까지 비과세
국외근로소득	10.국외근로(원양, 해외건설)	• 원양어선선원, 해외건설근로자는 월 300만원까지 비과세

(3) 비과세소득 중 지급명세서 제출 대상

근로소득 중 비과세소득은 [급여자료입력]시 [수당등록]을 하면서 과세와 비과세로 구분하여 등록하며, 지급명세서 제출항목은 [원천징수이행상황신고서]에도 포함하여야 하나, 미제출항목은 제외하고 작성한다.

SmartA에는 비과세 소득과 지급명세서 작성여부가 등록되어 있으며, 검토하고 적용여부만 확인하면 된다.

[급여자료입력의 수당공제등록]

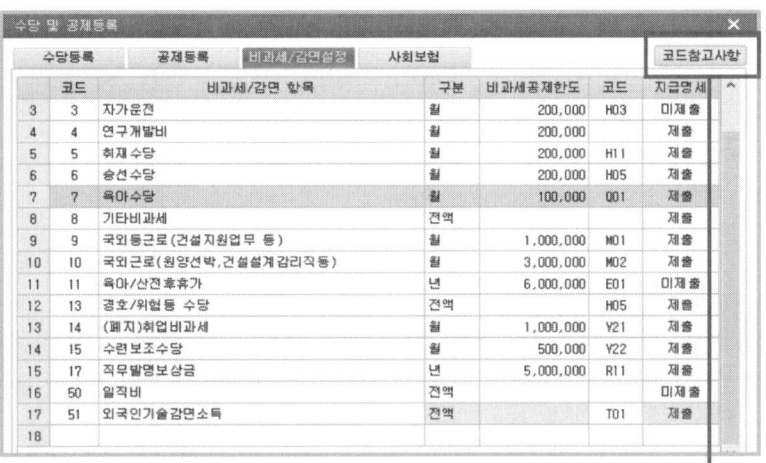

구분	법조문	코드	기재란	비과세항목	지급명세서 작성 여부
비과세	소법§12 3 가	A01		복무 중인 병이 받는 급여	×
	소법§12 3 나	B01		법률에 따라 동원직장에서 받는 급여	×
	소법§12 3 다	C01		「산업재해보상보험법」에 따라 지급받는 요양급여 등	×
	소법§12 3 라	D01		「근로기준법」 등에 따라 지급받는 요양보상금 등	×
	소법§12 3 마	E01		「고용보험법」에 따라 받는 육아휴직급여 등	×
		E02		「국가공무원법」 등에 따라 받는 육아휴직수당 등	×
	소법§12 3 바	E10		「국민연금법」에 따라 받는 반환일시금(사망으로 받는 것에 한함) 및 사망일시금	×
	소법§12 3 사	F01		「공무원연금법」 등에 따라 받는 요양비 등	×
	소법§12 3 아	G01	(18)-5	비과세 학자금(소령§ 11)	○
	소법§12 3 자	H01	(18)-9	소령§1(법령·조례에 의한 보수를 받지 아니하는 위원 등이 받는 수당)	○
		H02		소령§2~3(일직료·숙직료 등)	×
		H03		소령§3(자가운전보조금)	×
		H04		소령§4~8(법령에 의해 착용하는 제복 등)	×
		H05	(18)-18	소령§9~11(경호수당, 승선수당 등)	○
		H06	(18)-4	소령§12 가(연구보조비) - 유아교육법, 초중등교육법	○
		H07	(18)-4	소령§12 가(연구보조비) - 고등교육법	○
		H08	(18)-4	소령§12 가(연구보조비) - 특별법에 의한 교육기관	○
		H09	(18)-4	소령§12 나(연구보조비)	○
		H10	(18)-4	소령§12 다(연구보조비)	○
		H11	(18)-6	소령§14 (취재수당)	○
		H12	(18)-7	소령§15 (벽지수당)	○
		H13	(18)-8	소령§16 (천재·지변 등 재해로 받는 급여)	○
		H14	(18)-22	소령§13 가(보육교사 인건비) - 영유아보육법 시행령	○
		H15	(18)-23	소령§13 나(사립유치원 수석교사·교사의 인건비) - 유아교육법 시행령	○
		H16	(18)-26	소령§17 (정부·공공기관 중 지방이전기관 종사자 이주수당)	○
	소법§12 3 차	I01	(18)-19	외국정부 또는 국제기관에 근무하는 사람에 대한 비과세	○
	소법§12 3 카	J01		「국가유공자 등 예우 및 지원에 관한 법률」에 따라 받는 보훈급여금 및 학습보조비	×
	소법§12 3 타	J10		「전직대통령 예우에 관한 법률」에 따라 받는 연금	×
	소법§12 3 파	K01	(18)-10	작전임무 수행을 위해 외국에 주둔하는 군인 등이 받는 급여	○
	소법§12 3 하	L01		종군한 군인 등이 전사한 경우 해당 과세기간 비과세	×

구분	법조문	코드	기재란	비과세항목	지급명세서 작성 여부
	소법§12 3 거	M01	(18)	소령§①1(국외근로) 100만원	○
		M02	(18)	소령§①1(국외근로) 300만원	○
	소법§12 3 너	N01		「국민건강보험법」 등에 따라 사용자가 부담하는 부담금 등	×
	소법§12 3 더	O01	(18)-1	생산직 등에 종사하는 근로자의 야간수당 등	○
	소법§12 3 러	P01		비과세 식사대(월 10만원 이하)	×
		P02		현물 급식	×
	소법§12 3 머	Q01	(18)-2	출산·6세 이하의 자녀의 보육 관련 비과세(월 10만원 이내)	○
	소법§12 3 버	R01		국군포로가 지급받는 보수 등	×
	소법§12 3 서	R10	(18)-21	「교육기본법」 제28조제1항에 따라 받는 장학금	○
	구 조특법§15	S01	(18)-11	주식매수선택권 비과세	○
	조특법§88의4 ⑥	Y02	(18)-14	우리사주조합 인출금 비과세(50%)	○
		Y03	(18)-15	우리사주조합 인출금 비과세(75%)	○
	소법§12 3 자	Y22	(19)	소령§13 다(전공의 수련보조수당)	○
감면	조특법§18	T01	(18)-12	외국인 기술자 소득세 면제	○
	조특법§30	T10	(18)-24	중소기업에 취업하는 청년에 대한 소득세 감면	○
	조세조약	T20	(18)-25	조세조약 상 교직자 조항의 소득세 감면	○
	조특법§140 ⑤	Z01	(18)-17	해저광물자원개발을 위한 과세특례	○

(4) 비과세소득 수정시

화면 상단의 재계산(F8) 아이콘을 클릭하여 [과세/비과세 재계산]을 클릭하여 확인한다. 이때 [소득세재계산]을 클릭하여 적용하면, 기존의 입력된 소득세가 다시 계산되어 기납부세액이 틀려지므로 [소득세재계산]은 하지 않아야 한다.

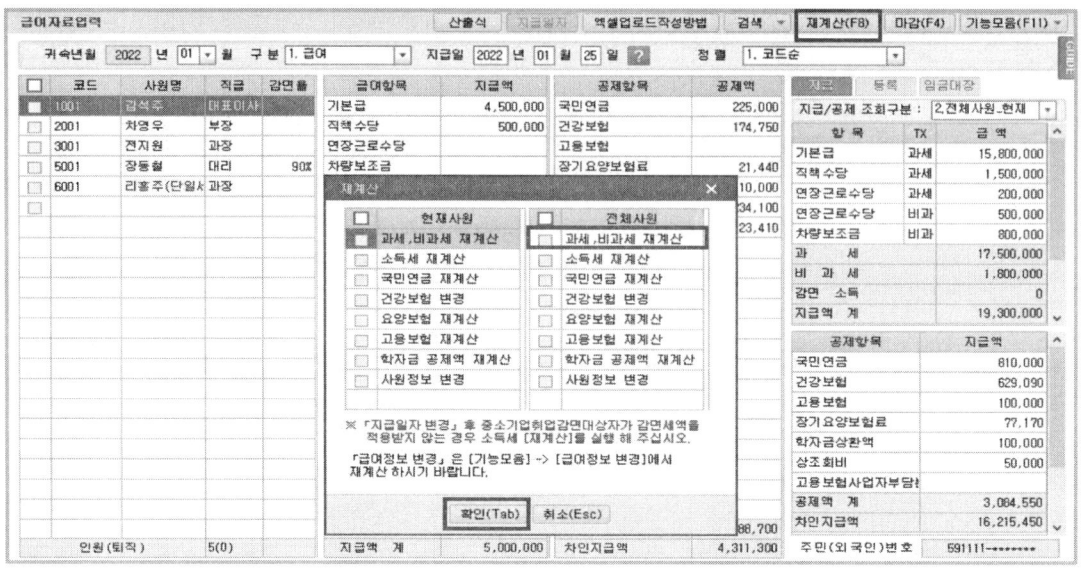

6. 연말정산 근로소득원천징수영수증 - 소득명세

근로/연말 ▶ 연말정산관리Ⅰ ▶ 연말정산 근로소득 원천징수영수증

급여자료입력에서 비과세로 선택한 항목의 금액은 [연말정산근로소득원천징수영수증]의 [소득명세Tab]에서 [전체비과세]키를 클릭하면 하단에 화면이 펼쳐지면서 조회된다.

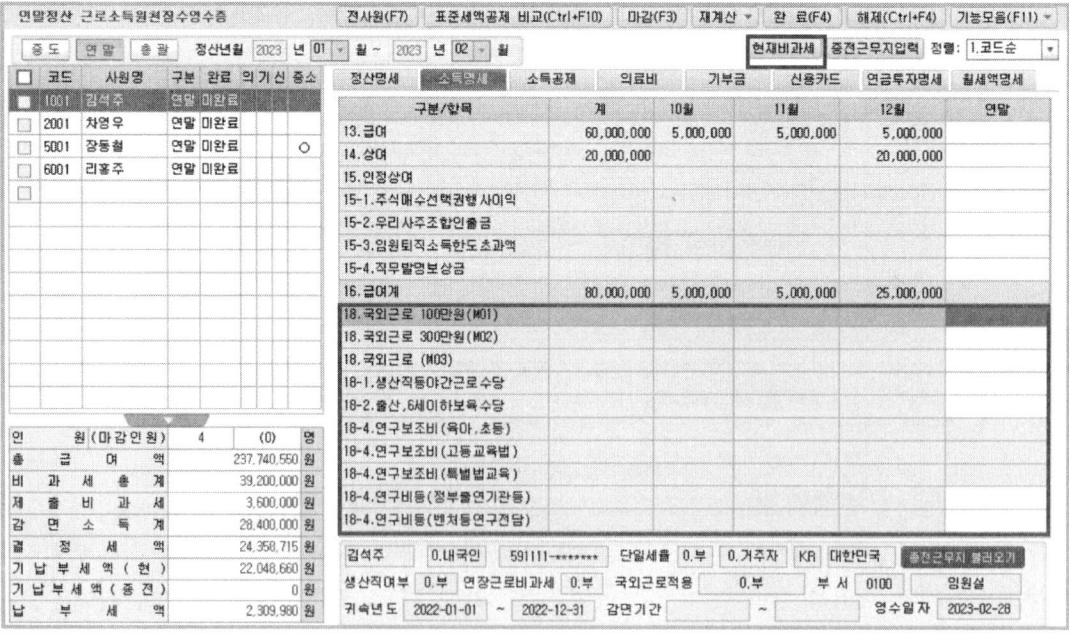

(1) 주식매수선택권행사이익/우리사주조합인출금

급여자료입력 메뉴에서 [수당등록]에 "주식매수선택권행사이익"을 과세구분에 "과세"로 근로소득유형 4.주식매수행사익으로 입력한 경우와 "우리사주조합인출금"을 과세구분에 "과세"로 근로소득유형 5.우리사주조합으로 등록하고 매월 급여자료에 입력한 경우에는 자동으로 반영되나, 입력하지 않고 연말정산에서 추가 입력할 경우에는 각 해당되는 란에 입력한다.

(2) 과세 대상 추가 금액

급여성 대가로 급여 자료 입력에 포함하여 과세 대상에 추가할 금액을 입력한다. 과세에서 차감되어야 하는 경우는 마이너스로 입력해야 과세 대상 급여에서 차감된다.

(3) 비과세금액

1) 국외근로비과세

사원등록 메뉴의 [국외근로적용여부]에서 선택한 사원에 대하여 매월 급여자료입력 메뉴에 입력한 경우 자동으로 반영된다.

2) 연장근로수당

사원등록 메뉴의 [생산직여부]에서 "1.여"를 선택한 사원에 대하여 급여자료입력 메뉴에서 입력된 경우 자동으로 집계되어 반영되며, 연간 240만원 한도를 자동으로 체크하여 반영한다.

3) 제출비과세/미제출비과세

급여자료입력 메뉴에서 입력된 매월 비과세되는 금액 중 근로소득지급명세서 제출분과 미제출분으로 자동으로 분류하여 반영된다.

4) 비과세 금액을 추가로 입력해야 하는 경우 미제출비과세란에 입력한다.

5) 전체비과세 아이콘 클릭 후 폐지된 비과세 급여는 과세금액으로 직접 입력한다.

(4) 보험료명세/세액명세

급여자료입력 메뉴에서 매월 입력된 공제액이 자동으로 집계되어 반영된다.

자주하는 질문

Q 소득명세에 전체 급여가 반영되지 않습니다.

A 마감되어 있다면 해제 후 재조회하거나 상단의 재계산-소득명세재계산(급여자료 등)을 선택한다.

7 연말정산 근로소득원천징수영수증 - 정산명세

> 근로/연말 > 연말정산관리Ⅰ > 연말정산 근로소득 원천징수영수증

| 정산명세 | 소득명세 | 소득공제 | 의료비 | 기부금 | 신용카드 | 연금투자명세 | 월세액명세 |

정산년월 2023 년 02 월 귀속기간 2022-01-01 ~ 2022-12-31 영수일자 2023-02-28

구 분	공제대상액	구 분	공제대상액
21.총 급 여(16)	80,000,000	47.소득공제 종합한도 초과액	
22.근 로 소 득 공 제	13,750,000	48.종 합 소 득 과 세 표 준	52,195,720
23.근 로 소 득 금 액	66,250,000	49.산 출 세 액	7,306,972

(1) 총급여액

21.총 급여(16) 등 자동 반영되는 데이터는 환경설정에서 1.월별로 선택하여 급여자료입력 메뉴를 선택한 경우와 환경설정에서 2.일괄로 선택하여 급여일괄입력 메뉴를 선택한 경우는 각각의 메뉴에서 데이터가 자동으로 반영된다.

(2) 근로소득공제

총 급여액에서 공제할 근로소득공제금액을 자동으로 계산하여 반영한다.

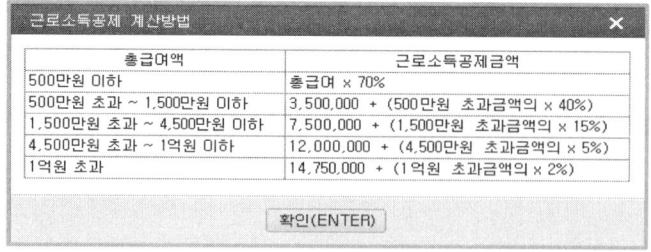

총급여액	근로소득공제금액
500만원 이하	총급여 × 70%
500만원 초과 ~ 1,500만원 이하	3,500,000 + (500만원 초과금액의 × 40%)
1,500만원 초과 ~ 4,500만원 이하	7,500,000 + (1,500만원 초과금액의 × 15%)
4,500만원 초과 ~ 1억원 이하	12,000,000 + (4,500만원 초과금액의 × 5%)
1억원 초과	14,750,000 + (1억원 초과금액의 × 2%)

(3) 근로소득금액

21.총급여(16)에서 22.근로소득공제를 차감한 금액을 23.근로소득금액에 자동으로 반영한다.

Point 10  가족이 많으면 세금도 줄어요

> 과세표준 = 근로소득금액 − [인적공제 + 연금보험료공제 + 특별소득공제 + 그 밖의 소득공제] + 소득세 소득공제 한도초과액

1 인적공제

근로소득금액에서 인적공제, 연금보험료공제, 특별소득공제, 그밖의 소득공제를 차감하고 소득공제종합한도초과액을 더하여 과세표준을 계산한다. 인적공제란 부양가족을 기준으로 공제대상자에 대하여 1인당 150만원을 적용하여 공제하며, 인적공제에는 기본공제와 추가공제가 적용된다.

> 인적공제 = 기본공제 + 추가공제

인적공제의 합계액이 근로소득금액을 초과하는 경우 그 초과하는 공제액은 없는 것으로 본다.

(1) 기본공제

근로소득이 있는 거주자에 대하여는 다음에 해당하는 가족 수에 1인당 150만원을 근로소득금액에서 공제한다. (인원수에 제한 없음.)

1) 기본공제 대상 범위

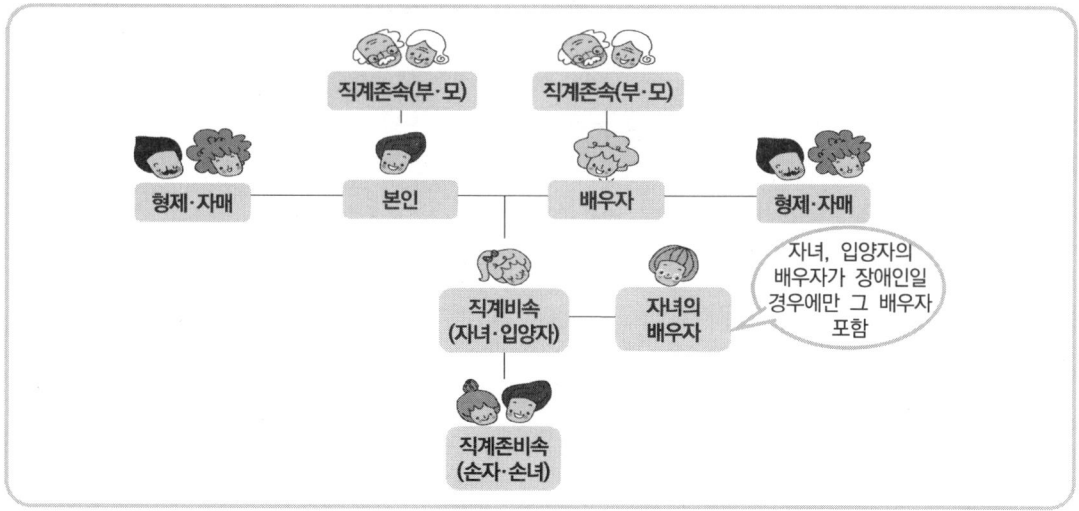

① 본인

거주자 본인은 특별한 요건 없이 공제대상자에 해당하며, 연 150만원을 공제한다.

② 배우자

거주자의 배우자로서 해당 과세기간의 소득금액이 없거나 해당 과세기간의 소득금액 합계액이 100만원 이하인 사람(총급여액 500만원 이하의 근로소득만 있는 배우자 포함)으로 연 150만원을 공제한다.

③ 생계를 같이하는 부양가족 - 직계존속

근로자(그 배우자 포함)와 생계를 같이 하는 직계존속(부모)으로 만 60세 이상에 해당하는 부양가족으로서 해당 과세기간의 소득금액의 합계액이 100만원(총급여액 500만원 이하의 근로소득만 있는 부양가족 포함) 이하인 사람으로 1명당 연 150만원을 공제한다.

④ 생계를 같이하는 부양가족 - 직계비속 및 입양자

근로자(그 배우자 포함)와 생계를 같이 하는 직계비속(자녀) 또는 입양자로 만 20세 이하에 해당하는 부양가족으로서 해당 과세기간의 소득금액의 합계액이 100만원(총급여액 500만원 이하의 근로소득만 있는 부양가족 포함) 이하인 사람으로 1명당 연 150만원을 공제한다.

⑤ 생계를 같이하는 부양가족 - 형제자매

근로자(그 배우자 포함)와 생계를 같이 하는 형제자매로 만 20세 이하 또는 만60세 이상에 해당하는 부양가족으로서 해당 과세기간의 소득금액의 합계액이 100만원(총급여액 500만원 이하의 근로소득만 있는 부양가족 포함) 이하인 사람 1명당 연 150만원을 공제한다.

* 동거 입양자란 「민법」또는 「입양촉진 및 절차에 관한 특례법」에 따라 입양한 양자 및 사실상 입양상태에 있는 사람으로 거주자와 생계를 같이하는 사람을 말한다.

⑥ 생계를 같이하는 부양가족 - 수급권자

근로자(그 배우자 포함)와 생계를 같이 하는 수급권자로 해당 과세기간의 소득금액의 합계액이 100만원(총급여액 500만원 이하의 근로소득만 있는 부양가족 포함) 이하인 사람 1명당 연 150만원을 공제한다.

* 수급권자란 국민기초생활보장법 제2조제2호의 수급권자를 말한다.

⑦ 생계를 같이하는 부양가족 – 위탁아동

근로자(그 배우자 포함)와 생계를 같이 하는 위탁아동으로 해당 과세기간의 소득금액의 합계액이 100만원(총급여액 500만원 이하의 근로소득만 있는 부양가족 포함) 이하인 사람 1명당 연 150만원을 공제한다.

* 위탁아동이란 「아동복지법」에 따른 가정위탁을 받아 양육하는 아동으로서 해당 과세기간에 6개월이상 직접 양육한 위탁아동(보호기간이 연장된 20세 이하 위탁아동 포함). 다만, 직전 과세기간에 소득공제를 받지 아니한 경우에는 해당 위탁아동에 대한 직전 과세기간의 위탁기간을 포함하여 계산한다.

> 생계를 같이하는 부양가족
>
> ① 주민등록표의 동거가족으로서 해당 근로자의 주소 또는 거소에서 현실적으로 생계를 같이하는 사람으로 한다.
> ② 직계비속·입양자는 주소(거소)에 관계없이 생계를 같이하는 것으로 본다.
> ③ 거주자 또는 동거가족(직계비속·입양자 제외)이 취학, 질병의 요양, 근무상 또는 사업상의 형편으로 본래의 주소 또는 거소를 일시 퇴거한 경우에도 생계를 같이하는 것으로 본다.
> ④ 근로자의 부양가족 중 근로자(그 배우자 포함)의 직계존속이 주거의 형편에 따라 별거하고 있는 경우 생계를 같이하는 것으로 본다.

2) 기본공제 대상자 공제 요건

구 분		공제 요건				비 고
		나이 요건	소득 요건 (100만원 이하)	동거 요건		
				주민등록 동거	일시퇴거 허용	
본인공제		×	×	×		
배우자공제		×	○	×		
부양가족	직계존속	60세 이상	○	△ (주거형편상 별거 허용)		1962.12.31. 이전
	직계비속, 입양자 (의붓자녀 포함)	20세 이하	○	×		2002. 1. 1. 이후
	장애인 직계비속의 장애인 배우자	×	○	×		
	형제자매	60세 이상 20세 이하	○	○	○	1962.12.31. 이전 2002. 1. 1. 이후
	국민기초생활보장법에 따른 수급자	×	○	○	○	
	위탁아동	18세 미만	○			보호기간 연장시 20세 이하

* 「아동복지법」에 따른 가정위탁을 받아 해당 과세 기간에 6개월 이상 직접 양육한 위탁아동
* 장애인은 나이의 제한을 받지 않으나 소득금액요건은 제한을 받음. 직계비속 또는 입양자와 그 배우자(며느리, 사위)가 모두 장애인일 경우 그 배우자도 포함한다.

* 직계존속 : 숙부, 고모, 외삼촌, 이모는 공제 대상이 아니다. 배우자의 직계존속을 포함하고, 직계존속이 재혼한 경우 그 배우자(혼인 중임이 입증되어야 하고, 사실혼은 해당되지 않음.)를 포함하나, 그 배우자의 직계존속은 포함하지 아니한다.
* 직계비속(입양자 포함)과 그 배우자가 모두 장애인인 경우에는 그 배우자를 포함한다. 조카, 며느리, 사위는 공제 대상이 아니다.
  - 배우자가 재혼한 경우 당해 배우자가 종전의 배우자와의 혼인(사실혼 제외) 중에 출산한 자는 포함
  - 민법 또는 입양 촉진 및 절차에 관한 특례법에 의하여 입양한 양자 및 사실상 입양 상태에 있는 자로서 근로자와 생계를 같이 하는 자
  - 기본공제 대상 직계비속 또는 입양자와 그 배우자가 모두 장애인일 경우 그 배우자
  - 입양된 경우에 있어서 양가 또는 생가의 직계존속과 형제자매, 재혼인 경우 전 배우자와의 혼인 중에 출생한 자를 포함한다.
* 형제, 자매의 배우자는 공제 대상이 아니다.

3) 공제 여부의 판정 시기

구분		내용
공제 대상자의 판정 시기	원칙	과세 기간 종료일
	예외	• 과세 기간 종료일 전에 사망한 경우 : 사망일 전일 • 과세 기간 종료일 전에 장애가 치유된 경우 : 치유일 전일
공제 대상자의 나이 적용		부양가족공제 또는 자녀양육비공제 적용 시 해당 과세 기간의 과세 기간 중에 해당 나이에 해당되는 날이 있다면 공제 대상자로 함.

| 기본공제 대상자(연간소득금액 100만원 이하) 해당 여부 판정 시 참고 사항 |

연간소득금액이란 종합(이자·배당·사업·근로·연금·기타소득금액), 퇴직, 양도소득금액의 연간합계액으로써, 총 수입금액이 아니라 필요경비를 공제한 후의 금액을 말한다. 이때 총 수입금액에서 비과세소득 및 분리과세 대상 소득금액은 제외한다.

종류	소득금액 계산	공제금액 계산근거	분리과세 여부
근로소득	총 급여액(비과세차감) - 근로소득공제	• 500만원 이하 : 70% • 500만원 초과 1,500만원 이하 : 350만원+(총 급여액-500만원)×40% *총급여액 3,333,334원 이하 (근로소득만 있는 자는 총급여액 500만원 이하)	일용근로소득(분리과세)
사업소득 (부동산임대 포함)	총 수입금액 - 필요경비		
연금소득	총 연금액 - 연금소득공제	• 350만원 이하 : 총연금액 • 350만원~700만원 이하 : 350만원+(총연금액-350만원)×40%	• 공적연금 : 총연금액 516만원 이하 • 사적연금 : 총 연금액 1,200만원 이하로서 분리과세 선택 가능

종류	소득금액 계산	공제금액 계산근거	분리과세 여부
기타소득	총 수입금액 – 필요경비	총 수입금액의 80% (원고료, 강연료, 자문료 등 : 60%)	기타소득금액이 300만원 이하인 경우 분리과세 선택 가능
이자·배당소득	필요경비 인정 안 됨.		금융소득합계액이 2,000만원 이하일 경우 분리과세
퇴직소득	비과세를 제외한 퇴직금 전액		
양도소득	양도가액 – 취득가액 – 기타필요경비 – 장기보유특별공제		

(2) 추가공제

기본공제 대상자가 다음 중 어느 하나에 해당하는 경우 기본공제 외에 아래의 구분별로 정해진 금액을 추가로 공제한다.

구분		공제 요건	추가공제금액
추가공제	장애인	기본공제 대상자 중 장애인	1인당 연 200만원
	경로우대	기본공제 대상자 중 70세 이상인 자(1949. 12.31. 이전)	1인당 연 100만원
	부녀자	배우자가 없는 여성근로자로서 기본공제 대상 부양가족이 있는 세대주 또는 배우자가 있는 여성근로자(소득금액이 3천만원 이하 조건)	연 50만원
	한부모	배우자가 없는 자로서 부양자녀(20세 이하)가 있는 자	연 100만원

* 한부모공제와 부녀자공제가 중복되는 경우 한부모공제만 적용

1) 장애인 추가공제

기본공제 대상자 중 장애인이 있는 경우 1인당 연 200만원을 추가로 공제한다. 장애인의 범위와 증빙서류는 다음과 같다.

구분	증빙서류	증빙서류 발급처
① 장애인복지법에 의한 장애인	장애인등록증 사본	전자민원 G4C(WWW.EGOV.GO.KR) 또는 읍·면·동사무소
② 국가유공자등 예우 및 지원에 관한 법률에 의한 상이자	국가유공자증 (상이급수 표시)	국가보훈처 및 소속기관
①, ② 외 항시 치료를 요하는 중증환자	장애인증명서	의료기관

> **Tip 장애인 공제시 증명서류의 제출(소령§107②)**
>
> 장애인 추가공제를 받으려는 때에는 근로자소득공제신고서에 「장애인 증명서」를 첨부하여 원천징수 의무자에게 제출하여야 한다. 다만, ①, ②에 해당하는 사람으로서 해당증명서, 장애인등록증의 사본, 그 밖의 장애사실을 증명하는 서류로서 장애인 증명서에 갈음할 수 있다. 장애 상태가 1년 이상 지속될 것으로 기재된 장애인증명서 등을 이미 제출한 때에는 그 장애 기간 동안은 다시 제출하지 아니한다. 다만, 그 장애 기간 중 사용자를 달리하게 된 때에는 장애인 증명서를 제출하여야 하며, 이 경우 전 원천징수 의무자로부터 이미 제출한 장애인증명서를 반환받아 이를 제출할 수 있다.

> **Tip 장애인의 소득공제 및 세액공제 요약**
>
> | 구분 | 주의사항 |
> |---|---|
> | 기본공제 | 기본공제 대상 요건 중 나이 제한을 받지 않으나 소득금액 제한받음. |
> | 장애인 추가공제 | 1인당 연 200만원 공제 |
> | 보험료 세액공제 | 장애인전용보장성보험에 대한 보험료 지급액(연 100만원 한도)의 15%를 세액공제 |
> | 의료비 세액공제 | - 장애인을 위하여 지출한 의료비는 한도제한 없음. (다만, 총 급여액의 3% 이상인 의료비공제문턱의 제한)
- 공제 대상 의료비의 15% 세액공제
장애인보장구를 직접 구입 또는 임차하기 위해 지출한 비용도 공제대상 의료비에 포함 |
> | 교육비 세액공제 | 장애인을 위하여 지출한 특수교육비
- 공제한도 제한 없음.
- 해당 장애인이 연간 소득금액 합계액이 100만원을 초과한 경우에도 해당 교육비 공제 가능 |

2) 경로우대자 추가공제

기본공제 대상자가 70세 이상 경로우대자(1952. 12. 31.이전)인 경우, 1명당 연 100만원을 공제한다.

3) 부녀자 추가공제

근로소득금액이 3,000만원 이하(총 급여 4,000만원 수준)인 근로자가 배우자 있는 여성이거나, 배우자 없는 여성으로서 기본공제 대상자인 부양가족이 있는 세대주인 경우 연 50만원을 공제한다. 단, 근로장려세제를 적용받는 경우 중복하여 공제받을 수 없다.

* 여성근로자의 배우자 유무 및 부양가족이 있는 세대주 여부는 해당 과세기간 종료일 현재의 주민등록등본 또는 가족관계등록부에 의한다.

4) 한부모 공제

배우자가 없는 근로자가 기본공제대상 직계비속 또는 입양자를 부양하는 경우 연 100만원을 공제한다. (부녀자공제와 중복배제 : 한부모 공제를 우선하여 적용한다.)

(3) 제출서류

대상		제출 서류
본인	계속 근무자인 경우	소득공제신고서
	중도 퇴사한 후 현 근무지에 재취직한 경우	① 소득공제신고서 ② 전 직장 근로소득원천징수영수증 ③ 전 직장 소득자별근로소득원천징수부
	중도 퇴사한 후 12. 31.까지 재취업하지 않은 경우	퇴사하면서 연말정산 실시
	둘 이상의 직장에 동시 근무하는 경우	① 근무지(변동)신고서 ② 종된 근무지 근로소득원천징수영수증을 주근무지 원천징수 의무자에게 제출
	국적이 외국인 경우	① 외국인등록사실증명 ② 단일세율 적용 원천징수신청서(17% 단일세율 원천징수 적용 시)
배우자	혼인신고가 된 배우자(사실혼 인정 안 됨.)	① 주민등록등본(신규입사자, 공제가족 변동자) 또는 가족관계증명서 ② 입양자 : 주민등록등본으로 관계 확인이 불가능한 경우 입양관계증명서 또는 입양증명서 ③ 따로 사는 부모님 : 부모님 주민등록등본 및 가족관계증명서
자녀	만 20세 이하	
입양자	만 20세 이하	
부모님	① 부(장인, 조부, 시부), 모(장모, 조모, 시모) ② 만 60세 이상	
형제자매	① 만 20세 이하 또는 만 60세 이상 ② 주민등록상 같이 살거나 취학·취업·질병을 사유로 일시퇴거한 자 ※ 배우자의 형제자매 포함	① 동거 : 주민등록등본 ② 일시퇴거한 경우 : 일시퇴거자동거가족상황표, 본주소지 및 일시퇴거지의 주민등록등본, 재학·요양재직증명서
위탁아동	① 해당년도 중 6개월 이상 직접 양육한 위탁아동 ② 만 18세 이하	가정위탁보호확인서
수급자	국민기초생활보장법에 의한 수급자	수급자증명서

(4) 둘 이상 거주자의 인적공제대상자에 해당하는 경우

거주자의 인적공제대상자(이하 "공제대상가족")가 동시에 다른 거주자의 공제대상 가족에 해당되는 경우에는 해당 과세기간의 근로소득자 소득·세액공제신고서, 연말정산사업소득의 소득·세액공제신고서, 연금소득자 소득·세액공제신고서 또는 종합소득과세표준확정신고서에 기재된 바에 따라 그 중 1인의 공제대상가족으로 한다.

(5) 해당 과세기간의 중도에 사망 또는 외국에서 영주하기 위하여 출국한 경우

해당 과세기간의 중도에 사망하였거나 외국에서 영주하기 위하여 출국한 거주자의 공제 대상가족으로서 상속인 등 다른 거주자의 공제대상가족에 해당하는 사람에 대해서는 피상속인 또는 출국한 거주자의 공제대상가족으로 한다.

자주 묻는 질문 인적공제

Q 배우자가 부업소득일지라도 소득이 있으면 무조건 배우자공제가 안 되나요?

A 소득이 있는 배우자인 경우 소득 금액의 크기에 따라 공제 여부가 판단됩니다. 여기서 소득 금액은 연간 벌어들인 수입금액이 아니라 비과세 소득 및 분리과세 소득을 제외하고 수입금액에서 필요경비를 차감한 금액을 의미합니다.
- 근로소득자라면, 총 급여액(= 연봉 – 비과세소득)이 333만원인 경우 근로소득공제(70%) 233만원을 제하고 남은 100만원이 근로소득금액이 됩니다.
- 소득이 있는 배우자의 소득금액의 합계액이 100만원 이하이면 배우자공제를 받을 수 있습니다.

Q 2년 전에 결혼해서 함께 살고 있지만 혼인신고를 하지 않은 경우 배우자에 대하여 기본공제를 적용 받을 수 있나요?

A 근로소득이 있는 거주자와 법률혼 관계에 있지 않은 배우자(사실혼 관계)는 배우자에 대한 기본공제를 적용받을 수 없습니다.

Q 아버지를 지난해까지 부양가족공제 받아왔으나, 당해 연도 중에 사망하신 경우 기본공제가 가능한지요?

A 기본공제 대상자가 당해 연도 중에 사망한 경우 사망일 전일 기준으로 기본공제 대상자 여부를 판정하는 것이므로, 사망일 전일 현재 기본공제요건(연령요건 및 소득요건)에 해당하는 경우에는 기본공제가 가능합니다.

Q 재혼한 경우 전 배우자와의 혼인 중에 출생한 자녀에 대해 부양가족공제를 받을 수 있는지요?

A 실제로 부양하고 있다면 소득 및 연령요건 충족 시 부양가족 기본공제를 적용받을 수 있습니다.
- 부양가족공제 대상인 직계비속에는 근로자의 배우자가 재혼한 경우로서 당해 배우자가 종전 배우자의 혼인(사실혼을 제외) 중에 출생한 자를 포함합니다.
- 근로자 본인이 재혼한 경우 전 배우자와의 혼인 중에 출생한 자를 포함합니다.

Q 연도 중에 취업하거나 사업을 개시하여 종합소득이 발생한 경우 기본공제, 추가공제, 특별공제 및 신용카드 공제 등을 월할 계산하여야 하는 것인지요?

A 기본공제 및 추가공제, 특별공제, 세액공제 등 적용 시 월할계산은 하지 않습니다. 다만, 보험료세액공제, 의료비세액공제, 교육비세액공제, 주택자금소득공제 등과 신용카드 등 사용금액에 대한 소득공제, 주택마련저축공제 등은 근로소득이 있는 거주자에게만 적용되므로 근로 제공 기간에 지출하거나 불입한 금액에 대해서만 소득공제를 적용받을 수 있습니다.

Q 근로자인 아버지가 올해 7월에 정년퇴직하였습니다. 이 경우 근로자인 자녀가 연말정산 부양가족공제를 받을 수 있을까요? (7월까지 아버지의 총 급여액이 700만원인 경우)

A 아버지를 기본공제 대상자로 하기 위해서는 연간 소득금액 합계액이 100만원 이하여야 합니다.
- 아버지의 총 급여액이 700만원인 경우 연간 소득금액 합계액은 270만원에 해당되어 기본공제 대상자에 해당하지 아니합니다.(총 급여액 700만원 – 근로소득공제 430만원 = 근로소득금액 270만원)
- 근로소득만 있는 경우 연간 소득금액 합계액이 100만원 이하 요건을 충족하기 위해서는 비과세를 제외한 총 급여액이 3,333,333원이 되어야 합니다.

Q 차남인 경우 연말정산시 부모님에 대한 기본공제가 가능한지요?

A 연령요건 및 소득기준요건 등 기본공제 요건을 갖춘 부모님에 대해 장남이든 차남이든 실제 부양하는 거주자가 공제받을 수 있습니다.

2. 국세청 중점확인사항 – 인적공제

구 분	중점 확인사항
인적공제	• 해당 과세기간에 기본공제대상 부양가족을 새로이 추가하는 경우 중복공제 및 연간 소득금액 100만원(근로소득만 있는 자는 총급여 500만원) 초과 여부를 근로자에게 직접 확인(확인서 등) • 해당 과세기간 개시일(1.1) 전 사망자·국외이주자는 기본공제 대상자가 아님

과다공제검토	• 소득금액 기준(100만원) 초과 부양가족공제
	  – 근로소득, 양도소득, 사업소득, 퇴직소득 등의 소득금액 합계액이 100만원(근로소득만 있는 자는 총급여 500만원)을 초과한 부양가족에 대해서는 기본공제 및 특별소득공제·특별세액공제 불가
	• 부양가족 중복공제
	  – 맞벌이 부부가 자녀를 중복으로 기본공제 불가능
	  – 형제자매가 부모님을 중복으로 기본공제 불가능 : 형제자매 중 1인만 공제 가능
	    ① 실제 부양하였다는 사실을 입증한 자(아래 Q&A 참조)
	    ② 실제 부양한 것을 입증한 자녀(공제신청자)가 둘 이상인 경우의 공제 순위는 다음과 같음(소령 §106②)
	  – 직전 과세기간에 부양가족으로 인적공제를 받은 거주자
	  – 다만, 직전 과세기간에 부양가족으로 인적공제를 받은 사실이 없는 때에는 해당 과세기간의 종합소득금액이 가장 많은 거주자
	• 부양가족 중 사망자 및 해외이주자 공제
	  – 해당 과세기간 개시일 전에 사망한 부양가족은 인적공제 불가능
	  – 해당 과세기간 개시일 전에 외국에서 영주하기 위하여 출국한 직계존속은 인적공제 불가능
	    ※ 2021.12.31. 이전에 사망하거나 해외 이주한 부양가족은 2022년 귀속 연말정산 시 인적공제 불가능

※ 2021년귀속 원천징수의무자를 위한 연말정산 신고안내. 국세청

3 사원등록 정비

> 근로/연말 > 인사관리 > 사원등록

12월 31일 현재의 상황에 의해 인적공제가 반영되어야 하며, 이를 위해 제출받은 주민등록등본 또는 가족관계증명서 등에 의해 적절하게 반영되었는지를 검토한다.

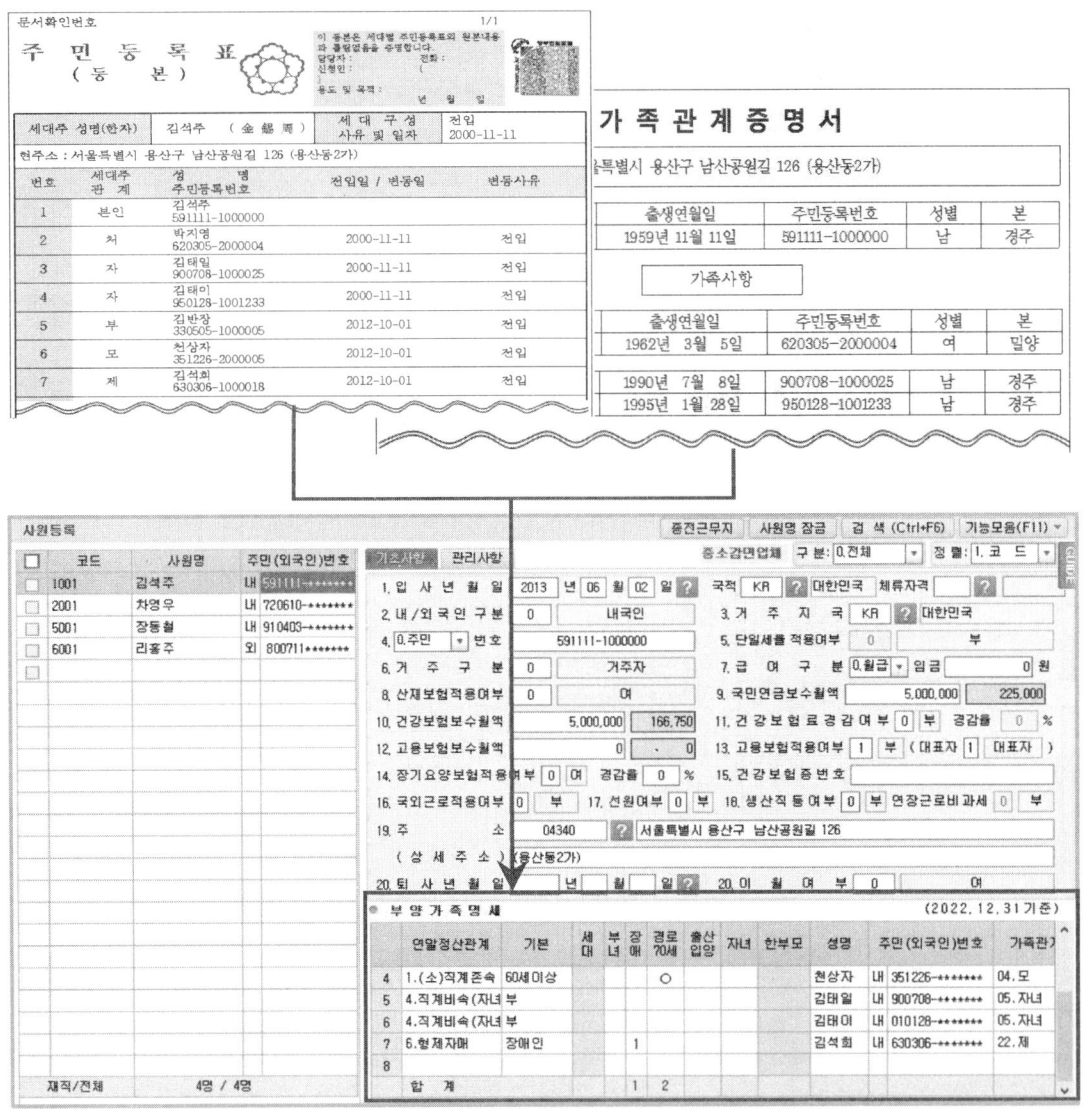

4. 연말정산 근로소득원천징수영수증 - 정산명세

근로/연말 > 연말정산관리Ⅰ > 연말정산 근로소득 원천징수영수증

(1) 사원등록의 부양가족명세

[사원등록]의 [부양가족명세]에 연말정산관계, 기본등 인적공제대상 정보를 입력한다. 이때 기본공제대상자이지만 소득조건과 연령조건으로 기본공제대상자에서 제외되더라도 의료비공제를 위하여 '기본'란에 '부'를 표시하고 등록할 수 있다. 그러나 아예 기본공제 대상자가 아닌 경우는 등록하지 않는다.

● 부양가족명세 (2022.12.31기준)

	연말정산관계	기본	세대	부녀	장애	경로70세	출산입양	자녀	한부모	성명	주민(외국인)번호		가족관계
1	0.본인	본인	○							김석주	내	591111-*******	
2	3.배우자	60세이상								박지영	내	620305-*******	02.배우자
3	1.(소)직계존속	부				○				김반장	내	330505-*******	03.부
4	1.(소)직계존속	60세이상				○				천상자	내	351226-*******	04.모
5	4.직계비속(자녀	부								김태일	내	900708-*******	05.자녀
6	4.직계비속(자녀	부								김태이	내	010128-*******	05.자녀
	합 계					1	2						

(2) 연말정산근로소득원천징수영수증의 기본공제, 추가공제

사원등록 메뉴에서 등록된 공제대상 부양가족 내용에 따라 자동으로 반영된다.

| 정산명세 | 소득명세 | 소득공제 | 의료비 | 기부금 | 신용카드 | 연금투자명세 | 월세액명세 |

정산년월 2023 년 02 월 ? 귀속기간 2022-01-01 ~ 2022-12-31 영수일자 2023-02-28 ?

구 분		공제대상액	구 분		공제대상액
21.총 급 여(16)		80,000,000	47.소득공제 종합한도 초과액		
22.근 로 소 득 공 제	>	13,750,000	48.종 합 소 득 과 세 표 준		52,195,720
23.근 로 소 득 금 액	>	66,250,000	49.산 출 세 액	>	7,306,972
기본공제	24.본 인		1,500,000	50.『소 득 세 법』	>	
	25.배 우 자		1,500,000	세액감면	51.조세특례제한법(52제외)	>
	26.부 양 가 족	2 명	3,000,000		52.중소기업취업자감면/조특30	>
추가공제	27.경 로 우 대	1 명	1,000,000		53.조세조약(원어민교사)	>
	28.장 애 인	1 명	2,000,000		54.세 액 감 면 계	
	29.부 녀 자					
	30.한부모가족					

 **급여에서 부담한 4대보험은 무조건 공제받는다**

 연금보험료공제와 보험료공제

(1) 연금보험료 공제

> 연금보험료 공제액 = 납부한 개인부담금(국민연금보험료 등)

 종합소득이 있는 거주자가 공적연금 관련법에 따른 기여금 또는 개인부담금(연금보험료)을 납입한 경우에는 해당 과세기간의 종합소득금액에서 해당 과세기간에 납입한 연금보험료를 공제한다. 다만, 연금보험료공제의 합계액이 종합소득금액을 초과하는 경우 그 초과하는 공제액은 없는 것으로 한다.

① **공적연금 관련법에 따른 기여금 또는 부담금**
- 「국민연금법」에 따라 본인이 부담하는 연금보험료(사용자부담금은 제외)
- 「공무원연금법」·「군인연금법」·「사립학교교직원연금법」 또는 「별정우체국법」 및 「국민연금과 직역연금의 연계에 관한 법률」에 따라 근로자 본인이 부담하는 기여금 또는 부담금

② **연금보험료 공제순서(소법 §51의3 ③)**

 아래에 해당하는 공제를 모두 합한 금액이 종합소득금액을 초과하는 경우 그 초과하는 금액을 한도로 연금보험료 공제를 받지 아니한 것으로 본다.
 1. 「소득세법」 §51 ③에 따른 인적공제
 2. 연금보험료공제
 3. 「소득세법」 §51의4에 따른 주택담보노후연금 이자비용공제
 4. 「소득세법」 §52에 따른 특별소득공제
 5. 「조세특례제한법」에 따른 소득공제

③ 국민연금보험료는 실제 납부한 과세기간에 공제한다.
④ 거주자 본인 부담분만 공제 가능한 것으로, 배우자나 부양가족 명의로 불입한 연금보험료는 공제대상에 해당하지 않음
⑤ 거주자가 국민연금법 등 관련 법률에 따라 추가로 납부하는 연금보험료 등이 있는 경우 납부한 연도의 근로소득금액에서 공제하는 것임

⑥ 근로자가 지역가입자로 부담한 국민연금보험료(서이46013-10340, 2003.2.17.)
근로자가 지역가입자로서 당해연도에 납부한 국민연금보험료 전액을 근로소득금액에서 공제 가능

(2) 특별소득공제의 보험료 공제

근로자가 본인의 보험료 공제 해당액을 근로소득에서 공제한다.

구분	공제금액	제출서류
국민건강법에 따라 근로자가 부담하는 보험료	전액	원천징수 의무자가 보관하는 증빙서류에 의해 공제
고용보험법에 따라 근로자가 부담하는 보험료		
노인장기요양보험법에 따라 근로자가 부담하는 보험료 (근로자가 부담하는 건강보험료의 6.55%)		

2 연말정산 근로소득원천징수영수증 - 정산명세

(1) 연금보험료공제

구분	내 용
국민연금보험료	급여자료입력 메뉴에서 입력된 매월 국민연금 공제액이 자동으로 집계되어 반영된다.
공제여부 판단 시 참고사항	근로자 본인부담분만 공제가 가능하다.

■ 입력 시 유의사항
지역국민연금이 있는 경우에는 직접 입력한다.

(2) 특별소득공제의 보험료공제

구 분	내 용
건강보험료	급여자료입력메뉴에서 입력된 매월 「건강·요양보험료」 공제액이 자동 집계되어 반영된다.
고용보험료	급여자료입력메뉴에서 입력된 매월 고용보험료 공제액이 자동 집계되어 반영된다.
공제여부 판단시 참고사항	근로자 본인부담분만 공제가 가능하다.

■ 입력시 유의사항
급여에 반영하지 못한 보험료(건강보험료, 고용보험료 등)가 있는 경우 기타건강보험료란에 직접 입력한다.
건강보험료가 음수인 경우 전자신고시 오류가 발생하므로 음수(-)금액 만큼 기타건강보험료란에 입력하여 "0"을 만든다.

보험료	내역	지출액	공제대상금액
건강보험료	현근무지	2,001,000	2,001,000	2,001,000
	종(전)근무지			
	납세조합			
	국세청간소화등			
건 강 보 험 료(연말입력)			
장기요양보험료	현근무지	205,080	205,080	205,080
	종(전)근무지			
	납세조합			
	국세청간소화등			
장 기 요 양 보 험 료(연말입력)			
건강보험료합계		2,206,080	2,206,080
고 용 보 험 료	현근무지			
	종(전)근무지			
	납세조합			
고 용 보 험 료(연말입력)			
고 용 보 험 료 합 계			
건강(장기요양) + 고용보험합계			2,206,080

Point 12. 주택마련저축과 주택자금차입금의 차이

1. 특별소득공제

근로소득이 있는 거주자가 특별공제금액이 있는 경우 근로소득금액에서 공제한다. 과세기간 중 중도 취직, 중도 퇴사한 자는 근로제공 기간 동안 지출한 비용에 한하여 특별공제할 수 있다.

특별소득공제		공제 항목	공제한도액
보험료 소득공제	건강보험, 고용보험, 노인장기요양보험	본인부담 보험료	전액
주택자금 소득공제	주택임차입금 원리금 상환액	무주택세대주, 국민주택규모 임차입금 원리금상환액의 40% 공제	주택마련저축 불입액 공제와 합하여 연 300만원 한도
	장기주택저당차입금 이자상환액 공제	취득 당시 무주택 세대주로서 기준시가 5억 원 이하인 주택장기저당차입금이자상환액 공제	차입 시기에 따라 연 300만원~1,800만원

2. 주택차입금과 주택자금공제

주택을 소유하지 아니한 세대의 세대주(장기주택저당차입금은 1주택을 보유한 세대주도 가능)로서 근로소득이 있는 거주자(일용근로자 제외)가 주택구입 또는 주택임차를 위해 차입한 차입금의 이자 등을 상환하거나 지급한 경우 소득공제가 가능하다.

소득공제		공제항목	공제한도액
주택자금	① 주택마련저축	청약저축·주택청약종합저축 납입액(240만원 한도), 근로자주택마련저축 납입액(180만원 한도)의 40%	연 300만원 [①+②]
	② 주택임차차입금 원리금 상환액	무주택 세대의 세대주(세대원포함)가 국민주택규모의 주택을 임차하기 위한 차입금의 원리금 상환액의 40%	
	③ 장기주택저당차입금 이자상환액	무주택 또는 1주택 보유세대의 세대주(세대원포함)인 근로자가 기준시가 5억원 이하인 주택을 구입하기 위한 차입금의 이자 상환액 공제	연 300만원~1,800만원 [①+②+③]

(1) 특별소득공제항목의 주택자금공제

주택자금공제는 주택을 소유하지 아니한 근로자가 ① 주택임차를 위한 자금 차입 ② 장기로 주택을 구입하는 등의 단계별로 법정요건에 해당되면 일정 금액을 소득공제해 주는 제도이다(소득세법 §52 ④,⑤).

소득세법상 주택자금공제는 주택임차차입금 원리금 상환액공제, 장기주택저당차입금 이자상환액공제가 있다. 주택자금공제의 한도는 조세특례제한법상의 주택마련저축공제와 함께 고려하여야 한다.

소득공제	공제항목		공제한도액
주택임차차입금 원리금상환액	무주택세대주(세대주가 주택 관련 공제를 받지 않은 경우 세대원도 가능), 국민주택규모의 주택(오피스텔 포함) 임차차입금 원리금상환액의 40% 공제	주택마련저축 불입액 공제와 합하여 연 300만원 한도	*2011. 12. 31. 이전 차입분 15년 미만 : 연 600만원 15년 이상 : 연 1,000만원 30년 이상 : 연 1,500만원 *2012. 1. 1. 이후 차입분 일반 : 연 500만원 70% 이상 고정이자 또는 비거치식 분할 상환 : 연 1,500만원 *2016. 1. 1. 이후 차입분 10년 이상 분할상환 : 연 300만원 15년 이상 분할상환 : 연 1,800만원
장기주택 저당차입금	취득당시 무주택 세대주(세대주가 주택관련 공제를 받지 않은 경우 세대원도 가능)로서 취득 당시 기준시가 5억 원 이하인 주택장기저당차입금이자상환액 공제	차입 시기에 따라 연 300~1,800만원	

 세대란?

거주자와 그 배우자, 거주자와 같은 주소 또는 거소에서 생계를 같이 하는 거주자와 그 배우자의 직계존비속(그 배우자를 포함한다) 및 형제자매를 모두 포함한 세대를 말하며, 거주자와 그 배우자는 생계를 달리하더라도 동일한 세대로 본다.

 「주택법」에 따른 국민주택규모의 주택

주거 전용 면적이 85㎡ 이하 주택(다만, 수도권을 제외한 도시지역이 아닌 읍면 지역은 100㎡ 이하 주택)을 의미한다. 주택에 부수되는 토지를 포함하며, 부수토지 면적이 건물이 정착된 면적에 지역별로 배율1)을 곱하여 산정한 면적을 초과하는 경우 해당 주택은 제외하며, 해당 주택이 다가구주택이면 가구당 전용면적을 기준으로 판단한다.

1) 주택임차차입금 원리금상환액공제

과세 기간 종료일 현재 주택을 소유하지 아니한 세대의 세대주(세대주가 주택자금소득공제를 받지 않는 경우에는 세대의 구성원)로서 근로소득이 있는 거주자(일용근로자 제외)가 「주택법」에 의한 국민주택규모 주택(오피스텔 포함)을 임차하기 위하여 대출 기관 또는 대부업 등을 경영하지 아니하는 거주자로부터 주택임차자금을 차입하고 차입금의 원리금을 상환한 경우 상환 금액의 100분의 40에 상당하는 금액을 해당 과세 기간의 근로소득금액에서 공제한다. 세대주 여부는 과세 기간 종료일 현재의 상황에 의한다.

| 차입금의 공제요건 |

구 분	내 용
세대주요건	연말 현재 무주택 세대주 (단독세대주 포함, 세대주가 공제받지 않는 경우는 그 구성원) 총 급여 5,000만원 이하인 근로자
주택요건	국민주택 규모의 주택(오피스텔 포함)
대출자 요건	소령 [별표 1의 2]에 의한 대출기관으로부터 차입한 차입금 • 한국은행·한국산업은행·한국수출입은행·중소기업은행 및 은행법에 따른 은행 • 상호저축은행법에 따른 상호저축은행과 그 중앙회 • 농업협동조합법에 따른 농업협동조합과 그 중앙회 • 수산업협동조합법에 따른 수산업협동조합과 그 중앙회 • 신용협동조합법에 따른 신용협동조합과 그 중앙회 • 새마을금고법에 따른 금고와 그 연합회 • 보험업법에 따른 보험회사 • 우체국예금·보험에 관한 법률에 따른 체신관서 • 주택법에 따른 주택도시기금 • 한국주택금융공사법에 따른 한국주택금융공사 • 여신전문금융업법에 따른 여신전문금융회사 • 국가보훈처와 그 소속기관 직제 제2조제2항에 따른 지방보훈청 및 보훈지청

주택임차차입금 요건	① 대출기관으로부터 차입한 차입금
	  - 임대차계약증서의 입주일과 주민등록표등본의 전입일 중 빠른 날부터 전후 3개월 이내에 차입한 자금일 것. 이 경우 임대차계약을 연장하거나 갱신하면서 차입하는 경우에는 임대차계약 연장일 또는 갱신일부터 전후 3개월 이내에 차입한 자금을 포함하며, 주택임차 자금 차입금의 원리금 상환액에 대한 소득공제를 받고 있던 사람이 다른 주택으로 이주하는 경우에는 이주하기 전 주택의 입주일과 주민등록표 등본의 전입일 중 빠른 날부터 전후 3개월 이내에 차입한 자금을 포함한다.
	  - 차입금이 대출기관에서 임대인의 계좌로 직접 입금될 것
	    * 총급여액 요건이 없음에 유의
	② 대부업등을 경영하지 아니하는 거주자로부터 차입한 차입금
	  - 해당 과세기간의 총급여액이 5천만원 이하인 근로자
	  - 임대차계약증서의 입주일과 주민등록표등본의 전입일 중 빠른 날부터 전후 1개월 이내에 차입한 자금일 것. 이 경우 임대차계약을 연장하거나 갱신하면서 차입하는 경우에는 임대차계약 연장일 또는 갱신일부터 전후 1개월 이내에 차입한 자금을 포함하며, 주택임차차입금의 원리금상환액에 대한 소득공제를 받고 있던 사람이 다른 주택으로 이주하는 경우에는 이주하기 전 주택의 입주일과 주민등록표 등본의 전입일 중 빠른 날부터 전후 1개월 이내에 차입한 자금을 포함한다.

공제한도	「조특법」제87조 제2항의 주택마련저축 공제금액과 주택임차차입금 원리금상환액 공제 금액의 합계액이 연 300만원을 초과하는 경우 그 초과하는 금액은 없는 것으로 한다.
공제증명서류	① 주택자금상환 등 증명서(홈택스의 소득공제증명서류 제출 가능) ② 주민등록표등본 ③ (거주자로부터 차입한 경우)임대차계약증서 사본, 금전소비대차계약서 사본, 계좌이체 영수증 및 무통장입금증 등 차입금에 대한 원리금을 상환하였음을 증명할 수 있는 서류

2) 장기주택저당차입금 이자상환액

　근로소득이 있는 거주자(일용근로자 제외)로서 주택을 소유하지 아니하거나 1주택을 보유한 세대의 세대주(세대주가 주택임차차입금 원리금상환액, 주택마련저축 및 장기주택저당차입금 이자상환액 공제를 받지 아니한 경우에는 세대의 구성원 중 근로소득이 있는 자)가 취득 당시 주택의 기준시가가 5억원 이하인 주택(오피스텔 제외)을 취득하기 위하여 그 주택에 저당권을 설정하고 금융회사 등 또는 「주택도시기금법」에 따른 주택도시기금으로부터 차입한 장기주택저당차입금의 이자를 지급하였을 때에는 해당 과세기간에 지급한 이자상환액은 그 과세기간의 근로소득금액에서 공제한다.

　세대주에 대해서는 실제 거주 여부와 관계없이 적용하고, 세대주가 아닌 근로자에 대해서는 해당 주택에 실제 거주하는 경우만 적용한다.

구 분	내 용
공제 대상자	다음에 해당하는 자가 해당 요건을 갖춘 경우 • 근로소득이 있는 거주자(일용근로자 제외)로서 주택을 소유하지 아니한 세대의 세대주 • 세대주가 주택자금 공제를 받지 않은 경우 세대의 구성원 중 근로소득이 있는 자 ※ 세대주 여부는 과세 기간 종료일 현재의 상황에 의하고 세대주가 아닌 경우에는 본인이 실제 거주하는 경우에 한함.
공제 배제	(세대구성원이 보유한 주택 포함) • 거주자가 과세 기간 종료일 현재 2주택 이상을 보유 • 해당 과세 기간에 2주택 이상을 보유한 기간이 3개월을 초과한 경우
주택요건	취득 당시 주택의 기준시가가 5억 원 이하인 주택
주택임차차입금 요건	다음의 요건을 모두 갖추어야 하고 그 요건을 충족하지 못한 경우 그 사유가 발생한 해당 과세기간부터 장기주택저당차입금 이자상환액 공제를 받을 수 없음 ① 차입금의 상환 기간이 10년 이상일 것 ② 주택소유권이전등기 또는 보존등기일부터 3월 이내에 차입한 장기주택저당차입금일 것 ③ 장기주택저당차입금의 채무자가 해당 저당권이 설정된 주택의 소유자일 것
공제한도	① 300만원(고정금리* 또는 비거치식 분할상환** 방식 1,800만원) 　* 고정금리대출 : 차입금 70% 이상 고정금리로 이자 지급 　** 비거치식대출 : 차입금 70% 이상 비거치식으로 분할상환방식 　※ 2016. 1. 1. 전에 차입한 장기주택저당차입금 이자의 소득공제는 종전 규정에 따름 ② 2015.1.1. 이후 최초 차입(장기주택저당차입금 요건에 해당하나 상환기간이 15년 미만인 차입금의 상환기간을 15년 이상으로 연장하거나 해당주택에 저당권을 설정하고 상환기간 15년 이상의 신규차입금으로 기존차입금을 상환하는 경우 포함)하는 경우 장기주택저당차입금의 상환기간과 상환방식에 따라 다음의 한도 적용한다. | 상환기간	상환방식	한도금액
---	---	---
15년 이상	고정금리 방식이고 비거치식 분할상환방식	1,800만원
	고정금리 방식이거나 비거치식 분할상환방식	1,500만원
	기타	500만원
10년 이상 15년 미만	고정금리 방식이거나 비거치식 분할상환방식	300만원	 ※ 주택임차차입금 원리금상환액, 장기주택저당차입금 이자상환액, 주택마련저축을 합하여 종합 한도 적용

구 분	내 용

공제증명서류	① 해당 금융회사 등이 발행하는 장기주택저당차입금이자상환증명서
	② 주민등록표등본
	③ 주택의 가액 또는 주택분양권의 가격을 확인할 수 있는 다음의 어느 하나에 해당하는 서류와 건물등기부등본 또는 분양계약서
	  - 「부동산가격공시에 관한 법률 시행규칙」제13조에 따른 개별주택가격 확인서
	  - 공동주택가격 확인서(「부동산가격공시에 관한 법률 시행규칙」제16조)
	    ※ 부동산 공시가격 알리미(www.realtyprice.kr)
	  - 그 밖에 주택의 가액 또는 주택분양권의 가격을 확인할 수 있는 서류로서 국세청장이 정하여 고시하는 서류
	④ 「조특법」제99조에 따른 양도소득세 감면대상 신축주택에 대해 장기주택저당차입금 이자상환액을 공제받는 경우
	  - 자기가 건설한 주택(주택조합 또는 정비사업조합의 조합원이 취득하는 주택 포함) : 사용승인서 또는 사용검사서(임시사용승인서 포함) 사본
	  - 주택건설업자가 건설한 주택 : 주택매매계약서 사본, 계약금을 납부한 사실을 입증할 수 있는 서류 및 주택건설사업자의 확인서
	⑤ 상환기간 연장 등의 경우
	장기주택저당차입금의 차입자가 해당 금융회사 등 내에서 또는 다른 금융회사 등으로 장기주택저당차입금을 이전하거나 상환기간이 15년 미만인 차입금의 차입자가 상환기간을 15년 이상으로 연장하거나 해당 주택에 저당권을 설정하고 상환기간을 15년 이상으로 하여 신규로 차입한 차입금으로 기존 차입금을 상환하는 경우에는 기존 및 신규차입금의 대출계약서 사본

자주 묻는 질문 주택차금 소득공제

Q 소득이 없는 배우자 명의 주택을 담보로 본인이 장기주택저당차입금을 차입한 경우 이자상환액을 본인이 공제받을 수 있는지요?

A 타인 명의 주택에 대한 장기주택저당차입금 이자상환액은 공제 대상이 아닙니다.

Q 부부공동명의 주택에 대해 근로자 본인 명의로 장기주택저당차입금을 차입한 경우 이자상환액을 본인이 공제받을 수 있는지요?

A 본인과 배우자 공동명의로 주택을 취득하고, 본인 명의로 요건을 갖춘 장기주택저당차입금을 차입한 경우 근로자 본인이 이자상환액 공제를 받을 수 있습니다.

Q 장기주택저당차입금 이자상환액에 대해 소득공제를 받아오던 근로자가 해당년도에 장기주택저당차입금을 7년 만에 조기 상환한 경우 소득공제가 가능한지요?

A 상환 기간이 15년 이상인 장기주택저당차입금을 조기 상환한 경우 조기 상환한 당해년도에 지출한 이자상환액에 대해서는 공제 받을 수 없습니다.

Q 상환 기간이 15년 미만의 차입금을 상환 기간 15년 이상으로 연장하는 경우 공제 가능한지요?

A 2007년 2월 28일 이후 상환 기간을 연장하는 분부터는 상환 기간 15년 미만의 차입금을 15년 이상으로 기한 연장하는 경우 공제 가능합니다. 다만, 연장 시점의 주택의 기준 시가가 5억 원 이하이고, 다른 모든 요건을 충족하여야 합니다.
- 이 경우 공제 가능한 장기주택저당차입금은 기존 차입금의 잔액을 한도로 합니다.

(2) 그밖의 소득공제 – 주택마련저축 납입액 소득공제

근로소득이 있는 거주자(일용근로자 제외)로서 총급여액이 7천만원 이하이고, 과세연도 중 주택을 소유하지 아니한 세대의 세대주가 본인 명의로 해당 연도에 「주택마련저축」에 납입한 금액의 100분의 40에 상당하는 금액을 해당 연도의 근로소득금액에서 공제한다. 다만, 과세연도 중에 주택 당첨 및 주택청약종합저축 가입자가 청년우대형 주택청약종합저축에 가입하는 것 외의 사유로 중도해지한 경우에는 해당 과세연도에 납입한 금액은 공제하지 아니한다.

구 분	내 용
주택마련저축의 종류	① 「주택법」에 따른 청약저축(연 납입액 240만원 이하의 금액) 근로소득이 있는 거주자로 과세연도 중 주택을 소유하지 않은 세대의 세대주가 해당 과세연도 중 청약저축에 납입한 금액이 소득공제 대상이며, 2009.12.31. 이전 가입한 청약저축의 경우 국민주택규모의 주택으로서 청약저축 가입당시 기준시가가 3억원 이하인 주택을 한 채만 소유한 세대의 세대주도 포함하며, 가입 후 주택을 취득하는 경우에는 취득 당시 주택의 기준시가가 3억원 이하인 경우에 한함 ② 「주택법」에 따른 주택청약종합저축(연 납입액 240만원 이하의 금액) 무주택 세대의 세대주인 근로자가 무주택 확인서를 다음연도 2월말까지 저축취급기관에 제출한 경우 주택청약종합저축에 납입한 금액에 대하여 공제(세대주가 아닌 경우 공제대상 아님) ③ (폐지된) 「근로자의 주거안정과 목돈마련지원에 관한 법률」에 따른 근로자주택마련 저축(월 납입액 15만원 이하) ※ 장기주택마련저축은 2013년부터 소득공제 대상 주택마련저축에 해당하지 아니함
공제한도	① 기본한도 : 주택임차차입금원리금상환액 공제와 합하여 연 300만원 한도 ② 통합한도 : 장기주택저당차입금 이자상환액 공제와 합하여 차입 시기에 따라 연 300~1,800만원 한도
공제증명서류	소득공제를 받으려는 자는 근로소득자 소득·세액공제신고서를 제출할 때 주택마련저축납입증명서를 원천징수의무자에게 제출 - 주택마련저축납입증명서는 연도말 현재의 납입액이 표시되어 있는 주택마련저축통장 사본 또는 「소득세법 시행령」 제216조의3에 따라 주택마련저축납입내역을 일괄적으로 적어 국세청장이 연말정산간소화 서비스에서 발급하는 서류로 갈음

구분	관련법	공제 대상 한도액	공제금액
청약저축	주택법	연 납입액 240만원	공제한도 내 납입액의 40%
주택청약종합저축	주택법		
근로자주택마련저축	조세특례제한법	월 납입액 15만원	

(3) 소득공제 되는 금융상품 저축가입 후 중도 해지 시 추징세액

저축상품	해지추징세액	추징 기간	중도 해지 해당년도 불입금액
연금저축(2012.12. 31 이전)	저축불입액의 2%	5년	소득공제 제외 해지추징세액 대상 제외
장기주택마련저축	저축불입액의 4%(1년 이내 8%)		
주택청약종합저축	저축불입액의 6%(월 20만원 한도)		
소기업·소상공인 공제부금	저축불입액의 2%(연 300만원 한도)		

* 해지가산세는 실제 소득공제받은 세액을 한도(단, 연금저축, 소기업·소상공인 공제부금은 실제 감면 여부와 별개로 부과)로 하며, 법정 사유에 해당되는 경우에는 해지가산세가 부과되지 아니한다.
* 2013. 1. 1. 이후 가입하는 연금저축계좌는 5년 이내 중도해지 하더라도 해지가산세가 부과되지 아니한다.

3 국세청 중점확인사항 - 주택소득공제

* 주택자금공제의 경우 동일 세대의 세대주가 주택자금공제와 주택마련저축 소득공제를 받지 않은 경우 세대원인 근로자가 공제 가능하다.

구 분	중점 확인사항
주택자금공제	① 거주자(개인)간 주택임차차입금 원리금상환액 공제 　- 주민등록표등본을 통해 과세기간 종료일 현재 세대주 여부 확인 　- 임대차계약서 사본 및 금전소비대차계약서 사본을 통해 임대차계약서의 입주일과 주민등록표등본의 전입일 중 빠른 날부터 전후 1개월 이내 차입한 자금인지 확인 ② 장기주택저당차입금 이자상환액 공제 　- 주민등록표등본을 통해 과세기간 종료일 현재 세대주 여부 확인 　- 등기부등본, 대출계약서 사본 등을 제출받아 주택의 근로자 본인 소유 여부, 국민주택규모 여부(2013년 이전 차입분), 등기접수일로부터 3개월 이내 차입 및 저당 여부, 대출계약기간이 10년 또는 15년 이상인지 여부, 취득 시 기준시가 5억원 이하(2013.12.31. 이전 3억원, 2014.1.1.~2018.12.31. 차입분 4억원) 여부, 과세기간 종료일 현재 2주택이상 보유 여부, 대출조건(비거치식, 고정금리 등) 확인
주택마련저축 공제	① 주민등록표등본 상 과세기간 종료일 현재 세대주 여부 확인 ② 장기주택마련저축을 소득공제 신청하였는지 확인
주택마련저축 과다공제 검토	① 세대원인 근로자는 주택마련저축 납입액 공제 불가능 ② 2주택 이상 또는 국민주택규모 초과 주택(2010.1.1. 이후 가입한 경우 1주택 이상)을 보유한 근로자(세대원 포함)는 청약저축납입액에 대한 주택마련저축 공제 불가능 ③ 주택청약종합저축은 무주택확인서를 다음연도 2월말까지 제출한 경우 공제 가능
장기주택저당 차입금 이자상환액 과다공제 검토	① 세대주인 근로자가 취득 당시 주택의 기준시가가 5억원('13.12.31. 이전 3억원, 2014.1.1.~ 2018.12.31. 취득 4억원)을 초과한 주택(2013.12.31. 이전 국민주택규모 초과 주택)은 장기주택저당차입금 이자상환액 공제 적용대상 아님 ② 세대 구성원이 보유한 주택을 포함하여 과세기간 종료일(12.31.) 현재 2주택을 보유하는 경우 장기주택저당차입금 이자상환액 공제 적용대상 아님 ③ 근로자가 배우자 명의의 주택에 대해 장기주택저당차입금을 차입한 경우 이자상환액은 공제 적용대상 아님 ④ 보유주택 판정시 주민등록표 상 세대원의 보유 주택을 합산하여 판단 　- 부모님이 주민등록표 상 같은 주소지에 세대원으로 되어 있으나, 실제 동거하지 않는 경우에도 부모님의 보유 주택을 합산하여 판단 ⑤ 사업용 주택(임대주택, 어린이집 등)을 보유하는 경우에도 주택 수에서 제외되는 것이 아니므로 2주택 여부 판단 시 합산하여 판단 ⑥ 세대원이 장기주택저당차입금 이자상환액 공제 적용 시 과세기간 종료일 현재 해당 주택에 거주하지 않는 경우 장기주택저당차입금 이자상환액 공제 적용대상 아님

※ 2021년귀속 원천징수의무자를 위한 연말정산 신고안내. 국세청

4. 연말정산 근로소득원천징수영수증 - 정산명세

근로/연말 ▶ 연말정산관리 I ▶ 연말정산 근로소득 원천징수영수증

(1) 특별소득공제의 주택자금소득공제

구분	내 용
주택차입원리금	주택임차 차입금에 대한 원금과 이자의 연간 상환액 합계를 입력하며 대출기관의 차입금과 거주자로부터 차입한 차입금은 구분하여 입력
장기주택이자상환액	장기주택저당차입금의 이자상환액을 2011년 이전 차입분과 2012년 이후 차입분을 구분하여 입력

공제여부 판단 시 참고사항	<table><tr><th>공제종류</th><th colspan="2">공제금액(한도)</th></tr><tr><td>주택마련저축</td><td>저축불입액의 40%</td><td rowspan="2">300만원
	한도</td></tr><tr><td>주택임차차입금원리금</td><td>원리금상환액의 40%</td></tr><tr><td>장기주택저당차입금이자상환</td><td colspan="2">이자상환액(한도 1,000만원)</td></tr></table> 1,000만원 한도
	※ 만기 30년 이상의 장기주택저당차입금 이자상환이 있는 경우 1,500만원 한도
	  만기 15년 이상 & 고정금리 & 거치식 분할상환이 있는 경우 1,800만원 한도
	  만기 10년 이상 & 고정금리 & 거치식 분할상환이 있는 경우 300만원 한도
	• 무주택세대주인 경우(장기주택저당차입금 상환액 : 국민주택규모 1주택 세대주 가능)에만 공제 가능

■ 입력 시 유의사항
1. 주택임차 차입금 원리금 상환액 공제의 대출기관(은행 등), 거주자(개인)는 차입대상자를 의미한다.
2. 장기주택저당차입금은 이자만 입력하여야 한다.
3. 주택차입금이자세액공제 대상은 세액공제란에 입력하여야 한다.

(2) 그 밖의 소득공제의 주택마련저축 소득공제

정산명세	소득명세	소득공제	의료비	기부금	신용카드	연금투자명세	월세액명세
그 밖 의 소 득 공 제	40. 주택마련저축	가. 청약저축 >		69. 월세액 >			
		나. 주택청약종합저축 >					
		다. 근로자주택마련저축 >					
	41. 투자조합출자 등 >						
	42. 신용카드등 19,150,000 >		1,260,000				
	43. 우리사주조합 출연금 >						
	44. 고용유지중소기업근로자 >						
				70. 세 액 공 제 계			2,892,909
	45. 장기집합투자증권저축 >			71. 결 정 세 액(49-54-70)			1,233,778
	46. 그 밖의 소득 공제 계		1,260,000	81. 실 효 세 율(%) (71/21)×100%			1.9%

구분	내용
주택마련저축 소득공제	주택마련저축의 연간 총 불입액을 입력한다. 가. 청약저축, 나. 주택청약종합저축, 다. 근로자주택마련저축 중 구분하여 입력한다. ※ 무주택세대주인 경우에만 공제 가능 **주택마련저축 공제** | 구분 | 금융회사등 | 계좌번호 | 불입금액 | 1. 청약저축 2. 주택청약종합저축 3. 근로자주택마련저축 청 약 저 축 합 계 ※ 청약저축 및 주택청약종합저축 소득공제금액은 주택청약종합저축계 　총급여 7천만원 이하이고 세대주만 해당됨 근로자주택마련저축 합　　계

실습예제

다음 자료를 [근로소득원천징수영수증]의 해당란에 입력하시오.

장기주택저당차입금 이자상환액공제 증빙자료

2022년 귀속 소득공제증명서류 : 기본(취급기관별)내역
[장기주택저당차입금 이자상환액]

■ 차입자 인적사항

성 명	주 민 등 록 번 호
김석주	591111-1******

■ 장기주택저당차입금 이자상환내역

(단위 : 원)

취급기관	대출종류	최초차입일 최종상환 예정일	상환기간	주택취득일 저당권설정일	연간합계액	소득공제 대상액
국민은행 (55-811-00***)	주택 담보대출	2022-07-16 2050-07-15	30년 (고정금리& 비거치식)	2022-07-16 2022-07-22	8,000,000	8,000,000
인별합계금액						8,000,000

주택마련저축 증빙자료

2022년 귀속 소득공제증명서류 : 기본(취급기관별)내역
[주택마련저축]

■ 계약자 인적사항

성 명	주 민 등 록 번 호
김석주	591111-1******

■ 주택마련저축 부담내역

취급기관	계좌번호	저축명	가입일자	납입금액 계
(주)국민은행 (203-85-72***)	92702401227230	청약저축	2007.01.03	1,200,000
인별합계금액				1,200,000

프로세스입력

❶ 장기주택저당차입금이자상환액 입력

주택자금

내 역				불입/상환액	공제대상금액
㉮청약저축(연 납입 240만원 한도)					
㉯주택청약종합저축(무주택확인서 제출후 연 납입 240만원 한도)					
㉰근로자 주택마련 저축(월 납입 15만원 한도), 연 180만원 한도)				1,200,000	480,000
40.주택마련저축(㉮~㉰) 연 400만원 한도				1,200,000	480,000
주택임차 차입금 원리금상환액	①대출기관				
	②거주자 (총급여액 5천만원 이하)				
34㉮. 주택임차차입금원리금상환액(①+②) 40+34㉮ <= 연 400만					
장기주택 저당차입금 이자상환액	2011년 이전 차입분	상환 15년미만(한도600)			
		상환 15년~29년(한도1,000)			
		상환 30년이상(한도1,500)			
	2012년 이후(15년 이상상환)	고정금리 or 비거치 (1,500)			
		기타상환(한도500)			
	2015년 이후 차입분	15년 이상 상환	고정and비거치 (한도1,800)	8,000,000	8,000,000
			고정or비거치 (한도1,500)		
			기타상환 (한도500)		
		10~15 년미만	고정금리or비거치(한도300)		
34㉯.장기주택저당차입금 이자 상환액계				8,000,000	8,000,000
합 계 (40+34㉮+34㉯)				9,200,000	8,480,000

❷ 근로자주택마련저축 입력

주택마련저축 공제

구분		금융회사등	계좌번호	불입금액
3.근로자주택마련저축	306	(주)국민은행	203-85-72111	1,200,000
청약저축합계		※ 청약저축 및 주택청약종합저축 소득공제금액은 총급여 7천만원 이하이고 세대주만 해당됨		
주택청약종합저축계				
근로자주택마련저축				1,200,000
합 계				1,200,000

내 역				불입/상환액	공제대상금액
㉮청약저축(연 납입 240만원 한도)					
㉯주택청약종합저축(무주택확인서 제출후 연 납입 240만원 한도)					
㉰근로자 주택마련 저축(월 납입 15만원 한도), 연 180만원 한도)				1,200,000	480,000
1.주택마련저축공제계(㉮~㉰) 연 400만원 한도				1,200,000	480,000
주택임차 차입금 원리금상환액	①대출기관				
	②거주자(총급여액 5천만원 이하)				
2.주택임차차입금원리금상환액계(①+②) 1 + 2 <= 연 400만원					
장기주택 저당차입금 이자상환액	2011년 이전 차입분	상환 15년미만(한도600)			
		상환 15년~29년(한도1,000)			
		상환 30년이상(한도1,500)			
	2012년 이후차입	고정금리 or 비거치 (1,500)			
		기타상환(한도500)			
	2015년 이후 차입분	15년 이상	고정and비거치 (한도1,800)	8,000,000	8,000,000
			고정or비거치 (한도1,500)		
			기타상환 (한도500)		
		10~15	고정금리or비거치(한도300)		
3.장기주택저당차입금 이자 상환액계				8,000,000	8,000,000
합 계 (1+2+3)				9,200,000	8,480,000

코드도움(F2) 삭제(F5) 확인(Tab)

Point 13. 신용카드 사용하면 무조건 공제되나요?

1 그 밖의 소득공제

소득공제	공제 항목	공제한도액
개인연금저축 소득공제	개인연금저축 불입액의 40% 공제	연 72만원
주택마련저축납입액 소득공제 (조특법§87②)	청약저축, 주택청약종합저축 납입액 근로자주택마련저축 납입액	불입액의 40% 연 120만원 월 15만원 이하
신용카드 등 사용금액 소득공제	사용액 중 총 급여액의 25%를 초과하는 금액의 30% (신용카드사용액은 15%)	① Min (총 급여액의 25%, 300만원) ② Min [(①의 한도초과액) (전통시장사용분, 100만원) (대중교통사용분, 100만원)]
중소기업창업투자조합출자 등 소득공제	2014.1.1. 이후 투자금액의 10% (벤처기업 투자 시 5천만원 이하 50%, 초과분 30%)	근로소득금액의 50%
소기업·소상공인 공제부금 소득공제	노란우산공제 불입액	소득금액 4천만원 이하 : 연 500만원 4천만원~1억 원 : 연 300만원 1억 원 초과 : 연 200만원
우리사주조합 출자에 대한 소득공제	조합원이 자사주 취득 목적으로 출자한 금액	연 400만원
우리사주조합 기부금	우리사주조합원이 아닌 근로자가 우리사주조합에 기부하는 기부금	근로소득금액의 30%
고용유지중소기업 소득공제	근로자에 대하여 임금 삭감액의 50%	1천만원
장기집합투자증권 저축소득공제	저축납입액의 40% (가입 시 직전 과세 기간의 총 급여액 5,000만원 이하이며, 해당 과세 기간 8,000만원 이하 근로자)	연 240만원

2 신용카드등 사용금액 소득공제

근로소득자가 신용카드 등을 사용하는 경우 연간 총 급여액의 25%를 초과하는 금액 중 신용카드 등 사용금액의 15%(직불카드 등은 30%)에 상당하는 금액을 당해 과세년도의 근로소득금액에서 공제한다. (다만, 총 급여액의 20%와 연간 300만원 중 적은 금액을 한도로 기본공제하고, 기본한도 초과분에 대하여는 전통시장과 대중교통사용분이 있는 경우 각각 100만원을 한도로 추가한도를 부여한다.)

(1) 신용카드 등 사용금액과 공제금액

구분	내용					
신용카드 등 사용금액	해당 과세 기간의 근로 제공 기간에 사용한 금액의 합계액 ① 여신전문금융업법 제2조의 규정에 의한 신용카드를 사용하여 그 대가로 지급하는 금액 ② 현금영수증에 기재된 금액(현금거래사실을 확인받은 것을 포함) ③ 여신전문금융업법 제2조의 규정에 의한 직불카드 또는 기명식선불카드를 직불전자지급수단, 기명식선불전자지급수단, 기명식전자화폐를 사용하여 그 대가로 지급하는 금액					
공제금액	사용액 구분	지출액	최소지출액(B)	공제대상액(C)	공제율(D)	공제액(E) = (C × D)
	전통시장	×××		① 순위　×××	40%	×××
	대중교통	×××		① 순위　×××	40%	×××
	직불·선불카드 등	×××		② 순위　×××	30%	×××
	신용카드	×××		③ 순위　×××	15%	×××
	계	지출계(A)	총 급여 25%(B)	(A) − (B)를 순위별로		×××
공제한도	① 기본한도 = (E)금액 합계액과 연 300만원 중 적은 금액 ② 추가한도(기본한도 초과액이 있고, 전통시장이나 대중교통 사용액이 있는 경우) 　= 기본한도 초과액과 [전통시장 공제액(연간 100만원 한도) + 대중교통 공제액(연간 100만원 한도)] 중 적은 금액					

(2) 신용카드 등 사용금액에 포함하는 금액

근로소득이 있는 거주자의 배우자 또는 직계존비속(배우자의 직계존속 포함)으로서 다음에 해당하는 자의 신용카드 등 사용금액은 당해 거주자의 신용카드 등 소득공제금액에 이를 포함할 수 있음.

① 거주자의 배우자로서 연간 소득금액의 합계액이 100만원 이하인 자
② 거주자와 생계를 같이하는 직계존비속으로서 연간 소득금액의 합계액이 100만원 이하인 자. 직계존비속에는 배우자의 직계존속과 동거입양자를 포함하되, 다른 거주자의 기본공제를 적용받는 자는 제외

※ 다만, 기본공제 대상자인 형제자매의 신용카드 등 사용금액은 공제 대상 사용금액에 포함되지 아니한다.

(3) 신용카드 등 사용금액에서 제외되는 금액

구 분	내 용
사업 관련 비용	사업소득과 관련된 비용 또는 법인의 비용
비정상적사용액	물품의 판매 또는 용역의 제공을 가장하는 등 신용카드·직불카드·직불전자 지급수단·기명식선불카드·기명식선불전자지급수단·기명식전자화폐 또는 현금영수증의 비정상적인 사용 행위에 해당하는 경우
자동차구입비용	신규로 출고되는 자동차를 2002년 12월 1일 이후 신용카드·직불카드·직불전자지급 수단·기명식선불카드·기명식선불전자지급수단·기명식전자화폐 또는 현금영수증으로 구입하는 경우
보험료 및 공제료	「국민건강보험법」 또는 「노인장기요양보험법」, 「고용보험법」에 따라 부담하는 보험료, 「국민연금법」에 의한 연금보험료 및 각종 보험계약(생명보험, 손해보험, 우체국보험, 군인공제회 등)의 보험료 또는 공제료
교육비	「유아교육법」, 「초·중등교육법」, 「고등교육법」 또는 특별법에 의한 학교(대학원 포함) 및 「영유아보육법」에 의한 보육시설에 납부하는 수업료·입학금·보육비용 기타 공납금
공과금	정부·지방자치단체에 납부하는 국세·지방세, 전기료·수도료·가스료·전화료(정보사용료, 인터넷 이용료 등을 포함)·아파트관리비·텔레비전시청료(종합유선방송법에 의한 종합유선방송의 이용료 포함) 및 고속도로통행료
유가증권구입	상품권 등 유가증권 구입비
자동차 리스료	「여객자동차운수사업법」에 의한 자동차대여사업의 자동차대여료를 포함한 리스료
자산의 구입비용	「지방세법」에 의하여 취득세 또는 등록세가 부과되는 재산의 구입비용(주택, 자동차 등)
국가·지자체에 지급하는 수수료 등	「부가가치세법시행령」 제38조 제1호 및 제3호에 해당하는 업종 외의 업무를 수행하는 국가·지방자치단체 또는 지방자치단체조합(「의료법」에 따른 의료기관 및 「지역보건법」에 따른 보건소는 제외한다.)에 지급하는 사용료·수수료 등의 대가
금융용역 관련 수수료	차입금 이자상환액, 증권거래수수료 등 금융·보험용역과 관련한 지급액, 수수료, 보증료 및 이와 비슷한 대가
정치자금 기부금	「정치자금법」에 따라 정당(후원회 및 각급 선거관리위원회 포함)에 신용카드, 직불카드, 기명식선불카드, 직불전자지급수단, 기명식선불전자지급수단 또는 기명식전자화폐로 결제하여 기부하는 정치자금(조세특례제한법 제76조에 따라 세액공제 및 소득공제를 적용받은 경우에 한함.)
법정·지정기부금	기부금단체에 신용카드로 기부하는 경우
월세 세액공제액	「소득세법」 제52조 제4항 제2호에 따라 세액공제를 적용받은 월세액

(4) 비정상적인 사용 행위

① 물품 또는 용역의 거래 없이 이를 가장하거나 실제 매출금액을 초과하여 신용카드 등에 의한 거래를 하는 행위
② 신용카드 등을 사용하여 대가를 지급하는 자가 다른 신용카드 등 가맹점 명의로 거래가 이루어지는 것을 알고도 신용카드 등에 의한 거래를 하는 행위이다. 이 경우 상호가 실제와 달리 기재된 매출전표 등을 발급받은 때에는 그 사실을 알고 거래한 것으로 본다.

(5) 신용카드 등으로 사용한 특별공제 비용 중 이중공제 가능 여부

구분	특별공제항목	신용카드공제
① 신용카드로 결제한 의료비	의료비 세액공제 가능	신용카드공제 가능
② 신용카드로 결제한 보장성 보험료	보험료 세액공제 가능	신용카드공제 불가능
③ 신용카드로 결제한 사설학원비(아래 ④ 취학 전 아동 제외)	교육비 세액공제 불가	신용카드공제 가능
④ 신용카드로 납부한 취학 전 아동의 학원비 및 체육시설 수강료(1주 1회 이상 월 단위로 실시하는 교습과정에 한함.	교육비 세액공제 가능	
⑤ 신용카드로 결제한 교복구입비	교육비 세액공제 가능	신용카드공제 가능
⑥ 신용카드로 결제한 기부금	기부금 세액공제 가능	신용카드공제 불가

〈잘못 공제한 사례〉
- 현금 인출분을 신용카드 사용금액으로 공제
- 사업 관련 경비로 처리된 종업원 명의의 신용카드사용금액을 공제
- 신용카드 사용액에서 제외되는 보험료 납입 등에 사용한 신용카드금액을 부당하게 공제
- 위장가맹점과의 거래분을 신용카드사용금액으로 부당하게 공제
- 부양가족공제 대상인 형제·자매가 사용한 신용카드사용금액 공제
- 기본공제는 부 가 받고, 그 기본공제 대상자가 사용한 신용카드금액을 모가 공제한 경우

(6) 공제 신청 방법

신용카드 등 사용금액에 대한 소득공제를 받고자 하는 경우 「신용카드 등 사용금액 확인서」와 「신용카드 등 소득공제 신청서」에 의해 공제금액을 계산하고, 해당 소득 공제금액을 「근로소득자공제신고서」에 기재한다.

3 국세청 중점확인사항 - 소득공제

구 분	중점 확인사항
신용카드소득공제	① 기본공제대상자인 형제자매의 신용카드 등 사용금액을 제외하였는지 확인 ② 연간소득금액이 100만원(근로소득만 있는 자는 총급여 500만원)을 초과한 배우자 등의 신용카드 등 사용금액을 제외하였는지 확인 ③ 사업관련 경비로 처리된 종업원 명의의 신용카드 등 사용금액을 제외하였는지 확인
신용카드 과다공제 검토	① 형제자매(기본공제대상자 포함)가 사용한 신용카드 등 사용금액은 공제 불가능 ② 연간소득금액이 100만원(근로소득만 있는 자는 총급여 500만원)을 초과한 배우자 등의 신용카드 등 사용금액은 공제 불가능 ③ 맞벌이 부부가 자녀의 신용카드 등 사용금액을 중복으로 공제 불가능 ※ 신용카드는 사용자(명의자) 기준으로 소득공제 적용(가족카드의 경우 결제자 기준이 아닌 사용자 기준으로 소득공제)

※ 2021년귀속 원천징수의무자를 위한 연말정산 신고안내. 국세청

4. 연말정산 근로소득원천징수영수증 - 정산명세

`근로/연말` > `연말정산관리 I` > `연말정산 근로소득 원천징수영수증`

[신용카드Tab]에서 공제대상자별로 금액을 입력하면 [정산명세]의 42.신용카드등 항목에 금액이 반영된다.

정산명세	소득명세	소득공제	의료비	기부금	신용카드	연금투자명세	월세액명세

구분			내용	
	40.주택마련저축	가.청약저축		
		나.주택청약종합저축		
그밖의소득공제		다.근로자주택마련저축		
	41.투자조합출자 등			
	42.신용카드등	19,150,000		1,260,000
	43.우리사주조합 출연금			
	44.고용유지중소기업근로자			
	45.장기집합투자증권저축		70.세 액 공 제 계	2,892,909
	46.그 밖의 소득 공제 계		71.결 정 세 액(49-54-70)	1,233,778
			1,260,000	81.실 효 세 율(%) (71/21)×100%	1.9%

구분	내용
신용카드 등 소득공제	근로소득자가 신용카드 등을 사용하는 경우 연간 총 급여액의 25%를 초과하는 금액 중 일정 금액을 해당 과세년도의 근로소득금액에서 공제한다. 전통시장 사용분과 대중교통 이용분에 대하여는 공제한도 300만원을 초과하는 금액이 있는 경우 한도초과금액과 전통시장 사용분 및 대중교통 이용분 중 적은 금액(연간 각각 100만원 한도)을 추가 공제한다. 공제금액 = ① + ② + ③ + ④ + ⑤ ① 전통시장 사용분 × 40% ② 대중교통 이용분 × 40% ③ 현금영수증, 직불·선불카드 사용분 × 30% ④ 신용카드 사용분 × 15% ⑤ 다음의 어느 하나에 해당하는 금액 • 최저사용금액(총 급여액 25%)≤신용카드사용분 : 최저사용금액 × 15% • 최저사용금액(총 급여액 25%)>신용카드사용분 : 신용카드사용분 × 15% + (최저사용금액 - 신용카드사용분) × 30% - 공제한도 : min(연간 300만원, 총 급여액의 20%) - 다만, 한도초과 금액이 있는 경우 한도초과금액과 전통시장사용분, 대중교통 이용분의 합계액(① + ②) 중 적은 금액(①과 ②의 금액은 각각 연간 100만원을 한도로 함)을 소득공제금액에 추가한다. ※ 총 급여액은 연간급여액에서 비과세소득을 차감한 금액임.
공제여부 판단 시 참고사항	• 부양가족의 소득금액 제한은 있으나 나이 제한이 없음. • 형제자매의 신용카드 사용액은 공제 불가능 • 무기명 선불카드의 사용액은 공제 불가능 • 위장가맹점과 거래분은 공제 불가능 • 부양가족 중 기본공제는 다른 사람이 받고 신용카드사용액만 본인이 받을 수 없음. • 사업관련 경비로 처리된 종업원 명의의 신용카드사용액은 공제 불가능

구분	내용
■ 입력 시 유의사항 　1. 신용카드 등 = 신용카드 사용금액 　2. 직불카드 = 직불·선불카드 + 현금영수증 등 사용금액 　3. 전통시장사용액 = 전통시장 사용금액 　4. 대중교통이용액 = 대중교통 이용금액 　5. 신용카드 공제 대상이 아닌 사업 관련 경비 등을 차감한 금액을 입력하여야 한다.	

자주 묻는 질문 신용카드 소득공제

Q 신용카드(현금영수증)를 사용한 의료비에 대하여 의료비공제를 적용받은 경우 신용카드공제를 적용받을 수 있나요?

A 의료비공제와 신용카드 등 사용금액에 대한 소득공제를 모두 적용받을 수 있습니다.

Q 아내가 올해 4월말에 직장을 그만두어 현재 전업 주부인데, 아내가 사용한 신용카드 금액을 근로자인 내가 공제받을 수 있는지요?

A 아내의 연간 소득금액 합계액이 100만원 이하인 경우 공제받을 수 있습니다.
  • 질문의 경우, 아내가 연도 중에 퇴직하였고 다른 소득이 없다면, 퇴직할 때까지 발생한 근로소득금액(총 급여액에서 근로소득공제액 차감한 금액)과 퇴직소득금액의 합계액이 100만원 이하인 경우 남편이 공제받을 수 있습니다.
  • 아내의 연간 소득금액 합계액이 100만원을 초과하는 경우 남편의 근로소득에서 공제받을 수 없으며, 이 경우 아내가 퇴직 전에 사용한 신용카드 금액에 한하여 아내 자신의 근로소득금액에서 공제받을 수 있습니다.

Q 교육비 지급 시 현금영수증으로 결제한 경우 교육비 공제 및 신용카드공제 모두 가능한지요?

A 「유아교육법」, 「초·중등교육법」, 「고등교육법」 또는 특별법에 의한 학교(대학원을 포함) 및 「영유아보육법」에 의한 보육 시설에 납부하는 수업료·입학금·보육비용 기타 공납금의 경우 신용카드 등 사용금액에 대한 소득공제가 허용되지 않습니다.
  • 취학 전 아동이 다니는 학원, 체육시설의 수강료에 대해 현금영수증 발급 시 교육비공제(이 경우 교육비납입증명서를 증빙서류로 제출하여야 함.)와 신용카드 등 사용금액 공제가 가능합니다.

Q 가족카드의 경우 대금지급자(결제자) 기준으로 공제를 하는 것인지, 아니면 카드 사용자 기준으로 공제를 하는 것인지요?

A 사용자 기준으로 소득공제를 적용합니다. 예를 들어, 맞벌이 부부로서 부인명의로 발급받은 가족카드 사용액을 남편이 결제하는 경우 해당 사용 금액에 대하여는 부인이 소득공제를 받을 수 있습니다.

실습예제

다음 자료를 [연말정산 근로소득원천징수영수증]의 해당란에 입력하시오.

신용카드등 소득공제 증빙자료

2022년 귀속 소득·세액공제증명서류 : 기본(지출처별)내역 [직불카드 등]

■ 사용자 인적사항

성 명	주 민 등 록 번 호
김석주	591111-1******

■ 신용카드 등 사용금액 집계

일반	전통시장분	대중교통이용분	도서공연 등	합계금액
5,210,100	0	75,300	0	5,285,400

■ 신용카드 사용내역

(단위 : 원)

구분	사업자번호	상호	종류	공제대상금액합계
직불카드	202-81-48***	우리카드 주식회사	일반	5,210,100
직불카드	202-81-48***	우리카드 주식회사	대중교통	75,300
인별합계금액				5,285,400

 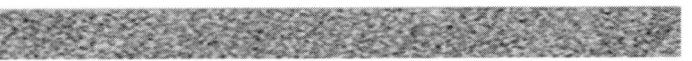

2022년 귀속 소득·세액공제증명서류 [신용카드]

■ 사용자 인적사항

성 명	주 민 등 록 번 호
김석주	591111-1******

■ 신용카드등 사용금액 집계

일반	전통시장 사용분	대중교통 이용분	도서, 공연 등	합계금액
29,288,237	0	0		29,324,237

직원신용카드 경비사용명세서

회사명 : (주)연말정산 2022년 연말정산

인사코드	사원명	회계코드	카드사용금액	근무기간		
1001	김석주	1001	36,000	2022.01.01	~	2022.12.31
2001	차영우	1002		2022.01.01	~	2022.12.31
계속근무자		2명	36,000원			
퇴사자		0명	0원			
합계		2명	36,000원			

프로세스입력

❶ 신용카드 Tab

신용카드 사용액 29,324,237원 중 법인경비 사용액 36,000원을 차감한 금액을 입력한다.

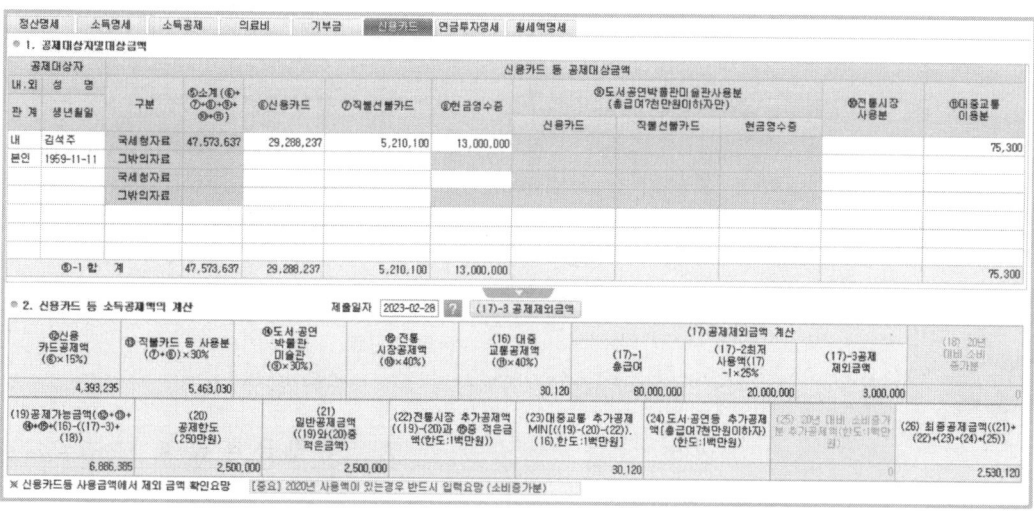

❷ 정산명세Tab

노란우산공제도 세금절약 된다

1 소기업·소상공인 공제부금 소득공제

> 소득공제액 = Min(해당 연도의 공제부금 납입액, 300만원)

거주자가 「중소기업협동조합법」 제115조에 따른 소기업·소상공인공제(중소기업중앙회가 운영하는 '노란우산공제', www.8899.or.kr 참조)에 가입하여 납부하는 공제부금(분기별로 300만원까지 불입 가능)에 대해서는 해당 년도의 공제부금 납부액과 300만원 중 적은 금액을 해당 연도의 종합소득금액에서 공제한다.

구분	법인의 대표자	개인사업자
공제 시기	연말정산 시	종합소득 과세표준 확정신고 시
공제 한도	근로소득금액 4천만원 이하 500만원, 1억 원 이하 300만원, 1억 초과 200만원	
제출서류	공제부금납입증명서 연말정산간소화 서비스에서 소득공제 증빙서류 제공	

2016년 이후 가입하는 분부터는 사업소득에서 공제하고 폐업 등으로 해지하는 경우 퇴직소득으로 과세한다.

2 연말정산 근로소득원천징수영수증 - 정산명세

> 근로/연말 > 연말정산관리 I > 연말정산 근로소득 원천징수영수증

정산명세Tab의 39.소기업소상공인공제부금란에 공제대상 지출액을 입력한다.

구분	내용
소기업 등 공제부금 소득공제	근로자인 거주자가 '중소기업협동조합법' 제115조에 따른 소기업·소상공인공제에 가입하여 납부하는 공제부금(노란우산공제 불입액)에 대하여는 해당년도의 공제부금납부액과 300만원 중 적은 금액을 해당 년도의 종합소득금액에서 공제한다. 소기업공제부금소득공제 내 역 | 지 출 액 | 공 제 대 상 금 액 소기업공제부금소득공제 ※ 작성방법 및 한도 소기업공제부금소득공제 = 지출액(단, 300만원 한도) 확인

Point 15. 임금이 삭감되어도 고용유지되면 혜택받아요

1. 고용유지중소기업 근로자 소득공제

경영상 어려움에도 불구하고 고용을 유지하는 중소기업에 대하여 일정 요건을 충족(법인인 경우는 각 사업 년도 소득, 개인인 경우 종합소득금액에서 공제)하는 경우 해당 중소기업의 근로자에게는 근로소득공제를 지원해 주는 규정이다.

(1) 고용유지중소기업 근로자 소득공제

「중소기업기본법」 제2조에 따른 중소기업으로서 경영상 어려움에도 사업주와 근로자대표 간의 합의에 의하여 임금을 감소하여 고용을 유지하는 경우 종합소득금액에서 임금삭감액의 100분의 50을 2022년 12월 31일이 속하는 과세년도까지 1천만원을 한도로 공제한다.

$$[\text{직전 과세년도의 해당 근로자 연간 임금총액} - \text{해당 과세년도의 해당 근로자 연간 임금총액}] \times 50\%$$

(2) 공제요건

구분		기업	근로자
요건	경영상 어려움	다음에 해당하는 요건 중 하나 이상 충족 - 해당년도 매출액이 직전년도 대비 10% 이상 감소 - 해당년도 생산량이 직전년도 대비 10% 이상 감소 - 해당년도 월평균재고량이 직전년도 대비 50% 이상 증가	
	상시근로자 유지요건	해당년도의 상시 근로자 인원이 직전년도 대비 감소하지 않았을 것	
	임금감소	해당 과세년도의 상시근로자 1명당 연간 임금총액이 직전 과세년도에 비하여 감소된 경우	
상시 근로자	범위	근로기준법상 근로계약을 체결한 근로자 * 다만, 임원, 근로계약기간 1년 미만자, 최대주주 및 그 배우자·직계존비속 등은 제외	
	인원산정 방법	직전 또는 해당년도의 매월 말일 현재의 상시 근로자 수를 합하여 직전 또는 해당년도의 월수로 나누어 산정한 인원수	
	1인당 연간 임금총액 산정방법	- (임금) 통상임금과 정기상여금 등 고정급 성격의 급여 - (1인당 연간임금액) 직전 또는 당해 연도에 상시근로자에게 지급된 연간 임금총액의 합계액을 직전 또는 해당 년도 상시근로자수로 나눈 금액	

구분	기업	근로자
공제금액	(직전과세년도 상시근로자 1인당 연간 임금총액 − 해당 과세년도 상시근로자 1인당 연간 임금총액) × 해당과세년도 상시근로자수 × 50%	(직전 과세년도의 해당 근로자 연간 임금총액 − 해당 과세년도의 해당 근로자 연간 임금총액) × 50%
공제한도	−	연 1천만원

(3) 신청 시 제출서류

해당 기업에서 소득세 또는 법인세 과세표준신고와 함께 '고용유지중소기업 소득공제신청서'에 경영상 어려움, 사업주와 근로자 대표 간 합의증명 관련 서류를 첨부하여 관할 세무서장에게 제출한다.

2 연말정산 근로소득원천징수영수증 - 정산명세

근로/연말 > 연말정산관리 I > 연말정산 근로소득 원천징수영수증

구분	내용
고용유지 중소기업소득공제	고용유지 중소기업 상시근로자 임금 삭감액을 입력한다. (직전년도 임금총액 − 해당년도 임금총액) × 50% ⇒ 1,000만원 한도

Point 16 펀드와 투자금도 소득공제 받을 수 있습니다.

1 장기집합투자증권 소득공제

집합투자증권은 투자신탁의 수익증권, 투자회사(뮤추얼펀드) 주식 등과 같이 투자자로부터 자금을 모아 자산운용회사가 운용하고 그 결과를 분배하는 금융상품으로 원본손실 가능성이 있어 금융투자상품에 해당한다.

근로소득이 있는 거주자(일용근로자는 제외한다.)가 다음 각 호의 요건을 모두 갖춘 저축(이하 이 조에서 "장기집합투자증권저축"이라 한다.)에 2015년 12월 31일까지 가입하는 경우 가입한 날로부터 10년 동안 각 과세기간에 납입한 금액의 100분의 40에 해당하는 금액을 해당 과세 기간의 근로소득금액에서 공제(해당 과세기간의 근로소득금액을 한도로 한다.)한다.

구 분	내 용
장기집합투자증권저축요건	① 장기집합투자증권저축 가입자가 가입 당시 직전 과세기간의 총 급여액이 5천만원 이하인 근로소득이 있는 거주자일 것(직전 과세기간에 근로소득만 있거나 근로소득 및 종합소득과세표준에 합산되지 않는 종합소득이 있는 경우로 한정한다.) ② 자산총액의 100분의 40 이상을 국내에서 발행되어 국내에서 거래되는 주식(「자본시장과 금융투자업에 관한 법률」에 따른 증권시장에 상장된 것으로 한정한다.)에 투자하는 「소득세법」 제17조 제1항 제5호에 따른 집합투자기구의 집합투자증권 취득을 위한 저축일 것 ③ 장기집합투자증권저축 계약 기간이 10년 이상이고 저축가입일부터 10년 미만의 기간 내에 원금·이자·배당·주식 또는 수익증권 등의 인출이 없을 것 ④ 적립식 저축으로서 1인당 연 600만원 이내(해당 거주자가 가입한 모든 장기집합투자증권저축의 합계액을 말한다.)에서 납입할 것
가입시한	2015. 12. 31까지 가입
소득공제액	과세 기간에 납입한 금액의 40%
소득공제한도	연 240만원 한도
소득공제의 배제	① 해당 과세 기간에 근로소득만 있거나 근로소득 및 종합소득과세표준에 합산되지 않는 종합소득이 있는 경우로서 총급여액이 8천만원을 초과하는 경우 ② 해당 과세 기간에 근로소득이 없는 경우

2 연말정산 근로소득원천징수영수증-정산명세

> 근로/연말 > 연말정산관리 I > 연말정산 근로소득 원천징수영수증

| 정산명세 | 소득명세 | 소득공제 | 의료비 | 기부금 | 신용카드 | 연금투자명세 | 월세액명세 |

그밖의소득공제	40. 주택마련저축	가. 청약저축					
		나. 주택청약종합저축					
		다. 근로자주택마련저축					
	41. 투자조합출자 등						
	42. 신용카드등	19,150,000		1,260,000			
	43. 우리사주조합 출연금						
	44. 고용유지중소기업근로자						
	45. 장기집합투자증권저축						

69. 월세액		
70. 세 액 공 제 계		2,892,909
71. 결 정 세 액(49-54-70)		1,233,778

3 중소기업 창업투자조합출자 등 소득공제

구분	내용
공제대상조합 등	다음에 해당하는 조합 등에 2014.1.1. 이후 출자 또는 투자 • 중소기업창업투자조합 • 한국벤처투자조합 • 신기술사업투자조합 • 부품·소재전문투자조합 • 벤처기업투자신탁 (자산의 50% 이상을 벤처기업에 투자)
공제 시기	출자일 또는 투자일이 속하는 과세년도부터 출자 또는 투자 후 2년이 되는 날이 속하는 과세년도까지 거주자가 선택하는 1과세년도

소득공제	① 투자금액 10% 소득공제
	② 벤처조합, 벤처기업 출자 또는 투자금액이 5,000만원 이하분 50%
	    5,000만원 초과분 30% 소득공제
	    * 공제받는 세액에 대하여 20%를 농어촌특별세로 납부해야 함.

공제한도	종합소득금액의 50% (단, 2014. 1. 1. 이전에 투자한 경우 종합소득금액의 40%)
추징 및 예외 사유	보유기간 5년 미만 보유하고 매각 시 공제세액 추징 다만, 다음의 사유에 의한 경우 추징하지 아니함. • 출자자 또는 투자자의 사망 • 해외이주법에 의한 해외 이주로 세대 전원이 출국하는 경우 • 천재·지변으로 재산상 중대한 손실이 발생하는 경우 • 중소기업창업투자조합 등이 해산하는 경우
공제신청 방법	소득공제신청서에 출자 또는 투자확인서를 첨부하여 신청한다.

4 연말정산 근로소득원천징수영수증 - 정산명세

근로/연말 > 연말정산관리 I > 연말정산 근로소득 원천징수영수증

구분	내용
투자조합출자액 소득공제	근로자인 거주자 본인이 투자조합 등 출자(투자)의 범위에 해당하는 직접 출자 또는 투자액이 있는 경우에 입력한다.

5 우리사주조합소득공제

소득공제		공제항목	공제한도액
우리사주 조합출연금	출 연 금	우리사주 취득을 위해 우리사주조합에 출연한 출연금	연 400만원 (벤처기업 1,500만원)

6. 연말정산 근로소득원천징수영수증 - 정산명세

> 근로/연말 > 연말정산관리 I > 연말정산 근로소득 원천징수영수증

| 정산명세 | 소득명세 | 소득공제 | 의료비 | 기부금 | 신용카드 | 연금투자명세 | 월세액명세 |

	40. 주택마련저축	가.청약저축			69.월세액		
그 밖의 소득공제		나.주택청약종합저축					
		다.근로자주택마련저축					
	41.투자조합출자 등						
	42.신용카드등	19,150,000		1,260,000			
	43.우리사주조합 출연금						
	44.고용유지중소기업근로자						
					70.세 액 공 제 계		2,892,909
	45.장기집합투자증권저축				71.결 정 세 액(49-54-70)		1,233,778

구분	내용
우리사주조합 소득공제	근로자복지기본법에 의한 우리사주조합원이 자사주를 취득하기 위하여 노동법에 의한 우리사주조합에 출연한 금액을 입력한다. ※ 공제금액 : 당해 연도의 출연금액과 400만원 중 적은 금액 **우리사주조합소득공제** | 내 역 | 지 출 액 | 공제대상금액 | | 우리사주 조합출연금(일반) | | | | 우리사주 조합출연금(벤처) | | | | 합 계 | | | ※ 작성방법 및 한도 　우리사주조합소득공제 = 지출액(출연금) 400만원 한도 　(단, 벤처기업 등은 1,500만원 한도[조특법 §16 ① 3])

근로자이면 무조건 공제되는 근로소득세액공제

1. 소득세 소득공제 종합한도

구분	내용
소득공제 종합한도 초과액	거주자의 종합소득에 대한 소득세를 계산할 때 공제금액의 합계액이 2,500만원을 초과하는 경우 그 초과하는 금액은 없는 것으로 한다.
	- 종합한도 적용 특별공제 등 항목 • 주택자금공제(주택임차차입금원리금상환액, 장기주택저당차입금이자상환액) • 중소기업창업투자조합 출자 등 소득공제 → 2022년 출자분(개인투자조합과 벤처기업 등에 출자는 제외) • 소기업·소상공인 공제부금 소득공제 • 우리사주조합 출자 소득공제 • 주택마련저축(청약저축, 주택청약종합저축, 근로자우대저축) • 장기집합투자증권 저축 소득공제 • 신용카드 등 사용금액 소득공제

2. 근로소득 과세표준

근로소득과세표준 금액은 다음 산식에 의해 계산된 금액을 말한다.

> 과세표준 = 근로소득금액 – 인적공제 – 연금보험료공제 – 특별소득공제
> – 그밖의소득공제 + 소득공제종합한도초과액

3. 산출세액

> 산출세액 = 과세표준 × 기본세율

근로소득에 대한 소득세는 종합소득과세표준에 세율을 적용하여 계산한 금액을 종합소

득산출세액으로 계산한다.

과세표준		세　율
	1,200만원 이하	6%
1,200만원 초과	4,600만원 이하	15%
4,600만원 초과	8,800만원 이하	24%
8,800만원 초과	1억5천만원 이하	35%
1억5천만원 초과	3억 원 이하	38%
3억 원 초과	5억 원 이하	40%
5억 원 초과		42%

4 근로소득세액공제

근로소득이 있는 거주자에 대해서는 그 근로소득에 대한 종합소득 산출세액에서 근로소득 세액공제금액을 차감한다.

산출세액	세액공제금액
산출세액 130만원 이하 →	산출세액의 55%
산출세액 130만원 초과 →	71만5천 원 + 130만원 초과금액의 100분의 30 (50만원 한도)

※ 근로소득세액공제는 근로자의 신청 없이 원천징수 의무자가 연말정산 시에 공제세액을 계산한다. 따라서 소득공제신고서의 세액공제란에 별도 기재하지 않는다.

| 공제한도 |

총 급여액	공제한도
3,300만원 이하	74만원
3,300만원 초과 7,000만원 이하	Max(①,②) ① 74만원 − [(총 급여액 − 3,300만원) × 8/1,000] ② 66만원
7,000만원 초과	Max(①,②) ① 66만원 − [(총 급여액 − 7,000만원)×1/2] ② 50만원

5. 연말정산 근로소득원천징수영수증 – 정산명세

근로/연말 > 연말정산관리 I > 연말정산 근로소득 원천징수영수증

	정산명세	소득명세	소득공제	의료비		기부금	신용카드	연금투자명세	월세액명세
연금보험공제	31.국민연금보험료		>	2,475,000		세액공제구분			세액공제액
	32.공적연금보험공제	가.공무원연금	>			55.근 로 소 득		>	660,000
		나.군인연금	>		56 자녀세액공제	공제대상자녀	1_명		150,000
		다.사립학교교직원연금	>			출산입양	__명		
		라.별정우체국연금	>						
	33.보험	가.건강	2,103,750 >	2,103,750	연금계좌	57.과학기술인공제		>	
		나.고용	0 >			58.근로자퇴직급여보장법		>	
	34.주택 - 가.주택임차 차입금 원리금상환액	대출기관	>			59.연금저축		>	
		거주자	>			60.보장성보험	2,400,000 >		255,000

Point 18 중소기업에 취업한 청년이 소득세 절약하는 방법

1 중소기업에 취업자에 대한 소득세 감면

대통령령으로 정하는 청년, 60세 이상인 사람 및 장애인, 경력 단절 여성이 「중소기업기본법」 제2조에 따른 중소기업(비영리기업을 포함한다)으로서 대통령령으로 정하는 기업(이하 이 조에서 "중소기업체"라 한다)에 2012년 1월 1일(60세 이상인 사람 또는 장애인의 경우 2014년 1월 1일, 경력 단절 여성의 경우 2017년 1월 1일)부터 2022년 12월 31일까지 취업하는 경우 그 중소기업체로부터 받는 근로소득으로서 취업일로부터 3년이 되는 날이 속하는 달까지 발생한 소득에 대해서는 소득세의 70%(청년 90%)에 상당하는 세액을 감면한다. 이 경우 소득세 감면 기간은 소득세를 감면받은 사람이 다른 중소기업체에 취업하거나 해당 중소기업체에 재취업하는 경우에 관계없이 소득세를 감면받은 최초 취업일로부터 계산한다.(조특법 §30, 조특령 §27)

(1) 대통령령으로 정하는 청년

"대통령령으로 정하는 청년"이란 근로계약 체결일 현재 연령이 15세 이상~29세 이하인 사람을 말한다. 다만, 다음 각 호의 어느 하나에 해당하는 병역을 이행한 경우에는 그 기간(6년을 한도로 함.)을 근로계약 체결일 현재 연령에서 빼고 계산한 연령이 29세 이하인 사람을 포함한다.

① 「병역법」 제16조 또는 제20조에 따른 현역병(같은 법 제21조·제24조·제25조에 따라 복무한 상근예비역 및 경비교도·전투경찰순경·의무소방원을 포함)
② 「병역법」 제26조제1항제1호 및 제2호에 따른 공익근무요원
③ 「군인사법」 제2조제1호에 따른 현역에 복무하는 장교, 준사관 및 부사관
  ※ 「병역법」 제36조에 따른 전문연구요원·산업기능요원은 병역을 이행한 자로 보지 않음.

(2) 감면 제외대상 근로자

① 「법인세법 시행령」 제20조제1항제4호 각 목의 어느 하나에 해당하는 임원
② 해당 기업의 최대주주 또는 최대출자자(개인사업자의 경우에는 대표자를 말한다.)와 그 배우자
③ 제2호에 해당하는 자의 직계존속·비속(그 배우자를 포함한다) 및 「국세기본법 시행령」 제1조의2제1항에 따른 친족 관계인 사람

④ 「소득세법」 제14조제3항제2호에 따른 일용근로자
⑤ 다음 각 목의 어느 하나에 해당하는 보험료 등의 납부사실이 확인되지 아니하는 사람
　㉠ 「국민연금법」 제3조제1항제11호 및 제12호에 따른 부담금 및 기여금
　㉡ 「국민건강보험법」 제69조에 따른 직장가입자의 보험료

(3) 감면 대상 중소기업체

농업, 임업 및 어업, 광업, 제조업, 전기·가스·증기 및 수도사업, 하수·폐기물처리·원료재생 및 환경복원업, 건설업, 도매 및 소매업, 운수업, 숙박 및 음식점업(주점 및 비알코올 음료점업은 제외한다), 출판·영상·방송통신 및 정보서비스업(비디오물 감상실 운영업은 제외한다.), 부동산업 및 임대업, 연구·개발업, 광고업, 시장조사 및 여론조사업, 건축기술·엔지니어링 및 기타 과학기술서비스업, 기타 전문·과학 및 기술 서비스업, 사업시설 관리 및 사업지원 서비스업, 기술 및 직업훈련 학원, 사회복지 서비스업, 수리업을 주된 사업으로 영위하는 기업을 말한다. 다만, 국가, 지방자치단체(지방자치단체조합을 포함한다.), 「공공기관의 운영에 관한 법률」에 따른 공공기관 및 「지방공기업법」에 따른 지방공기업은 제외한다.

 제외 업종 예시

- 전문·과학 및 기술서비스업종 중 전문서비스업(법무관련, 회계·세무 관련 서비스업 등)
- 보건업(병원, 의원 등)
- 금융 및 보험업
- 예술, 스포츠 및 여가 관련 서비스업
- 교육서비스업(기술 및 직업훈련 학원 제외)
- 기타 개인 서비스업

(4) 감면 신청

구 분	내 용
근로자	'중소기업 취업자 소득세 감면신청서'(조특법 시행규칙 별지 제11호 서식)에 병역 복무기간을 증명하는 서류 등을 첨부하여 취업일이 속하는 달의 다음 달 말일까지 원천징수 의무자에게 제출하여야 한다.
원천징수의무자	그 신청을 한 근로자의 명단을 신청을 받은 날이 속하는 달의 다음 달 10일까지 원천징수 관할 세무서장에게 '중소기업 취업자 소득세 감면 대상 명세서'(조특법 시행규칙 별지 제11호의2 서식)를 제출하여야 한다. 이 경우 원천징수 의무자는 감면신청서를 제출받은 달의 다음 달부터 매월분의 근로소득에 대한 소득세를 원천징수하지 아니한다.
원천징수 관할세무서장	감면 신청을 한 근로자의 명단을 받은 경우 해당 근로자가 감면요건에 해당하지 아니하는 사실이 확인되는 때에는 원천징수 의무자에게 그 사실을 통지하여야 한다.

(5) 부적격 감면 사후관리

① 계속 근로자 원천징수 의무자는 그 부적격 통지를 받은 날 이후 근로소득을 지급하는 때에 당초 원천징수하였어야 할 세액에 미달하는 금액의 합계액에 100분의 105를 곱한 금액을 해당 월의 근로소득에 대한 원천징수세액에 더하여 원천징수하여야 한다.

② 퇴직 근로자 원천징수 의무자는 해당 근로자가 퇴직한 사실을 '중소기업 취업자 소득세 감면 부적격 대상 퇴직자 명세서'(조특법 시행규칙 별지 제11호의3 서식)에 의해 원천징수 관할 세무서장에게 통지를 하여야 하고, 해당 근로자의 주소지 관할 세무서장이 감면으로 과소 징수된 금액에 100분의 105를 곱한 금액을 해당 근로자에게 소득세로 즉시 부과·징수하여야 한다.

(6) 감면비율 적용 대상자

① 2014. 1. 1. 이후 중소기업에 (재)취업한 29세 이하 청년, 60세 이상인 사람, 장애인은 50% 적용한다.

② 2013. 12. 31. 이전 중소기업에 (재)취업한 29세 이하 청년으로서 해당 중소기업 계속근로자는 100% 적용한다.

(7) 감면세액 계산 등

1) 감면세액

중소기업체로부터 받는 근로소득(감면소득)과 그 외의 종합소득이 있는 경우 해당 과세기간의 감면세액은 다음 계산식에 따라 계산한 금액으로 한다.

$$\text{종합소득 산출세액} \times \frac{\text{근로소득금액}}{\text{종합소득금액}} \times \frac{\text{감면 대상 중소기업체로부터 받는 총 급여액}}{\text{해당 근로자의 총 급여액}} \times 50\%$$

2) 감면세액 적용 시 근로소득 세액공제

근로소득 세액공제를 적용할 때 감면소득과 다른 근로소득이 있는 경우(감면소득 외에 다른 근로소득이 없는 경우를 포함)에는 다음 계산식에 따라 계산한 금액을 근로소득 세액공제액으로 한다.

$$\text{세액공제액} = \text{「소득세법」 제59조 제1항에 따라 계산한 근로소득 세액공제액} \times (1 - \text{감면급여비율}^*)$$

* 감면급여비율 = 감면 대상 중소기업체에서 받는 근로소득이 해당 근로자의 총 급여액에서 차지하는 비율

■ 조세특례제한법 시행규칙 [별지 제11호의2서식] 〈개정 2022. 3. 16.〉

중소기업 취업자 소득세 감면 대상 명세서

1. 원천징수의무자	상 호		사업자등록번호	
	사업장소재지 (전화번호 :)		주업종코드	

2. 감면 적용 대상자 명단

성명	주민등록번호	취업일	취업자 유형	중소기업 취업 시 연령	병역근무기간 (6년을 한도로 함)	병역근무기간 차감 후 연령	감면기간	
							시작일	종료일
							시작일	종료일
							시작일	종료일
							시작일	종료일

「조세특례제한법」 제30조제3항 및 같은 법 시행령 제27조제6항에 따라 중소기업 취업자 소득세 감면 대상 명세서를 제출합니다.

년 월 일

원천징수의무자 (서명 또는 인)

세무서장 귀하

작성방법

1. "취업자 유형"은 '청년', '60세 이상 사람', '장애인', '경력단절여성' 으로 구분하여 적습니다.
2. "병역근무기간"과 "병역근무기간 차감 후 연령"은 취업자 유형이 '청년'인 경우 적습니다.
3. "감면기간"란에는 「조세특례제한법 시행규칙」 별지 제11호서식 「중소기업 취업자 소득세 감면신청서」의 ⑧·⑨란의 시작일과 종료일을 적습니다.
4. "주업종코드" 란에는 원천징수의무자의 주업종코드를 기재합니다.(「조세특례제한법 시행령」 제27조제3항 각 호에 따른 사업을 주된 사업으로 영위하는 중소기업으로부터 받은 근로소득만 감면대상입니다.)

210mm× 297mm[백상지 80g/㎡ 또는 중질지 80g/㎡]

2 연말정산 근로소득원천징수영수증 - 정산명세

(1) 사원등록

[사원등록]에서 관리사항의 14.중소기업취업감면여부의 해당기간을 확인 하고 '1.여.로 체크되어 있는지 검토한다.

(2) 연말정산 근로소득원천징수영수증

[정산명세Tab]의 52.중소기업취업자감면/조특30란에서 [>]를 클릭하여 표시되는 보조화면에서 [총급여불러오기]클 클릭하면 감면대상총급여액과 감면세액을 조회해 준다.

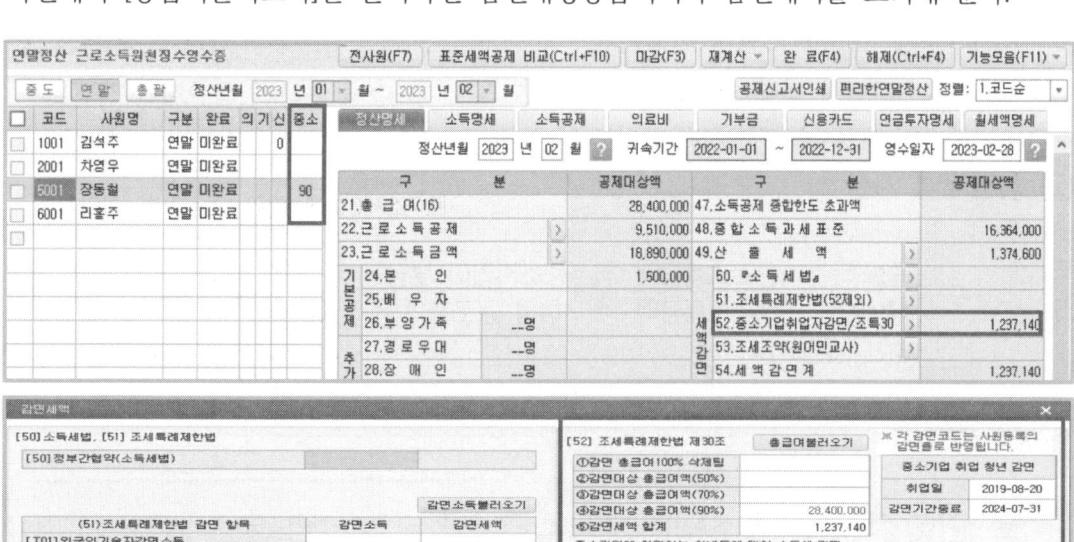

 **내일채움공제에 가입하고 세액감면받기**

1 중소기업 핵심인력 성과보상기금 수령액에 대한 소득세 감면

중소기업 인력지원 특별법에 따른 중소기업 핵심인력이 중소기업 핵심인력 성과보상기금의 공제사업(내일채움공제)에 2022. 12. 31.까지 가입하여 공제납입금을 5년 이상 납입하고 공제금을 수령하는 경우, 중소기업이 부담한 기여금에 대해서 근로소득으로 과세하되 소득세의 100분의 50(중견기업 30)에 상당하는 세액을 감면한다.

(1) 중소기업 핵심인력

① 직무 기여도가 높아 해당 중소기업의 대표자가 장기 재직이 필요하다고 지정한 근로자
② 감면 제외 대상 근로자
  • 해당 기업의 최대주주 또는 최대출자자(개인사업자의 경우에는 대표자를 말한다.)와 그 배우자
  • 제1호에 해당하는 자의 직계존속·비속(그 배우자를 포함한다.) 또는 제1호에 해당하는 사람과 국세기본법 시행령 제1조의 2 제1항에 따른 친족관계인 사람

(2) 감면세액 계산

$$\text{종합소득 산출세액} \times \frac{\text{근로소득금액}}{\text{종합소득금액}} \times \frac{\text{중소기업이 부담한 기여금}}{\text{해당 근로자의 총 급여액}} \times 50\%$$

* 중견기업은 30%

2 연말정산 근로소득원천징수영수증 - 정산명세

근로/연말 > 연말정산관리Ⅰ > 연말정산 근로소득 원천징수영수증

정산명세Tab의 51.조세특례제한법(52제외)를 클릭하면 표시되는 보조화면에서 [감면소득불러오기]하여 감면소득을 입력하면 감면세액이 계산된다.

[정산명세]Tab

구 분	공제대상액	구 분	공제대상액
21.총 급 여(16)	28,400,000	47.소득공제 종합한도 초과액	
22.근 로 소 득 공 제	9,510,000	48.종 합 소 득 과 세 표 준	16,364,000
23.근 로 소 득 금 액	18,890,000	49.산 출 세 액	1,374,600
기본공제 24.본 인	1,500,000	세액감면 50.『소 득 세 법』	
25.배 우 자		51.조세특례제한법(52제외)	
26.부 양 가 족 __명		52.중소기업취업자감면/조특30	1,237,140
추가 27.경 로 우 대 __명		53.조세조약(원어민교사)	
28.장 애 인 __명		54.세 액 감 면 계	1,237,140

[감면세액]

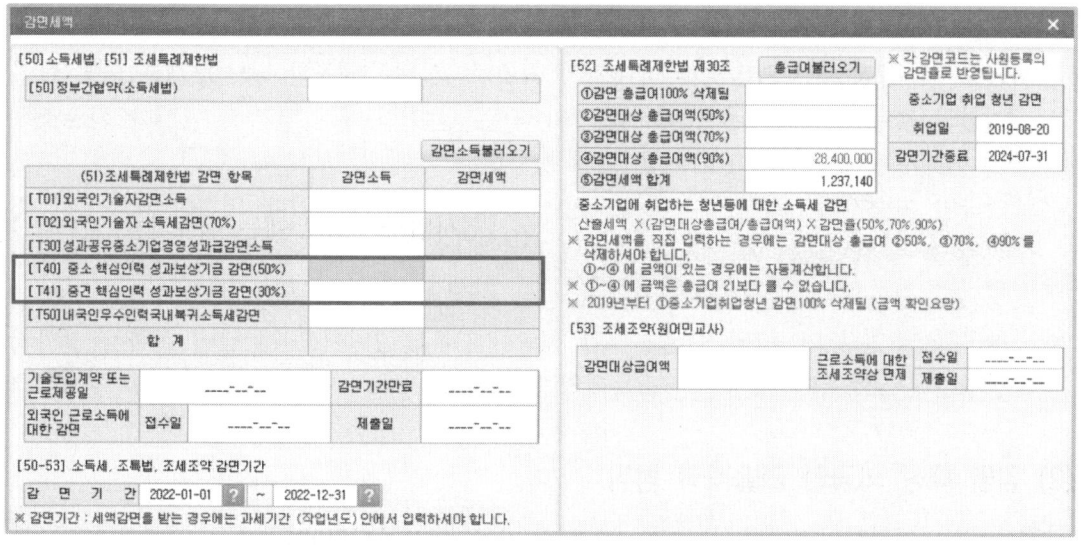

 **외국인 기술자가 소득세 절약하는 방법**

1 외국인 기술자에 대한 소득세 감면

법 소정 외국인 기술자의 근로소득에 대하여 근로를 제공한 날로부터 2년이 되는 날이 속하는 달까지 근로소득세의 100분의 50에 상당하는 세액을 감면한다.(조특법 §18)

(1) 감면 대상자

① 대통령령으로 정하는 외국인 기술자가 국내에서 내국인에게 근로를 제공하고 받는 근로소득은 외국인 기술자가 국내에서 최초로 근로를 제공한 날(2022년 12월 31일 이전인 경우만 해당한다.)로부터 2년이 되는 날이 속하는 달까지 발생한 근로소득에 대해서는 소득세의 100분의 50에 상당하는 세액을 감면한다.

② 외국인 기술자가 「외국인투자 촉진법」에 따른 기술도입계약에 의하여 국내에서 법인세 등이 감면되는 사업(제121조의2제1항제1호)을 하는 외국인투자기업에 대통령령으로 정하는 고도기술을 제공하고 받는 근로소득은 그 외국인투자기업에 근로를 제공한 날(2022년 12월 31일까지만 해당한다)부터 2년이 되는 날이 속하는 달까지 발생한 근로소득에 대해서는 소득세의 100분의 50에 상당하는 세액을 감면한다.

(2) 감면 대상 외국인 기술자의 범위

① 「엔지니어링산업진흥법」 제2조 제5호에 따른 엔지니어링 기술의 도입계약(30만 불 이상의 도입계약에 한함.)에 의하여 국내에서 기술을 제공하는 자
② 「특정연구기관 육성법」의 적용을 받는 특정 연구기관에서 연구원으로 근무하는 자
③ 「정부출연연구기관 등의 설립·운영 및 육성에 관한 법률」 또는 「과학기술분야 정부출연연구기관 등의 설립·운영 및 육성에 관한 법률」에 의한 정부출연연구기관 중 다음의 어느 하나에 해당하는 연구기관에서 연구원으로 근무하는 자

> 과학기술정책연구원, 한국과학기술연구원, 한국기초과학지원연구원, 한국천문연구원, 한국생명공학연구원, 한국과학기술정보연구원, 한국전자통신연구원, 한국표준과학연구원, 한국해양연구원, 한국지질자원연구원, 한국기계연구원, 한국항공우주연구원, 한국에너지기술연구원, 한국전기연구원, 한국화학연구원

④ 외국에서 다음의 산업 분야에 5년 이상 종사하였거나 학사학위 이상의 학력을 가지고 당해 분야에 3년 이상 종사한 기술자로서 다음에 해당하는 사업을 영위하는 사업자와의 고용계약에 의하여 근무하는 자

> 기술집약적인 산업(「조세특례제한법 시행령」 별표 4의 산업), 광업, 건설업, 엔지니어링사업, 물류산업, 시장조사 및 여론조사업, 사업 및 경영상담업, 기술시험·검사 및 분석업, 기타 과학 및 기술서비스업, 전문디자인업, 연구개발서비스업, 의료업(국제의료관광코디네이터에 한정)

⑤ 과학기술연구를 목적으로 하여 설립된 비영리법인으로서 아래 요건을 갖추고 있음을 미래창조과학부장관이 확인한 연구기관에서 연구원으로 근무하는 자
  ㉠ 자연계 분야의 학사 이상의 학위를 가진 연구전담요원 10인 이상을 상시 확보하고 있을 것
  ㉡ 독립된 연구시설을 갖추고 있을 것
⑥ 외국인 근로자란 해당 과세연도 종료일 현재 대한민국의 국적을 가지지 아니한 사람만 해당

2 연말정산 근로소득원천징수영수증 - 정산명세

> 근로/연말 ▶ 연말정산관리Ⅰ ▶ 연말정산 근로소득 원천징수영수증

정산명세Tab의 51.조세특례제한법(52제외)를 클릭하면 표시되는 보조화면에서 [감면소득불러오기]하여 감면소득을 입력하면 감면세액이 계산된다.

[정산명세]Tab

구 분		공제대상액	구 분		공제대상액
21.총 급 여(16)		28,400,000	47.소득공제 종합한도 초과액		
22.근로소득공제	>	9,510,000	48.종 합 소 득 과 세 표 준		16,364,000
23.근로소득금액	>	18,890,000	49.산 출 세 액	>	1,374,600
기본공제	24.본 인		1,500,000	세액감면	50.『소 득 세 법』	
	25.배 우 자				51.조세특례제한법(52제외)	>	
	26.부 양 가 족 __명				52.중소기업취업자감면/조특30	>	1,237,140
추가	27.경 로 우 대 __명				53.조세조약(원어민교사)	>	
	28.장 애 인 __명				54.세 액 감 면 계		1,237,140

[감면세액]

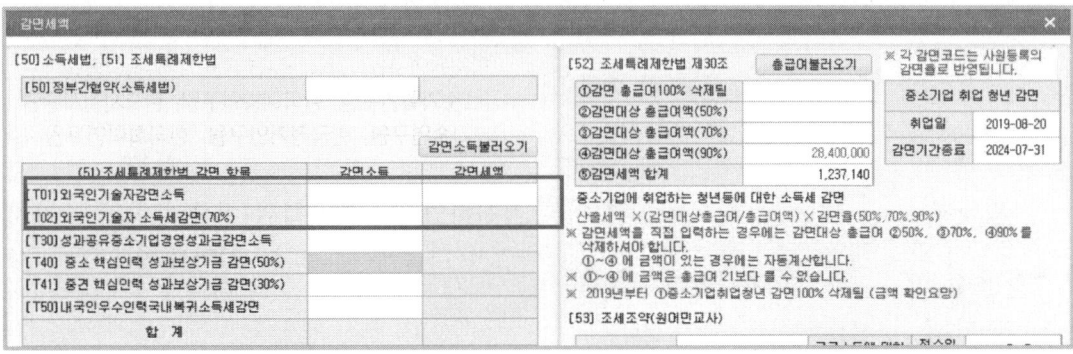

Point 21 연금가입하고 세금도 절약하자.

1 개인연금저축 소득공제

구 분	개인연금저축(소득공제)	연금저축(연금계좌 세액공제)
가입기간	2000.12.31. 이전 가입	2001.1.1.이후 가입
가입대상	만 20세 이상	만 18세 이상
납입금액	분기마다 300만원 이내에서 납입	연 1,800만원 이내(13년 이후 납입시)+ISA계좌 만기 시 연금계좌 전환 금액(20.1.1.이후)
납입기간	10년 이상	5년 이상(13년 이후 납입시)
만기후 지급조건	계약기간 만료 후 만 55세 이후부터 5년 이상 연금으로 지급받는 저축	
소득공제 등 비율	연간 납입액의 40%	연간 납입액의 12%(총급여 55백만원 이하자는 15%) 세액공제 * 연 400만원(퇴직연금과 합하여 700만원) 한도 ※ 총급여 1.2억원 이하 50세 이상 200만원 추가 한도
공제금액 한도	연 72만원(소득공제)	연48만원~135만원(세액공제)
금융상품	은행 또는 투자신탁회사의 신탁상품, 보험회사의 보험상품, 우체국 보험, 수협의 조합이 취급하는 생명공제	은행 또는 투자신탁회사의 신탁상품, 보험회사의 보험상품, 우체국 보험, 수협·신협의 조합이 취급하는 생명공제, 증권투자회사의 연금저축

2 연금계좌세액공제

종합소득이 있는 거주자가 연금계좌에 납입한 금액의 12%를 곱한 금액을 세액공제한다. 다만, 종합소득금액이 4,000만원 이하인 경우와 총 급여액 5,500만원 이하의 근로소득만 있는 경우 세액공제율은 15%를 적용한다.

구분	내용	공제액
퇴직연금	근로자퇴직급여보장법에 따른 DC형 퇴직연금·개인형퇴직연금(IRP) 근로자 납입액	연금계좌 납입액 × 12% (연 400만원 한도 단, 퇴직연금계좌 포함 연 700만원 한도)
과학기술인공제	과학기술인공제회법에 따른 퇴직연금 근로자 납입액	
연금저축	연금저축계좌 근로자 납입액	

3. 국세청 중점확인사항-세액공제

구 분	중점 확인사항
연금계좌세액공제	• 개인연금저축 납입액을 연금계좌세액공제 항목으로 잘못 신청하였는지 확인 • 수동으로 납입확인서를 제출한 경우 중도해지(공제 불가) 또는 본인명의 여부 확인
연금저축 과다공제 검토	• 개인연금저축(납입금액의 40% 공제, 72만원 한도)을 연금저축(납입금액의 100% 공제, 400만원 한도)으로 착오 기재하여 연금계좌 세액공제를 적용 • 배우자 등 부양가족 명의의 연금저축 납입액은 세액공제 적용대상 아님 • 연금저축을 중도해지한 경우 해지한 과세기간의 연금저축액은 세액공제 적용대상 아님

※ 2021년귀속 원천징수의무자를 위한 연말정산 신고안내. 국세청

4. 연말정산 근로소득원천징수영수증 - 정산명세

근로/연말 > 연말정산관리 I > 연말정산 근로소득 원천징수영수증

정산명세	소득명세	소득공제	의료비	기부금	신용카드	연금투자명세	월세액명세	

특별소득공제	33.보험	가.건강		2,103,750		2,103,750	세액공제	연금계좌	57.과학기술인공제		
		나.고용		0					58.근로자퇴직급여보장법		
	34.주택-가.주택임차 차입금 원리금상환액	대출기관							59.연금저축		
		거주자							60.보장성보험	2,400,000	255,000
	34.주택	11년이전 차입분	15년미만					특별세액공제	61.의 료 비	4,600,000	402,000
			15~29년						62.교 육 비	8,500,000	1,275,000
			30년이상						63 기부금	가.정치 10만원이하		90,909
	나.장기주택저당차입금이자상환액	12년이후 차입분 (15년이상)	고정or비거치							10만원초과		15,000
			기타대출							나.법정기부금		45,000
		15년이후 차입분 (15년이상)	고정&비거치							다.우리사주기부금		
			고정or비거치							라.지정기부금(종교외)		
			기타대출							마.지정기부금(종교)		
		15년이후 차입분 (10~15년)	고정or비거치					64.계			2,082,909
								65.표준세액공제			
	35.기부금(이월분)										
	36.계					2,103,750					
37.차 감 소 득 금 액						35,971,250		66.납 세 조 합 공 제			
38.개인연금저축								67.주 택 차 입 금			
39.소기업·소상공인공제부금								68.외 국 납 부			

(1) 그 밖의 소득공제- 개인연금저축 소득공제

구분	내용
개인연금저축 소득공제	근로자 본인명의로 가입한 개인연금저축의 불입액을 입력 2000.12.31.이전에 가입하여 당해 연도에 불입한 개인연금 저축액을 입력하면 저축불입액의 40%가 72만원 한도로 자동 계산되어 반영된다.
공제여부 판단 시 참고사항	본인 명의의 불입액만 공제가 가능하다.

■ 입력 시 유의사항
2000.12.31. 이전에 가입한 개인연금저축불입액을 입력한다.

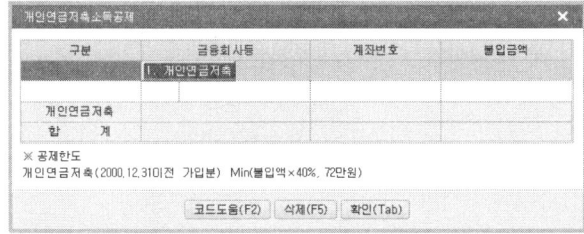

(2) 세액공제-연금계좌세액공제

구분	내용
과학기술인공제	과학기술인공제회법에 따른 퇴직연금 불입액을 입력한다.
근로자퇴직급여공제	퇴직연금을 지급받기 위하여 설정한 퇴직연금계좌 불입액을 입력한다.
연금저축소득공제	2001. 1. 1. 이후에 근로자 본인 명의로 가입한 연금저축불입액을 입력한다. 공제한도 : 퇴직연금공제와 합하여 연 400만원 한도 내에서 자동 계산되어 반영된다.
공제여부 판단 시 참고사항	본인 명의의 불입액만 공제 가능

■ 입력 시 유의사항
1. 연금저축은 2001. 1. 1. 이후 가입한 연금저축불입액을 입력한다.
2. 다음의 경우 15% 공제율을 적용한다.
   - 종합소득금액이 4천만원 이하인 경우
   - 총 급여액 5,500만원 이하의 근로소득만 있는 경우

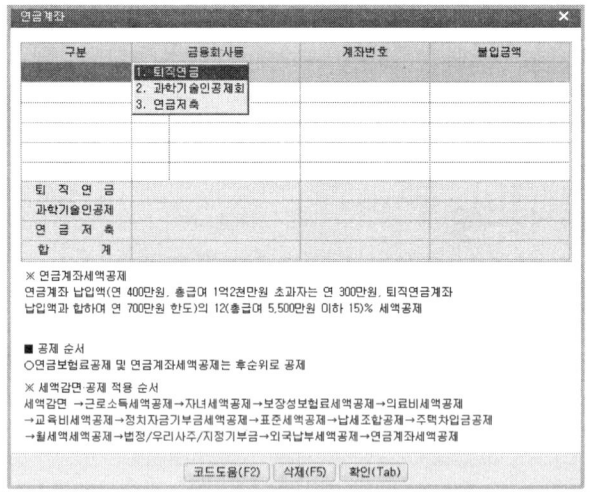

실습예제

다음 자료를 [연말정산 근로소득원천징수영수증]의 해당란에 입력하시오.

연금저축 증빙자료

2022년 귀속 세액공제증명서류 : 기본내역[연금저축]

■ 가입자 인적사항

성 명	주 민 등 록 번 호
김석주	591111-1******

■ 연금저축 납입내역

(단위 : 원)

상호	사업자번호	당해연도 납입금액	당해연도 납입액 중 인출금액	순납입금액
계좌번호				
(주)국민은행	134-81-54***	6,000,000	1,000,000	5,000,000
0123654789				
순납입금액 합계				5,000,000

프로세스입력

정산명세Tab의 51.조세특례제한법(52제외)를 클릭하면 표시되는 보조화면에서 [감면소득 불러오기]하여 감면소득을 입력하면 감면세액이 계산된다.

[59.연금저축]

구분		금융회사등	계좌번호	불입금액
3.연금저축	306	(주)국민은행	134-81-54	5,000,000
퇴 직 연 금 과학기술인공제				
연 금 저 축				5,000,000
ISA만기시연금전환				
합 계				5,000,000

※ 연금계좌세액공제 ①+②
① 연금저축 + 퇴직연금 납입

종합소득금액 (근로소득만 있는 경우 총급여액)	50세 미만	50세 이상	공제율
4천만원(5천5백만원)이하	연금저축계좌 : 400만원 연금저축계좌+퇴직연금계좌 : 700만원	연금저축계좌 : 600만원 연금저축계좌+퇴직연금계좌 : 900만원	15%
1억원(1억2천만원) 이하			12%
1억원(1억2천만원) 초과	연금저축계좌 : 300만원 연금저축계좌 + 퇴직연금계좌 : 700만원		

② ISA 만기시 연금계좌 추가납입
　공제대상금액 : 추가납입액의 10% (300만원 한도)
　공제율　　 : 15% (총급여 5천5백만원 초과 12%)

■ 공제 순서
○연금보험료공제 및 연금계좌세액공제는 후순위로 공제
※ 세액감면·공제 적용 순서
세액감면 → 근로소득세액공제→자녀세액공제→보장성보험료세액공제→의료비세액공제
→교육비세액공제→정치자금기부금세액공제→표준세액공제→납세조합공제→주택차입금공제
→월세액세액공제→법정/우리사주/지정기부금→외국납부세액공제→연금계좌세액공제

[코드도움(F2)]　[삭제(F5)]　[확인(Tab)]

[정산명세]Tab

					세액공제구분		세액공제액
연금보험료공제	31.국민연금보험료			2,700,000	55.근　로　소　득	>	500,000
	32.공적연금보험료공제	가.공무원연금	>		56 자녀세액공제	공제대상자녀 __명	
		나.군인연금	>			출산입양 __명	
		다.사립학교교직원연금	>				
		라.별정우체국연금	>				
	33.보험	가.건강	2,354,280	2,354,280	연금계좌	57.과학기술인공제 >	
		나.고용	0			58.근로자퇴직급여보장법 >	
	34.주택 - 가.주택임차차입금 원리금상환액	대출기관	>			59.연금저축 >	600,000
		거주자	>			59-1. ISA만기시연금계좌 >	

 다자녀가 세금절약의 최고 좋은 방법

1 자녀세액공제

종합소득이 있는 거주자의 기본공제 대상자에 해당하는 자녀(입양자 및 위탁아동 포함)가 있는 경우, 자녀수에 따라 일정 금액을 세액공제하는 제도이다.

자녀 수	자녀세액 공제액
1명	연 15만원
2명	연 30만원
3명 이상	연 30만원 + 2명을 초과하는 1명당 연 30만원
6세 이하 2명 이상	1명을 초과하는 1명당 연 15만원
출산·입양	첫째 30만원, 둘째 50만원, 셋째 이상 70만원

2 연말정산 근로소득원천징수영수증 - 정산명세

근로/연말 ▶ 연말정산관리 I ▶ 연말정산 근로소득 원천징수영수증

(1) 사원등록

사원등록 메뉴에서 부양가족명세에 입력된 자녀수를 자동으로 반영한다.

(2) 연말정산 근로소득원천징수영수증 - 정산명세

Point 23. 보험료는 공제대상자를 확인하세요.

1 특별세액공제 - 보험료

기존 특별공제로서 소득공제 항목이던 보험료, 의료비, 교육비, 기부금이 세액공제 방식으로 전환되었다. 이에 따라 항목별로 특별세액공제를 신청한 근로소득자는 항목별 세액공제를 적용받고, 특별세액 공제를 신청하지 않는 근로소득자는 표준세액 공제 연 13만원을 공제받게 된다.

항목별 세액공제를 적용할 경우에는 아래와 같이 항목별 기본공제 대상자에 대한 요건 제한이 조금씩 다르므로 유의하도록 한다.

구분	생계요건	나이요건	소득요건	비고
보험료	○	○	○	세 가지 요건을 다 갖추어야 공제 가능
의료비	○	×	×	생계만 같이 하고 있으면 공제 가능
교육비	○	×	○	나이가 많아도 공제 가능
기부금	○	○	○	세 가지 요건을 다 갖추어야 공제 가능

(1) 공제 대상 보험료 및 공제한도

구분	공제방식	공제금액	공제율	제출서류
국민건강법에 따라 근로자가 부담하는 보험료	소득공제	전액		원천징수 의무자가 보관하는 증빙서류에 의하여 공제
고용보험법에 따라 근로자가 부담하는 보험료				
노인장기요양보험법에 따라 근로자가 부담하는 보험료 (근로자가 부담하는 건강보험료의 6.55%)				
기본공제 대상자를 피보험자로 하는 보험 중 만기에 환급되는 금액이 납입보험료를 초과하지 아니하는 보험(보장성 보험)의 보험료	세액공제	납입액 (100만원 한도)	12%	근로자가 보험료납입영수증을 제출
기본공제 대상자 중 장애인을 피보험자로 하는 보험 중 만기에 환급되는 금액이 납입보험료를 초과하지 아니하는 보험(장애인전용 보장성 보험)의 보험료		납입액 (100만원 한도)	15%	

(2) 보험료공제 확인방법

보장성보험의 경우 보험료납입영수증에 "보험료공제대상", 장애인전용보장성보험의 경우 보험료 납입영수증에 "장애인전용보험"으로 표시된다.

(3) 보장성보험의 보험료

근로소득자가 「소득세법 제50조 제1항」에 따른 기본공제 대상자를 피보험자로 하는 보험 중 만기에 환급되는 금액이 납입보험료를 초과하지 아니하는 보험의 보험 계약에 따라 지급하는 보험료(장애인전용보장성보험료 제외)로 보험료 합계액이 연 100만원을 초과하는 경우에는 그 초과하는 금액은 없는 것으로 한다. 보장성보험료에 대한 세액공제요건은 계약자 및 피보험자가 반드시 기본공제 대상자이어야 한다.

(4) 장애인전용보장성보험료

근로소득자가 기본공제 대상자 중 장애인을 피보험자 또는 수익자로 하는 보험 중 만기에 환급되는 금액이 납입보험료를 초과하지 아니하는 장애인전용보장성보험의 보험계약에 따라 지급하는 보험료(보험계약 또는 보험료납입영수증에 장애인전용보험으로 표시된 것을 말한다.)로 보험료 합계액이 연 100만원을 초과하는 경우에는 그 초과하는 금액은 없는 것으로 한다.

자주 묻는 질문 보험료 공제

Q 맞벌이 부부의 경우 본인이 계약자이고 배우자가 피보험자인 경우 보험료 공제는 누가 받게 되나요?

A 본인 및 배우자 모두 공제를 받을 수 없습니다.
- 「기본공제대상자를 피보험자로 하는 보험」의 보험료를 본인이 지출한 경우 세액공제를 적용 받을 수 있습니다.
- 맞벌이 부부의 경우 본인과 배우자가 서로 기본공제 대상자에 해당되지 않아 상대를 피보험자로 하는 보험의 보험료는 공제를 받을 수 없습니다. 즉, 맞벌이 부부 간에는 본인이 계약자이면서 피보험자인 경우 근로자 본인이 보험료 공제를 받을 수 있습니다

Q 맞벌이 부부의 경우, 본인이 기본공제 받은 자녀를 피보험자로 하는 보장성 보험을 배우자가 계약하였다면 보험료 공제를 누가 받을 수 있는지요?

A 본인 및 배우자 모두 공제를 받을 수 없습니다.
- 「기본공제 대상자를 피보험자로 하는 보험」의 보험료를 본인이 지출한 경우 세액공제를 적용 받을 수 있습니다.
- 본인은 기본공제 대상 자녀가 피보험자이나 본인이 보험료를 지출하지 않았으므로 공제를 받을 수 없으며, 배우자는 피보험자인 자녀가 배우자 자신의 기본공제 대상자가 아니므로 공제를 받을 수 없습니다.

Q 장애인이 일반보장성보험료 120만원을 불입하고, 장애인전용보장성보험료 72만원을 불입한 경우 한 가지만 선택해서 공제받아야 하나요?

A 일반보장성보험으로 100만원, 장애인전용보장성보험으로 72만원을 각각 공제받을 수 있습니다.

2 국세청 중점확인사항-보험료세액공제

구 분	중점 확인사항
보험료세액공제	• 보장성보험료의 경우 피보험자가 기본공제대상자인지 여부 확인
보험료 과다공제 검토	• 기본공제대상자가 아닌 부양가족(피보험자)을 위해 지출한 보험료는 공제대상 아님

※ 2021년귀속 원천징수의무자를 위한 연말정산 신고안내. 국세청

3 연말정산 근로소득원천징수영수증 - 정산명세

근로/연말 ▶ 연말정산관리Ⅰ ▶ 연말정산 근로소득 원천징수영수증

(1) 소득공제Tab

소득공제Tab의 보험료에서 보장성과 장애인을 구분하여 공제대상금액을 입력하면 정산명세Tab의 해당란에 공제대상금액과 세액을 반영한다.

| | 관계코드 | 성 명 | 기 | 출산 | 자 | 구 | 보험료 | | | |
	내외국인	주민등록번호	본	입양	녀	분	건강	고용	보장성	장애인
3	1	김반장	부			국세청				
	1	330505-*******				기타				
4	1	천상자	60세이상			국세청				
	1	351226-*******				기타				
5	4	김태일	부			국세청				
	1	900708-*******				기타				
6	4	김태이	20세이하		○	국세청				
	1	020128-*******				기타				
7	6	김석희	장애인			국세청				
	1	630306-*******				기타				
8						국세청				
						기타				
계		7명	5	?	0	1 국세청	0	0	0	0
						기타	2,295,000	0	0	0

(2) 정산명세Tab

정산명세	소득명세	소득공제	의료비	기부금	신용카드	연금투자명세	월세액명세

（표 이미지）

항목				금액		세액공제
특별소득공제	보험	나.고용		0		
	34.주택 - 가.주택임차 차입금 원리금상환액	대출기관				
		거주자				
	34.주택	11년이전 차입분	15년미만			
			15~29년			
			30년이상			
	나.장기주택저당차입금이자상환액	12년이후 차입분(15년이상)	고정 or비거치			
			기타대출			
		15년이후 차입분(15년이상)	고정&비거치			
			고정 or비거치			
			기타대출			
		15년이후 차입분(10~15년)	고정 or비거치			

특별세액공제			58.근로자퇴직급여보장법		
	연금계좌		59.연금저축		
			60.보장성보험	2,400,000	255,000
			61.의 료 비	4,600,000	402,000
			62.교 육 비	8,500,000	1,275,000
	63 기부금	정치	10만원이하		90,909
			10만원초과		15,000
		나.법정기부금			45,000
		다.우리사주기부금			
		라.지정기부금(종교외)			
		마.지정기부금(종교)			
	64.계				2,082,909
	65.표준세액공제				

[소득공제]Tab에서 부양가족별로 공제대상보험료금액을 입력하면 [정산명세]Tab에 자동으로 입력된다.

구분	내용
보장성보험	건강보험료와 고용보험료를 제외한 보장성 보험료(공제율 12%)를 입력한다.
장애인전용 보장성보험료	장애인전용 보장성보험료(공제율 15%) 전액을 입력한다.
공제여부 판단 시 참고사항	• 기본공제대상자(소득금액 및 나이 제한)의 보험료만 공제 가능 • 저축성보험료는 공제 대상 아님. • 태아보험료는 공제 대상 아님(출생 전이므로 기본공제대상자가 아님).

■ 입력 시 유의사항
보험료 총액 중 한도 100만원을 자동 체크하여 한도 내 금액으로 근로소득원천징수영수증 에 반영한다.

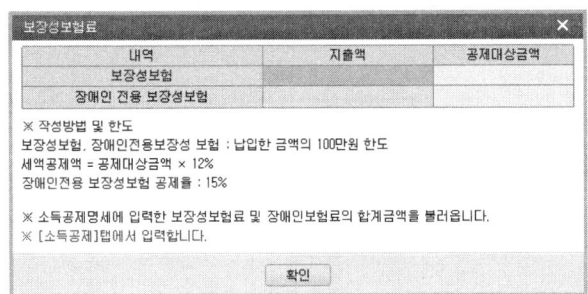

실습예제

다음 자료를 [연말정산 근로소득원천징수영수증]의 해당란에 입력하시오.

2022년 귀속 세액공제증명서류 : 기본내역(지출처별)내역
[보장성보험, 장애인전용보장성보험]

■ 계약자 인적사항

성 명	주 민 등 록 번 호
김석주	591111-1******

■ 보장성보험(장애인전용보장성보험) 납입내역

(단위 : 원)

종류	상 호	보험종류	주피보험자		납입금액 계
	사업자번호	증권번호	종피보험자		
보장성	교보생명보험(주)	(무)베스트라이프	591111-1******	김석주	2,500,000
	126-81-41***	5478965**			
보장성	동부화재보험(주)	다이렉트자동차	591111-1******	김석주	740,000
	108-81-32***	004545217**			
인별합계금액					3,240,000

- 본 증명서류는 『소득세법』 제165조 제1항에 따라 영수증 발급기관으로부터 수집한 서류로 소득·세액공제 충족 여부는 근로자가 직접 확인하여야 합니다.
- 본 증명서류에서 조회되지 않는 내역은 영수증 발급기관에서 직접 발급받으시기 바랍니다.

프로세스입력

❶ 소득공제Tab

관계코드	성명	기본	보험료		의료비			
내외국인	주민등록번호		보장성	장애인	일반	난임	65세이상,장애인,건보산정특례자	실손보험
1	0	김석주	본인/세대주	3,240,000				
	1	591111-*******						
2	3	박지영	60세이상					
	1	620305-*******						
3	1	김반장	부					
	1	330505-*******						
4	1	천상자	60세이상					
	1	351226-*******						
5	4	김태일	부					
	1	900708-*******						
6	4	김태이	20세이하					
	1	020128-*******						
7	6	김석희	장애인					
	1	630306-*******						
계		7명	5	3,240,000	0	0	0	0
				0	0	0	0	0

❷ 정산명세Tab

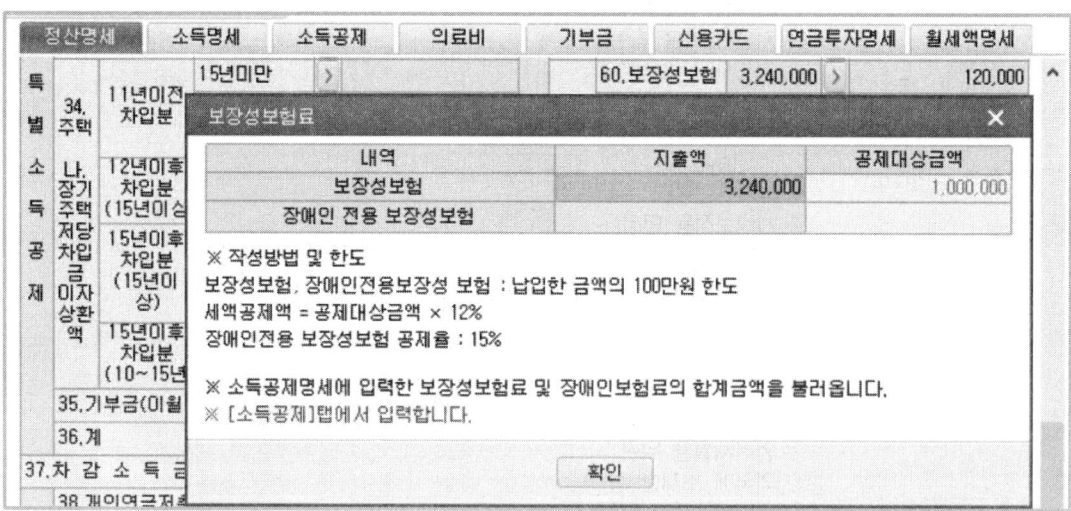

 안경·렌즈구입비 영수증도 챙겨요.

의료비 세액공제

근로소득이 있는 거주자(일용근로자 제외)가 기본공제 대상자(나이 및 소득요건의 제한 없음.)를 위하여 해당 과세기간에 공제 대상 의료비를 지급한 경우 세액공제를 적용한다.
당해 연도 1월 1일~12월 31일까지 근로자 본인 또는 부양가족을 위하여 지출한 의료비는 아래와 같이 세액공제한다. 의료비 공제액 중 본인과 65세 이상자, 장애인, 난임부부가 임신을 위해 지출하는 난임시술비를 위하여 지출한 의료비는 한도 없이, 그 외 의료비는 연 700만원을 한도로 공제하는데 일단 총 급여액의 3% 초과하여 지출하여야 한다. 의료비공제대상액의 15%를 세액공제한다.

(1) 의료비 세액계산

구분	내용
의료비 세액공제액의 계산	세액공제액 = (① + ②) × 15% ① 본인, 65세 이상인 자, 장애인, 난임시술비를 위하여 지출한 의료비 ② 그 외 의료비 - (총 급여액 × 3%) * 그 외 의료비가 총 급여액의 3%보다 적어서 ② 금액이 음수인 경우, ① 금액에서 차감한다.
공제대상 의료비	① 진찰·치료·질병예방을 위하여 의료법 제3조에 따른 의료기관에 지급하는 비용(미용·성형수술을 위한 비용 제외) ② 치료·요양을 위하여 약사법 제2조의 규정에 의한 의약품(한약 포함)을 구입하고 지급하는 비용(건강증진을 위한 의약품 구입 비용 제외) ③ 장애인보장구 및 의사·치과의사·한의사 등의 처방에 따라 의료 기기를 직접 구입 또는 임차하기 위하여 지출한 비용 * 장애인보장구는 조세특례제한법 시행령 제105조의 규정에 의한 보장구를 의미하며, 의료 기기는 의료기기법 제2조 제1항의 규정에 의한 의료 기기를 말함. ④ 시력보정용 안경 또는 콘택트렌즈 구입을 위하여 지출한 비용(1인당 연 50만원 이내의 금액) ⑤ 보청기 구입을 위하여 지출한 비용 ⑥ 노인장기요양보험법 제40조 제1항에 따라 실제 지출한 본인 일부 부담금 ⑦ 난임부부가 임신을 위해 지출하는 난임시술[건강보험법 시행규칙에 따른 보조생식술(체내·체외인공수정 포함)] 시 소요된 비용
공제되지 않는 의료비 예시	① 미용·성형수술을 위한 비용 ② 언어재활을 위한 사설학원 비용 ③ 외국에 소재한 병원에 지출한 의료비 ④ 간병인에게 지급한 간병비 ⑤ 건강기능식품 구입비용, 건강증진을 위한 의약품 구입 비용 ⑥ 근로자가 가입한 상해보험 등에 의하여 보험회사로부터 수령한 보험금으로 지급한 의료비 ⑦ 사내근로복지기금에서 보조받은 의료비

(2) 지출항목별 의료비 공제 증빙서류

의료비 지출 항목	증빙서류	비고
의료기관 및 약국에 지출한 의료비	• 의료기관 및 약국이 발행한 국민건강보험 요양급여의 기준에 관한 규칙 제7조에 따른 계산서·영수증, 진료비(약제비) 납입확인서	연말정산간소화 서비스(www.yesone.go.kr)에서 제공
노인 장기요양 보험법에 따라 실제 지출한 본인 부담금	• 장기요양급여비용 명세서(노인 장기요양 보험법 시행규칙 별지 제24호 서식, 개별 지급내역 기재) • 장기요양기관의 장이 발행하는 장기요양급여비 납부확인서(노인 장기요양 보험법 시행규칙 별지 제25호 서식, 연간 지급내역 기재)	
안경 또는 콘택트렌즈 구입 비용	• 안경사가 확인한 영수증(사용자의 성명 및 시력교정용 기재)	연말정산간소화 서비스 대상에 해당하지 않음.
보청기 또는 장애인 보장구 구입 비용	• 사용자의 성명을 판매자가 확인한 영수증	
의료용구 구입 및 임차 비용	• 의사·치과의사·한의사의 처방전 및 판매자 또는 임대인이 발행한 의료비영수증(의료용구명 기재)	

※ 원천징수 의무자는 근로자가 제출한 소득공제신고서·의료비지급명세서·의료비 관련 증빙서류를 검토하고 의료비공제액이 200만원 이상인 근로자의 의료비지급명세서를 전산 형식으로 작성하여 원천징수 관할 세무서에 제출해야 한다.

자주 묻는 질문 의료비 공제

Q 의료비 공제를 받고자 하는 경우 제출하여야 하는 증빙서류는 무엇인가요?

A 의료비 공제를 받고자 하는 근로자는 의료비지급명세서와 의료비영수증을 원천징수 의무자에게 제출하여야 합니다.
 • 의료법에 의한 의료기관에 지급한 비용 또는 약사법에 의한 의약품(한약포함) 구입 비용 ⇒ 「국민건강보험 요양급여의 기준에 관한 규칙」 제7조제1항에 따른 계산서·영수증, 동조 제2항에 따른 진료비(약제비)납입확인서
 • 시력보정용 안경 또는 콘택트렌즈 구입 비용의 경우 사용자의 성명 및 시력교정용임을 안경사가 확인한 영수증
 • 보청기 또는 장애인보장구 구입비용의 경우 사용자의 성명을 판매자가 확인한 영수증
 • 의료기기 구입비용 또는 임차비용의 경우 의사·치과의사·한의사의 처방전과 판매자 또는 임대인이 발행하고 의료기기명이 기재된 의료비영수증

Q 맞벌이 부부가 배우자를 위해 지출한 의료비가 공제 가능한지요?

A 맞벌이 부부의 경우에는 배우자를 위해 근로자 본인이 지출한 의료비는 지출한 근로자가 공제받을 수 있습니다.

2 국세청 중점확인사항 - 의료비 세액공제

구 분	중점 확인사항
의료비세액공제	① 기본공제대상자인 직계존비속 등의 의료비를 근로자 본인이 직접 부담해야 함 　- 근로자 명의 신용카드, 현금영수증 등으로 지출하였는지 확인 ② 사내근로복지기금·보험회사(실손보험금)·국민건강보험공단 등에서 보전받은 의료비를 제외하였는지 여부 확인(근로자 본인이 직접 부담하지 않은 의료비 공제 불가)
의료비 과다공제 검토	① 의료비 지출액 중 보험회사에서 보전받은 보험금은 의료비 세액공제 적용대상 아님 　- 보험회사로부터 의료비의 일정액을 상해보험·단체보험 등 실손보험금으로 수령하는 경우 의료비 지출액에서 수령한 보험금을 차감하고 의료비 세액공제를 받아야 함 ② 사내근로복지기금에서 지급받은 의료비 지원액은 의료비 세액공제 적용대상 아님 ③ 국민건강보험공단에서 지급받는 본인부담금 상한제 사후환급금은 의료비 세액공제 불가 　- 연간 보험적용 본인부담금이 상한액*을 초과하여 공단이 환급해주는 초과금액은 의료비 세액공제 불가(진료연도를 기준으로 판단) 　* 본인부담 상한액 : '20년 기준(소득 수준별로 7단계 : 81만원~582만원) ④ 형제자매가 부모님 의료비를 나누어 세액공제 불가(부모님을 부양하는 1명만 공제 가능) 　- 장남이 부모님에 대해 기본공제를 받고 있는데, 차남이 부모님의 의료비를 부담한 경우 차남이 지출한 의료비는 차남(부양요건 위배)과 장남(본인 지출 위배) 모두 세액공제 불가 ⑤ 간병비는 의료비 공제대상 아님

※ 2021년귀속 원천징수의무자를 위한 연말정산 신고안내. 국세청

3 연말정산 근로소득원천징수영수증 - 정산명세

근로/연말 ▶ 연말정산관리Ⅰ ▶ 연말정산 근로소득 원천징수영수증

(1) 의료비Tab

[의료비]Tab에 공제대상자별로 지급명세를 입력하면 [정산명세]Tab에 자동으로 입력된다.

(2) 정산명세Tab

	정산명세	소득명세	소득공제	의료비	기부금	신용카드	연금투자명세	월세액명세

특별소득공제	보험	나.고용		0			특별세액공제	58.근로자퇴직급여보장법		
	34.주택 - 가.주택임차 차입금 원리금상환액		대출기관					59.연금저축		
			거주자					60.보장성보험	2,400,000	255,000
	34.주택	11년이전 차입분	15년미만					61.의료비	4,600,000	402,000
			15~29년					62.교육비	8,500,000	1,275,000
			30년이상					63 기부금	정치 10만원이하		90,909
	나.장기주택저당차입금 이자상환액	12년이후 차입분 (15년이상)	고정or비거치						정치 10만원초과		15,000
			기타대출						나.법정기부금		45,000
		15년이후 차입분 (15년이상)	고정&비거치						다.우리사주기부금		
			고정or비거치						라.지정기부금(종교외)		
			기타대출						마.지정기부금(종교)		
		15년이후 차입분 (10~15년)	고정or비거치					64.계		2,082,909
								65.표준세액공제		

구분		내용
전액 의료비	본인, 65세 이상자 의료비	기본공제대상자 중 본인, 경로우대자의 의료비, 진찰, 진료, 질병예방치료 및 요양을 위한 의료비용과 의약품 구입총액을 입력한다.
	장애인의료비	기본공제대상자 장애인의 의료비 및 장애인 보장구, 의료용구 구입총액을 입력한다.
	난임시술비	난임부부가 임신을 위해 지출하는 난임시술비(건강보험법에 따른 보조생식술(체내·체외인공수정 포함)시 소요된 비용을 입력한다.
		공제대상의료비 = 의료비 지출액 전액 (총 급여액 × 3%)에 미달하는 경우 그 미달하는 금액을 차감
그 밖의 공제대상자 의료비		기본공제대상자(연령 및 소득금액의 제한을 받지 아니함)를 위하여 당해 근로자가 직접 부담한 의료비 중 본인, 장애인, 경로우대자를 제외한 기본공제대상자의 의료비
		공제대상의료비 = 의료비지출액 – 총 급여액 × 3% 공제한도액 : 연 700만원
공제여부 판단 시 참고사항		• 부양가족의 소득금액 및 나이제한 없음. • 국외 의료기관의 의료비는 공제 불가능 • 미용·성형수술을 위한 비용은 공제 불가능 • 간병인에게 지급된 비용은 공제 불가능 • 의약품이 아닌 건강기능식품구입비용은 공제 불가능 • 의료기관이 아닌 특수교육원의 언어치료비·심리치료비 등은 공제 불가능 • 상해보험 등 보험회사로부터 수령한 보험금으로 지급한 의료비는 공제 불가능

■ 입력 시 유의사항
1. 항목별 한도액이 다르므로 반드시 구분하여 입력한다.
2. 안경, 콘텍트렌즈 구입비는 1인당 50만원 한도 (프로그램에서 한도체크를 하지 못하므로 50만원까지만 입력)

실습예제

다음 자료를 [연말정산 근로소득원천징수영수증]의 해당란에 입력하시오.

2022년 귀속 세액공제증명서류 : 기본(지출처별)내역 [의료비]

■ 환자 인적사항

성 명	주민등록번호
김석주	591111-1******

■ 의료비 지출내역

(단위 : 원)

사업자번호	상 호	종류	납입금액 계
1-15-16*	**병원	일반	2,700,000
2-23-21*	***안경원	안경	750,000
6-05-81*	***한의원	일반	1,400,000
의료비 인별합계금액			4,100,000
안경구입비 인별합계금액			750,000
산후조리원 인별합계금액			
인별합계금액			4,850,000

 국세청 National Tax Service

- 본 증명서류는 『소득세법』제165조 제1항에 따라 영수증 발급기관으로부터 수집한 서류로 소득·세액공제 충족 여부는 근로자가 직접 확인하여야 합니다.
- 본 증명서류에서 조회되지 않는 내역은 영수증 발급기관에서 직접 발급받으시기 바랍니다.

프로세스입력

❶ [의료비]Tab

* 공제대상의료비 중 안경구입비는 50만원만 적용하여 입력한다.

❷ [정산명세]Tab

 **근로자의 교육비는 전부 공제됩니다.**

1 교육비 세액공제

근로소득이 있는 거주자(일용근로자는 제외)가 본인과 기본공제 대상자(나이 제한을 받지 않음, 장애인의 기능 향상과 행동 발달을 위한 발달재활서비스를 제공하는 기관에 대해서는 과세기간 종료일 현재 18세 미만일 것)를 위하여 지급한 공제 대상 교육비에 대하여 15%의 세액공제를 적용한다.

(1) 일반 교육비 공제 대상자

본인, 기본공제 대상자로서 당초 공제 대상 가족을 판단할 때 나이의 제한(20세 이상이거나 60세 이하)을 받아 기본공제를 하지 않은 생계를 같이 하는 부양가족을 포함한다. 단, 나이의 제한이 없더라도 직계존속을 위한 교육비는 공제 대상이 아님을 주의한다.

(2) 공제 가능한 지출액

수업료·입학금·보육비용·수강료 및 그 밖의 공과금을 합산한 금액(직계존속 교육비 제외) 중에서 소득세나 증여세가 비과세되는 학자금·장학금 수령액이 있다면 교육비 지출액을 그만큼 줄여서 계산하여야 한다.

> **Tip** 소득세, 증여세가 비과세되는 학자금·장학금이란?
>
> 사내근로복지기금, 재학 중인 학교, 근로자인 학생의 직장, 각종 단체로부터 받는 금액

(3) 공제한도

교육 대상자	교육비	대상액 한도	비고
기본공제 대상자인 배우자·직계비속·형제자매·입양자	• 유아교육법, 초·중등교육법, 고등교육법 및 특별법에 따른 학교(대학원 제외)에 지급한 교육비 • 평생교육법에 따른 원격대학, 학점인정 등에 관한 법률 및 독학에 의한 학위취득에 관한 법률에 따른 교육과정 중 학위취득과정을 위하여 지급한 교육비 • 국외에 소재하는 교육기관으로서 우리나라의 유아교육법에 의한 유치원, 초·중등교육법 또는 고등교육법에 의한 학교에 지급한 교육비 • 초등학교 취학 전 아동을 위하여 영유아보육법에 따른 보육시설, 학원 또는 체육시설에 월 단위로 1주 1회 이상 실시하는 교습과정에 교습을 받고 지급한 수강료	1인당공제한도 • 초등학교 취학 전 아동, 초·중·고 : 300만원 • 대학생 : 900만원	포함되는 것 • 초·중·고 : 교과서대, 학교급식비, 방과후 학교수업료(교재 구입비 포함) • 중·고 : 교복 구입비 50만원 이내 • 중·고 : 현장학습비 30만원 이내
근로자본인	• 부양가족에 인정되는 공제 대상 교육비(다만, 보육시설·학원에 지급한 교육비 제외) • 대학(원격대학 및 학위취득과정 포함) 또는 대학원의 1학기 이상에 해당하는 교육과정과 고등교육법 제36조에 따른 시간제 과정에 등록하여 지급하는 교육비 • 근로자직업능력개발법 제2조에 따른 직업능력개발훈련시설을 위하여 지급한 수강료	한도 없음.	* 고용보험법 시행령 제43조에 따른 근로자 수강지원금 제외

기본공제 대상자인 장애인	• 장애인의 재활교육을 위하여 다음의 시설 등에 지급하는 비용
	  - 사회복지사업법에 따른 사회복지시설
	  - 민법에 따라 설립된 비영리법인으로 보건복지부장관이 장애인재활교육을 실시하는 기관으로 인정한 법인
	  - 위의 시설 또는 법인과 유사한 것으로 외국에 있는 시설 또는 법인
		한도 없음.	- 직계존속 포함
			- 연간 소득금액 합계액 100만원을 초과한 경우에도 공제 가능

※ 학원 : 학원의 설립·운영 및 과외교습에 관한 법률에 따른 학원
※ 체육시설 : 체육시설의 설치·이용에 관한 법률에 따른 체육시설업자가 운영하는 체육시설 또는 국가, 지방자치단체 또는 청소년활동진흥법에 따른 청소년수련시설로 허가·등록된 시설을 운영하는 자가 운영(위탁운영 포함)하는 체육시설

(4) 교육비 공제시기

교육비 항목	공제 시기
일반적인 경우	지출하는 년도의 근로소득금액에서 공제
재학 중 선납교육비	지출하는 년도의 근로소득금액에서 공제 예 9월~익년 8월분
고등학교 재학 시 납부한 대학교 수시입학 등록금	대학생이 된 년도에 교육비 공제
연말정산 후 사내근로복지기금으로부터 수행한 장학금	연말정산시 공제받은 교육비 중 동 장학금을 차감한 금액을 교육비공제금액으로 하여 근로소득세 재정산

(5) 교육비 공제 증명서류

구분		증빙서류	비고
국내 교육기관 학생		교육비납입증명서	간소화 제공
국내·외 근무 근로자가 국외 교육기관에 지출		교육비납입증명서, 유학자격을 입증하는 서류(근로자가 국내에 근무하는 경우)	직접 영수증 발급
보육시설을 이용하는 영유아		교육비납입증명서	
학원·체육시설을 이용하는 초등학교 취학 전 아동		교육비납입증명서	
학점 인정 등에 관한 법률에 의한 학위 취득 과정	고등교육법에 의한 대학·전문대학 및 이에 준하는 학교에서 이수하는 교육과정	교육비납입증명서	간소화 제공
	학교 외의 교육과정에서 이수하는 교육과정	교육비납입증명서	
독학에 의한 학위 취득 관한 법률에 의한 학위 취득 과정		교육비납입증명서	
장애인 재활교육과정		교육비납입증명서, 사회복지시설·장애인 재활교육인정기관임을 입증하는 서류	직접 영수증 발급

(6) 국외유학에 따른 교육비 공제

부양가족의 국외 유학에 따른 교육비공제

1. 공제 대상 교육기관
   국외에 소재하고 우리나라의 유아교육법, 초·중등교육법, 고등교육법에 따른 학교에 해당하는 교육기관
2. 공제 한도
   초등학교 취학 전 아동, 초·중·고등학생인 경우에는 300만원, 대학생인 경우에는 900만원
   ① 국외에서 취학 전 아동에게 지출하는 학원·체육시설 수강료는 공제 대상 아님.
   ② 국외교육비 공제 관련 환율 적용 방법
      - 국내에서 송금 : 해외송금일의 대고객 외국환매도율을 적용
      - 국외에서 직접 납부 : 납부일의 외국환거래법에 의한 기준환율 또는 재정환율
3. 공제 대상자
   근로자가 국외에 근무하는 경우와 달리 근로자가 국내에 근무하는 경우에는 다음의 학생만 교육비 공제
   ① 국외 유학에 관한 규정 제5조에 따른 자비유학 자격이 있는 학생
   ② 국외 유학에 관한 규정 제15조에 따라 유학을 하는 자로서 부양 의무자와 국외에서 동거한 기간이 1년 이상인 학생
4. 제출 서류
   ① 수업료영수증, 재학증명서
   ② 근로자가 국내에 근무하고 있는 경우 다음의 국외교육비 공제 대상임을 입증하는 서류 제출
      ■ 국외 유학에 관한 규정 제5조에 따른 자비 유학 자격이 있는 학생
         • 중학교 졸업 이상의 학력이 있거나 이와 동등 이상의 학력이 있다고 인정되는 자는 학력인정서류(졸업장 사본 등)
         • 교육장으로부터 유학 인정을 받은 자는 교육장이 발급하는 국외유학인정서
         • 국립국제교육원장의 유학 인정을 받은 자는 국제교육진흥원장이 발급하는 국외유학인정서
      ■ 국외 유학에 관한 규정 제15조에 따라 유학을 하는 자로서 부양 의무자와 국외에서 동거한 기간이 1년 이상인 학생
         • 외국에서 부모·조부모 등 부양 의무자와 1년 이상 동거하면서 재학하고 부모·조부모 등 부양 의무자가 귀국한 경우에는 재외공관장이 발급하는 유학특례확인서
         • 외국에서 부모·조부모 등 부양 의무자와 1년 이상 동거하면서 재학 중이며 근무자 외의 부양 의무자는 계속 거주하는 경우에는 재외공관장이 발급하는 근무자 외의 부양 의무자와의 동거사실증명서

2. 국세청 중점확인사항 - 교육비 세액공제

구 분	중점 확인사항
교육비세액공제	• 자녀 학원비는 취학 전(입학연도 1월~2월 까지)에 지출한 경우 공제가능 • 대학원 교육비는 근로자 본인을 위해 지출한 것인지 확인 • 비과세 학자금을 지원한 경우 근로자가 교육비 공제를 제외하였는지 확인 • 사내근로복지기금에서 지원한 교육비(과세제외)를 제외하였는지 확인

교육비 과다공제 검토	• 본인 외의 기본공제대상자를 위해 지출한 대학원 교육비는 공제대상 아님
	  - 대학원 교육비는 근로자 본인만 세액공제 가능
	• 초·중·고등학생을 위해 지출한 학원비는 교육비 공제대상 아님
	  - 초등학교 입학연도 1월~2월분의 학원비는 교육비 세액공제 가능
	• 「근로복지기본법」에 따른 사내근로복지기금에서 지원받은 학자금은 교육비 공제대상 아님
	• 「소득세법」상 비과세 학자금(대학 및 대학원 교육비)을 회사·국가기관으로부터 지원받는 경우 교육비 공제대상 아님

※ 2021년귀속 원천징수의무자를 위한 연말정산 신고안내. 국세청

3. 연말정산 근로소득원천징수영수증 - 정산명세

> 근로/연말 ▶ 연말정산관리 I ▶ 연말정산 근로소득 원천징수영수증

(1) 소득공제Tab

[소득공제]Tab에 공제대상자별로 지급명세를 입력하면 [정산명세]Tab에 자동으로 입력된다.

	관계코드	성 명	기본	교육비			신용카드 (전통시장·대 중교통비 도서공연 제외)	직불카드 (전통시장·대 중교통비 도서공연 제외)	현금영수증 (전통시장·대 중교통비 도서공연 제외)
	내외국인	주민등록번호		구분	일반	장애인 특수교육			
3	1 1	김반장 330505-*******	부						
4	1 1	천상자 351226-*******	60세이상						
5	4 1	김태일 900708-*******	부						
6	4 1	김태이 010128-*******	20세이하	대학생	8,500,000				
7	6 1	김석희 630306-*******	장애인						
8									
계		7 명	5		8,500,000 0	0 0	12,000,000 0	0 0	3,000,00 0

(2) 정산명세Tab

구분	내용
소득자 본인	본인의 교육비 지급액을 입력한다.
배우자 교육비	배우자의 교육비로 지출한 금액을 입력하며 반드시 한도 내 금액으로 입력한다.
자녀 등 교육비 [취학 전 아동, 초·중·고등학교, 대학생 (대학원 불포함)]	직계비속이나 형제자매를 위하여 지출한 교육비를 입력하는 항목으로 먼저 해당 인원을 입력하면 보조 BOX가 나타나며 인원수에 해당하는 란에 공제 한도 내 금액으로 입력한다.
장애인	기본공제 대상자인 장애인(소득금액의 제한을 받지 아니함) 재활을 위하여 사회복지시설 및 비영리법인 등에 지급하는 특수 교육비를 전액 공제
공제여부 판단 시 참고사항	• 취학 전 아동, 초·중·고생 : 1인당 300만원 한도 • 대학생 : 900만원 한도 • 부양가족의 소득금액 제한은 있으나 나이제한 없음. • 직계존속의 교육비는 공제 불가능 • 대학원교육비는 본인만 공제 가능 • 취학 전 아동의 학원비는 공제 가능하나 초·중·고등학생의 학원비는 불가능 • 초·중·고, 어린이집, 유치원, 학원, 체육시설 급식비, 방과 후 수업료, 특별활동비(교재비 포함), 중·고등 교복 구입비, 교과서 구입비 공제 가능 • 학교버스이용료, 교육자재비, 기숙사비는 공제 불가능 • 외국대학부설 어학연수과정의 수업료는 공제 불가능

■ 입력 시 유의사항
1. 배우자 및 부양가족의 교육비는 한도 내 금액으로 입력한다.
2. 교복구입비는 1인당 50만원 한도(프로그램에서 한도체크를 하지 못하므로 50만원까지만 입력)

실습예제

다음 자료를 [연말정산 근로소득원천징수영수증]의 해당란에 입력하시오.

2022년 귀속 세액공제증명서류 : 기본(지출처별)내역 [교육비]

■ 학생 인적사항

성 명	주민등록번호
김반장	330505-1000005

■ 교육비 지출내역

(단위 : 원)

교육비구분	학교명	사업자번호	납입금액 계
대학원	**대학교	108-90-15***	12,000,000
인별합계금액			12,000,000

- 본 증명서류는 『소득세법』 제165조 제1항에 따라 영수증 발급기관으로부터 수집한 서류로 소득·세액공제 충족 여부는 근로자가 직접 확인하여야 합니다.
- 본 증명서류에서 조회되지 않는 내역은 영수증 발급기관에서 직접 발급받으시기 바랍니다.

■ 장애인특수교육비납입증명서

1. 교육생

① 성 명	김석희	② 주민등록번호	630306-2******

2. 장애인특수교육시설

③ 시 설 명	늘봄운동발달센터	④ 사업자등록번호	119-15-50400
⑤ 소 재 지	경기도 수원시 팔달구 매산로1 (매산로1가)	⑥ 전화번호	070-2165-5512
⑦ 시설구분	■ 사회복지사업법에 의한 사회복지시설 □ 민법에 의하여 설립된 비영리법인으로서 보건복지부장관이 장애인재활교육을 실시하는 기관으로 인정한 법인 □ 위 시설 또는 법인과 유사한 것으로서 외국에 있는 시설 또는 법인		

교 육 비 납 입 내 역 (2022년도)			
⑧ 납부월일	⑨ 납입금액	⑩ 납부월일	⑨ 납입금액
1월	180,000원	7월	180,000원
2월	180,000원	8월	180,000원
3월	180,000원	9월	180,000원
4월	180,000원	10월	180,000원
5월	180,000원	11월	180,000원
6월	180,000원	12월	180,000원
계	2,160,000원	사용목적	소득공제용

소득세법 제52조 및 소득세법시행령 제113조 제1항의 규정에 의하여 위와 같이 장애인특수교육비를 납부하였음을 증명합니다.

2022년 12월 31일

교육기관장 유 진 호

/ 프로세스입력 /

❶ [소득공제]Tab

관계코드 내외국인	성 명 주민등록번호	기본	교육비 구분	교육비 일반	교육비 장애인 특수교육	신용카드 (전통시장·대중교통비 도서공연 제외)	직불카드 (전통시장·대중교통비 도서공연 제외)	현금영수증 (전통시장·대중교통비 도서공연 제외)
2 3/1	박지영 620305-*******	60세이상						
3 1/1	김반장 330505-*******	부						
4 1/1	천상자 351226-*******	60세이상						
5 4/1	김태일 900708-*******	부						
6 4/1	김태이 020128-*******	20세이하						
7 6/1	김석희 630306-*******	장애인			2,160,000			
8								
계	7 명	5		0 0	0 2,160,000	29,288,237 0	5,210,100 0	13,000,000 0

* 국세청간소화자료에 있으나 김반장의 교육비는 대학원교육비로 공제대상금액에 해당하지 않는다.

❷ [정산명세]Tab

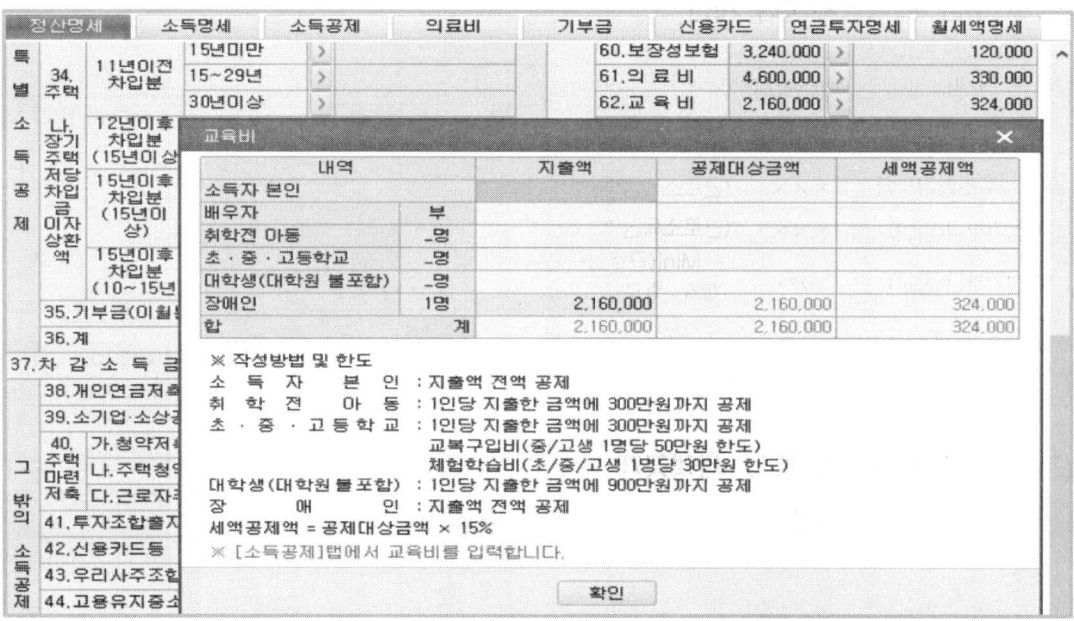

Point 26 작년에 공제 못받은 기부금은 올해 공제받아요

1 기부금 세액공제

거주자가 해당 과세 기간에 지급한 기부금이 있는 경우 기부금을 합한 금액에서 100분의 15(해당 금액이 3천만원을 초과하는 경우 그 초과분에 대해서는 100분의 25)에 해당하는 금액을 해당 과세 기간의 산출 세액에서 공제한다. 이 경우 법정기부금과 지정기부금이 함께 있으면 법정기부금을 먼저 공제한다.

정치자금기부금은 종전 10만원까지 정치자금세액공제, 10만원 초과분에 대하여 기부금 공제로 적용되던 것이 2014년부터는 10만원 초과분까지도 세액공제로 합쳐서 적용되고 있다.

(1) 공제 대상 기부금

구분	내용
기부자	본인, 기본공제 대상자(배우자, 직계존비속, 형제자매, 보호대상자, 위탁아동) 단, 우리사주조합기부금, 정치자금은 본인이 지출한 것만 인정
기부처	법령에서 정하고 있는 기부금 단체

(2) 기부금 세액공제액의 계산

유형	지출액(A)	한도액(B)	공제 대상액 Min(A,B)	한도초과액
법정기부금	×××	근로소득금액	×××	이월공제
우리사주조합기부금	×××	(근로소득금액 − 선순위 공제 대상액) × 30%	×××	−
지정기부금(일반)	×××	(근로소득금액 − 선순위 공제 대상액) × 10% + Min[(근로소득금액 − 선순위 공제 대상액) × 20%, 종교 외 지정기부금]	×××	이월공제
지정기부금(종교)	×××		×××	
합계			×××	

공제 대상액의 합계 × 15% (공제 대상 기부금 3천만원 초과분은 25%)

(3) 기부금 한도초과액 및 세액공제 초과액의 이월공제 적용기간

구분	이월공제 적용 기간
법정기부금	5년
지정기부금	5년

※ 세액공제 전환 전에 2013. 12. 31일 이전에 발생한 이월분이 당해 지출분보다 먼저 공제한 다음 세액공제액을 계산한다.

(4) 공제 대상 기부금의 종류

구분	해당 기부금
법정기부금	• 국가 또는 지방자치단체, 국방헌금과 위문금품 • 천재지변 이재민 구호금품, 특별재난지역 복구 자원봉사 • 학교 등에 시설비·교육비·장학금 또는 연구비로 기부한 금액 • 공공 의료기관에 시설비·교육비, 연구비로 지출한 금액 • 법정 요건을 갖춘 전문모금기관에 지출한 금액(대한적십자사, 사회복지공동모금회) • 공공기관운영법상 공공기관 및 개별법에 설립근거가 있는 기관으로서 수입 상당 부분이 기부금·정부지원금인 법인·단체에 출연한 금액
우리사주조합 기부금	• 우리사주조합원이 아닌 근로자가 우리사주조합에 지출하는 기부금(그 밖의 소득공제 항목으로 근로소득금액에서 공제함. (우리사주조합원이 기부한 경우는 공제 대상 아님.)
지정기부금	• 지정기부금 단체의 고유목적사업비로 지출하는 기부금 : 사회복지법인, 유치원, 초·중·고·대학, 기능대학, 원격대학, 정부인가 학술연구단체·장학단체·기술진흥단체, 정부인가 문화·예술단체(전문예술법인 및 전문예술단체포함)·환경보호운동단체, 종교의 보급·그 밖의 교화를 목적으로 민법 제32조에 따라 문화체육부장관 또는 지방자치단체의 장의 허가를 받아 설립한 비영리법인(그 소속단체를 포함), 의료법인, 기획재정부장관이 지정한 지정기부금단체 • 학교의 장이 추천하는 개인에게 지출하는 교육비·연구비 또는 장학금 • 불우이웃돕기, 지역새마을 사업을 위하여 지출한 비용 등 • 영업자가 조직한 단체의 특별회비, 임의 조직된 조합 등 회비 • 무료·실비 사회복지시설, 불우이웃돕기 결연기관 기부금[무료이용 노인여가복지시설(경로당, 노인교실) 포함] • 해외지정기부금단체 등 • 노동조합, 교원단체, 공무원 직장협의회, 공무원의 노동조합에 가입한 사람이 납부한 회비 • 사내근로복지기금 • 사망 등으로 공익법인 등에 기부될 조건으로 설정한 신탁금액 • 기부금 대상 민간단체에 지출하는 기부금

(5) 특별재난지역 자원봉사 용역의 기부금 계산

봉사용역가액 = 봉사일수 × 5만원 + 직접비용

구 분	내 용
봉사일수	총 봉사 기간 ÷ 8시간(소수점 이하 올림)
직접비용	봉사 용역에 부수되어 발생하는 유류비, 재료비 등을 포함

(6) 공제신청서류

기부금공제자는 모든 기부금 명세서를 연말정산 시 제출해야 한다.

2 정치자금 세액공제

거주자가 정치자금에 관한 법률에 의하여 선거관리위원회에 기탁한 정치자금은 이를 지출한 해당 연도의 산출세액에서 아래와 같이 세액공제한다. 법인 또는 당원이 아닌 거주자가 특별지원비·찬조비 등을 정당에 직접 지출한 경우에는 정치자금 세액공제 규정이 적용되지 아니한다.

(1) 정치자금 세액공제

① 10만원 이하 금액은 100/110을 곱한 금액을 세액공제
② 10만원 초과 금액은 해당액의 15%(3천만원 초과분 25%)를 세액공제
③ 정치자금세액공제 규정은 본인 명의로 기부한 정치자금에 한하여 적용됨.

(2) 소득공제 신청 방법

근로소득공제신청서 세액공제란에 세액 공제받고자 하는 기부정치자금을 기재한다.

(3) 공제신청서류

기부 정치자금 영수증은 관련 법률에서 정하고 있으므로 해당 정치자금 영수증을 제출한다.
① 무정액영수증(정치자금사무관리규칙 별지 제16호)
② 정액영수증(정치자금사무관리규칙 별지 제17호)
③ 기탁금수탁증(정치자금사무관리규칙 별지 제25호)
④ 당비영수증(정치자금사무관리규칙 별지 제2호)

3. 국세청 중점확인사항 - 기부금세액공제

구 분	중점 확인사항

기부금세액공제	• 수동 제출 기부금영수증 상 '일련번호' 유무 확인
	  - 일련번호가 없는 기부금영수증의 경우 기부금 표본조사 대상에 선정될 가능성이 높음
	• 기부금단체가 적격 단체에 해당하는지 영수증에 기재된 근거법령을 통해 확인
	  - 개별 종교단체의 경우 총회나 중앙회가 문화체육관광부장관 또는 지방자치단체의 장의 허가를 받아 설립한 비영리법인인지 여부는 기부금영수증, 소속증명서 등을 통해 확인
	  - '고유번호증'의 유무가 적격 기부금 종교단체 여부 판단기준이 아님에 유의
	  - 사주, 궁합, 택일, 작명 등 대가성 비용을 지출하고 발급받은 기부금영수증은 공제불가
	  - 사단법인 또는 재단법인의 경우 기획재정부장관의 지정을 받았는지 여부 확인
	    단, 기획재정부장관 지정이 없더라도 관련법령에서 적격 기부금단체로 규정한 법인도 있으므로 '기부금영수증 상 기부금단체 근거법령'을 확인하여 적격 기부금단체 여부 판단

기부금 과다공제 검토	• 기본공제대상자가 아닌 직계존·비속 및 형제자매 등이 지출한 기부금은 공제대상 아님
	  - 소득요건을 충족하지 못한 부양가족이 지출한 기부금은 세액공제 적용대상 아님
	    (예시) 근로소득자인 배우자(총급여 1,000만원)가 지출한 기부금
	  - 정치자금기부금과 우리사주조합기부금은 근로자 본인 지출분만 공제 가능
	• 허위 또는 과다하게 작성된 기부금영수증은 세액공제 적용대상 아님
	• 적격 기부금영수증 발급단체가 아닌 자로부터 받은 기부금영수증은 공제대상 아님

※ 2021년귀속 원천징수의무자를 위한 연말정산 신고안내. 국세청

4. 연말정산 근로소득원천징수영수증 - 정산명세

근로/연말 > 연말정산관리 I > 연말정산 근로소득 원천징수영수증

(1) 기부금Tab

기부금Tab에서 입력하면 정산명세Tab의 63.기부금란에 자동반영된다.

1) 해당년도 기부금공제

[기부금]Tab의 [해당년도 기부명세]에서 1.해당연도 기부명세에 기부자별로 기부명세를 입력하면 2.구분코드별기부금합계에 반영한 다음, 3-1[당해연도]기부금조정명세서에서 기부금종류별로 공제대상금액을 계산한다.

1. 해당연도 기부명세

NO	기부자 관계	성명	내.외	주민번호	기부처 사업자번호	상호	유형	코드	기부명세 건수	합계금액	기부대상액
1	1.본인	김석주	내	591111-******	106-83-12127	선거관리위	정치	20	1	200,000	200,0
2	1.본인	김석주	내	591111-******	203-82-11117	대한적십자	법정	10	1	300,000	300,0
3											
	합계								2	500,000	500,0

2. 구분코드별 기부금 합계

구분	10.법정	20.정치	40.지정	41.종교	42.우리	50.제외
본인	300,000	200,000				
배우자						
직계비속						
직계존속						
형제자매						
그외						
합계	300,000	200,000				

2) 기부금(이월분)

하단의 3-2.[전년도]기부금조정명세서에 전년도에 지급한 기부금 중 공제받지못하고 이월된 금액을 입력하며, SmartA로 전년도에도 기부금조정하였다면, 전년도 기부금 반영 키를 클릭하면 전년도 이월액을 자동으로 반영한다.

3-1. [당해연도] 기부금조정명세서

NO	코드	기부연도	(16)기부금액	(17)전년까지 공제된금액	공제대상 금액(16-17)	해당연도 공제금액	해당연도 공제받지 못한 금액 소멸금액	이월금액
1	10	2022	300,000		300,000			
2	20	2022	200,000		200,000			
3								
	합계		500,000		500,000			

※ 기부장려금신청액만 있을 경우에는 해당연도명세만 작성하고 기부금조정명세 작성 안함 : △표시됨 (홈택스지침)

3-2. [전년도] 기부금조정명세서

NO	코드	기부연도	(16)기부금액	(17)전년까지 공제된금액	공제대상 금액(16-17)	해당연도 공제금액	해당연도 공제받지 못한 금액 소멸금액	이월금액
1								
	합계							
	총계		500,000	0	500,000	0	0	0

3) 기부금세액공제 계산

공제액계산 정산명세보내기 를 클릭하여 조회되는 정산화면에서 [불러오기] 후 [공제금액+정산명세반영]키를 클릭하여 기부금 구분별로 계산내역을 해당연도 공제금액에 적용한다.

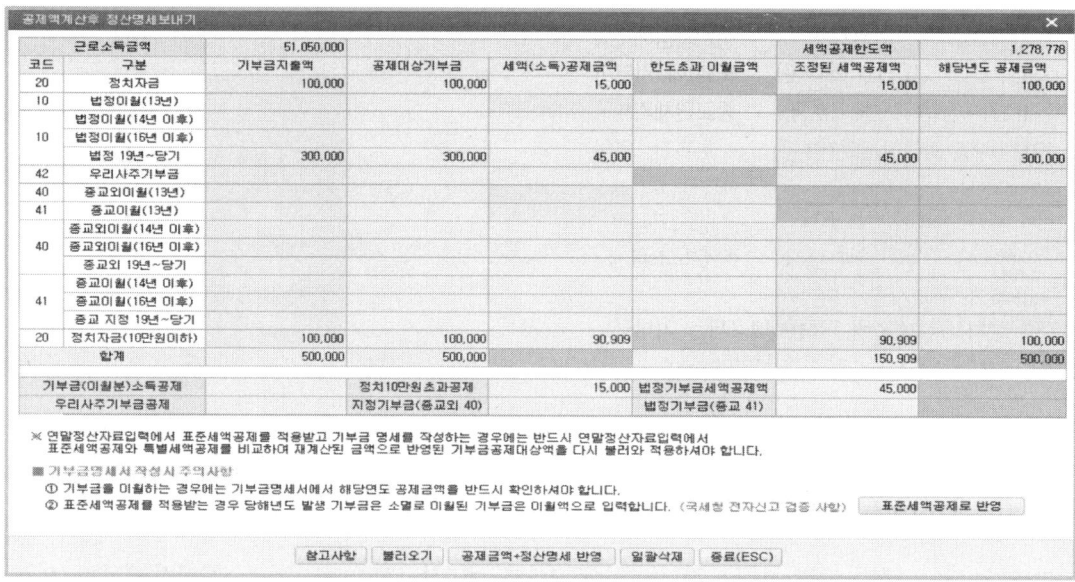

(2) 정산명세 Tab

구 분		내용
정치자금(10만원 이하)		정치자금 중 10만원까지 100/110 세액공제
전액공제 기부금	법정기부금	국가 또는 지방자치단체에 기부한 금품, 국방헌금과 위문금품, 천재·지변으로 인한 이재민 구호금품, 특별재난지역의 복구를 위하여 자원 봉사한 경우 그 용역의 가액을 입력한다.
	정치자금 (10만원 초과분)	정치자금에 관한 법률에 의하여 정당(동법에 의한 후원회 및 선거관리위원회 포함)에 기부한 정치자금 중 10만원을 초과하는 금액을 입력한다.
지정기부금(종교단체기부금)		종교단체기부금을 입력한다.
지정기부금(종교단체외기부금)		사회복지, 문화, 예술, 교육, 자선등 공익성 기부금을 입력한다.
공제여부 판단 시 참고사항		• 기본공제대상자(소득금액 및 나이제한)의 기부금만 공제 가능 • 정치자금은 본인 지출분만 공제 가능 • 한도초과 시 이월공제가 가능(법정 5년, 지정 5년)

■ 입력 시 유의사항
 1. 정치자금(10만원 이하)세액공제는 기부금 정치자금세액공제란에 입력한다.
 2. 전액공제기부금과 지정기부금을 입력한다.
 3. 우리사주조합기부금은 42.우리사주기부금 란에 입력한다.

실습예제

다음 자료를 [연말정산 근로소득원천징수영수증]의 해당란에 입력하시오.

■ 소득세법 시행규칙 [별지 제45호서식]<개정안>

기부금명세서

(앞쪽)

※ 뒤쪽의 작성방법을 읽고 작성하여 주시기 바랍니다.

① 인적사항

① 근무지 또는 사업장상호	(주)연말정산	② 사업자등록번호	214-81-56121
③ 성 명	김석주	④ 주민등록번호	591111-1000000
⑤ 주 소	서울특별시 용산구 남산공원길126 (용산동2가)	(전화번호:	--)
⑥ 사업장소재지	서울특별시 서초구 강남대로261 (서초동)	(전화번호:	02-123-1234)

② 해당연도 기부명세

구분		⑨기부내용	기부처		⑫기부자			기부명세		⑮기부장려금 신청금액
⑦유형	⑧코드		⑩상호(법인명)	⑪사업자등록번호 등	관계코드	성명	주민등록번호	건수	⑬기부금 합계금액(⑭+⑮)	⑭공제대상 기부금액	
정치자금	20	(금전)	선거관리위원회	106-83-12127	1	김석주	591111-1000000	1	200,000	200,000	
지정	40	(금전)	나눔의집	203-82-11117	1	김석주	591111-1000000	1	30,000,000	30,000,000	

③ 구분코드별 기부금의 합계

기부자 구분	총계	공제대상 기부금					공제제외 기부금
		법정기부금	정치자금 기부금	종교단체외 지정기부금	종교단체 지정기부금	우리사주조합 지정기부금	
코드		10	20	40	41	42	50
합계	30,200,000		200,000	30,000,000			
본인	30,200,000		200,000	30,000,000			
배우자							
직계비속							
직계존속							
형제자매							
그외							

④ 기부금 조정 명세

기부금코드	기부연도	⑯기부금액	⑰전년까지 공제된 금액	⑱공제대상금액(⑯-⑰)	해당 연도 공제금액		해당연도에 공제받지 못한 금액	
					필요경비	세액(소득)공제	소멸금액	이월금액
20	2021	200,000		200,000		200,000		
40	2021	30,000,000		30,000,000		25,230,000		4,770,000

210mm × 297mm (백상지 80g/㎡)

2022년 귀속 소득·세액공제증명서류 : 기본(지출처별)내역 [기부금]

■ 기부자 인적사항

성 명	주 민 등 록 번 호
김석주	591111-1******

■ 기부자 지출내역사

(단위 : 원)

사업자번호	단체명	기부유형	기부금액 합계	공제대상 기부금액	기부장려금 신청금액
116-82-14426	사회복지 공동모금회	법정기부금	1,700,000	1,700,000	
인별합계금액					1,700,000

- 본 증명서류는 「소득세법」 제165조 제1항에 따라 영수증 발급기관으로부터 수집한 서류로 소득·세액공제 충족 여부는 근로자가 직접 확인하여야 합니다.
- 본 증명서류에서 조회되지 않는 내역은 영수증 발급기관에서 직접 발급받으시기 바랍니다.

프로세스입력

① 기부금Tab

[해당연도 기부명세]Tab
1. 해당연도 기부명세에서 기부자별로 기부처.기부명세를 입력한 다음 [당해연도 기부금반영]키를 클릭하여 하단 2.구분코드별 기부금합계란에 반영한다.

[기부금조정명세]

[3-1.[당해연도]기부금조정명세서]에서 공제대상금액이 반영된 것을 조회하고, 하단 [전년도 기부금반영]키를 클릭하여 [3-2.전년도기부금조정명세서]에 반영한다. 단, 전년도 기부금이월내역이 있으나 전년도 데이터가 없는 경우 해당란에 금액을 입력한다.

[공제액계산 정산명세보내기]

[불러오기] 후 [공제금액+정산명세 반영]을 클릭하여 [3-1.당해연도기부금조정명세서]에 '해당연도 공제금액'과 '해당연도 공제받지 못한 금액'에 반영한다.

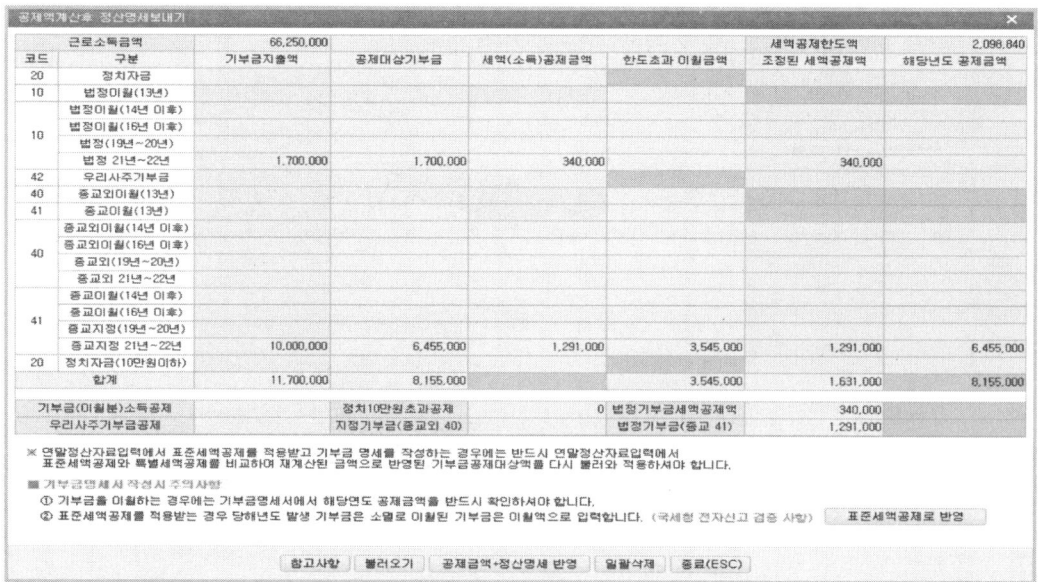

정산명세	소득명세	소득공제	의료비	기부금	신용카드	연금투자명세	월세액명세
해당연도 기부명세	기부금 조정명세	조정명세서 현황	급여공제내역		엑셀		

● 3-1. [당해연도] 기부금조정명세서   공제액계산 정산명세보내기

NO	코드	기부연도	(16)기부금액	(17)전년까지 공제된금액	공제대상 금액(16-17)	해당연도 공제금액	해당연도 공제받지 못한 금액	
							소멸금액	이월금액
1	10	2022	1,700,000		1,700,000	1,700,000		
2	41	2022	10,000,000		10,000,000	6,455,000		3,545,000
3								
합계			11,700,000		11,700,000	8,155,000		3,545,000

[정산명세]Tab

소득공제	나.장기주택저당차입금이자상환액	12년이후 차입분(15년이상)	고정 or 비거치			특별세액공제	63 기부금	정치	10만원이하		
			기타대출						10만원초과		
		15년이후 차입분(15년이상)	고정&비거치		8,000,000			나.법정기부금			340,000
			고정 or 비거치					다.우리사주기부금			
			기타대출					라.지정기부금(종교외)			
		15년이후 차입분(10~15년)	고정 or 비거치					마.지정기부금(종교)			1,291,000
							64.계				3,755,000
35.기부금(이월분)							65.표준세액공제				

 **월세액은 입금내역이 필요해요**

1 월세액 세액공제

주택을 소유하지 아니한 세대의 세대주(세대주가 주택자금 공제 및 주택마련저축 공제를 받지 않는 경우에는 세대원 포함)로서 근로소득자(일용근로자 제외)가 국민주택 규모의 주택(주거용 오피스텔 포함)을 임차하기 위하여 총 급여액(비과세 제외)이 7천만원(해당 과세 기간에 종합소득과세표준을 계산할 때 합산하는 종합소득금액이 6천만원) 이하인 근로자가 지급하는 월세액의 10%에 상당하는 금액(연 750만원 한도)을 세액공제한다.

구 분	내 용
월세액 소득공제 요건	① 국민주택 규모의 주택을 임차하기 위하여 지급하는 월세액으로 사글세액을 포함한다. ② 근로자(세대주, 세대원) 본인이 임대차계약의 당사자일 것 ③ 임대차계약증서의 주소지와 주민등록표 등본의 주소지가 같을 것 ④ 단독세대주도 월세액 세액공제 가능
월세액의 계산	$\dfrac{\text{임대차계약증서상 주택임차기간 중 지급할 월세액의 합계액}}{\text{주택임대차 계약기간의 해당 일수}} \times$ 해당 과세기간의 임차일수
공제금액	① 총급여 5,500만원 이하(근로소득자 중 종합소득금액이 4천만원 이하인 자 포함) 　: Min(월세액, 7,500만원) × 12% ② 총급여 5,500만원 초과 7,000만원 이하(근로소득자 중 종합소득금액이 4천만원 초과 6천만원이하인 자 포함)　: Min(월세액, 7,500만원) × 10%
공제 시 필요한 서류	① 임대차 계약증서 사본 ② 근로자의 주민등록표등본 ③ 현금영수증, 계좌이체 영수증 및 무통장입금증 등 주택임대인에게 월세액을 지급하였음을 증명할 수 있는 서류
신용카드 등 소득공제와 중복 공제 배제	월세액 세액공제를 받는 월세금액은 현금영수증 발급을 통한 신용카드 등 사용금액 소득공제 적용을 받을 수 없음을 유의한다.

2 국세청 중점확인사항 – 월세액 세액공제

구 분	중점 확인사항
월세액세액공제	① 주민등록표등본을 통해 과세기간 종료일 현재 세대주(세대주가 주택자금공제, 주택마련저축 공제를 받지 아니한 경우 세대원인 근로자 가능) 여부 확인 ② 근로자 또는 기본공제대상자가 임대차계약서 상 계약자인지 여부 확인 ③ 주민등록표등본 상 주소지와 임대차계약서 상 주소지가 동일한지 여부 확인 　※ 2014.1.1. 이후 임대차계약서 상 확정일자를 받을 요건 삭제

※ 2021년귀속 원천징수의무자를 위한 연말정산 신고안내. 국세청

3 연말정산 근로소득원천징수영수증 - 정산명세

근로/연말 > 연말정산관리 I > 연말정산 근로소득 원천징수영수증

| 정산명세 | 소득명세 | 소득공제 | 의료비 | 기부금 | 신용카드 | 연금투자명세 | 월세액명세 |

세	이자 상환 액	상) 15년이후 차입분 (10~15년	기타대출 고정or비거치	>		공 제	마.지정기부금(종교) 64.계 65.표준세액공제	> >	2,082,909
	35.기부금(이월분)			>					
	36.계				2,103,750				
37.차 감 소 득 금 액					35,971,250		66.납 세 조 합 공 제	>	
	38.개인연금저축			>			67.주 택 차 입 금	>	
	39.소기업·소상공인공제부금			>			68.외 국 납 부	>	
그 주택 마련	40. 가.청약저축 나.주택청약종합저축			> >			69.월세액	>	

구 분	내용
월세액 세액공제명세	월세계약서상의 임대인과 주민(사업자)등록번호를 입력한다.

■ 입력 시 유의사항
  1. 무주택세대의 세대주(세대주가 주택관련 공제를 받지 않은 경우 세대원도 가능)로서 총급여 7천만원 이하 국민주택규모 주택(오피스텔, 고시원포함)을 임차하기 위해 지급하는 월세액을 입력한다.
  2. 주택유형은 1.단독주택, 2.다가구, 3.다세대주택, 4.연립주택, 5.아파트, 6.오피스텔, 7.고시원, 8.기타 중 선택한다.

월세액공제 참고자료

주택임대차계약서

☐ 보증금 있는 월세
☐ 전세   ☐ 월세

임대인(　　　　　　)과 임차인(　　　　　　)은 아래와 같이 임대차 계약을 체결한다

[임차주택의 표시]

소 재 지	(도로명주소)			
토 지	지목		면적	㎡
건 물	구조·용도		면적	㎡
임차할부분	상세주소가 있는 경우 동·층·호 정확히 기재		면적	㎡

미납 국세	선순위 확정일자 현황	
☐ 없음 (임대인 서명 또는 날인 _____인)	☐ 해당 없음 (임대인 서명 또는 날인 _____인)	확정일자 부여란
☐ 있음(중개대상물 확인·설명서 제2쪽 II. 개업공인중개사 세부 확인사항 ⑨ 실제 권리관계 또는 공시되지 않은 물건의 권리사항'에 기재)	☐ 해당 있음(중개대상물 확인·설명서 제2쪽 II. 개업공인중개사 세부 확인사항 ⑨ 실제 권리관계 또는 공시되지 않은 물건의 권리사항'에 기재)	

유의사항: 미납국세 및 선순위 확정일자 현황과 관련하여 개업공인중개사는 임대인에게 자료제출을 요구할 수 있으나, 세무서와 확정일자부여기관에 이를 직접 확인할 법적권한은 없습니다. ※ 미납국세·선순위확정일자 현황 확인방법은 "별지"참조

[계약내용]

제1조(보증금과 차임) 위 부동산의 임대차에 관하여 임대인과 임차인은 합의에 의하여 보증금 및 차임을 아래와 같이 지불하기로 한다.

보증금	금		원정(₩ 　　　　　　　　　　)
계약금	금	원정(₩ 　　　　　)	은 계약시에 지불하고 영수함. 영수자 (　　　인)
중도금	금	원정(₩ 　　　　　)	은 ____년 ____월 ____일에 지불하며
잔 금	금	원정(₩ 　　　　　)	은 ____년 ____월 ____일에 지불한다
차임(월세)	금	원정은 매월	일에 지불한다(입금계좌: 　　　　　)

제2조(임대차기간) 임대인은 임차주택을 임대차 목적대로 사용·수익할 수 있는 상태로 ____년 ____월 ____일 까지 임차인에게 인도하고, 임대차기간은 인도일로부터 ____년 ____월 ____일까지로 한다.

제3조(입주 전 수리) 임대인과 임차인은 임차주택의 수리가 필요한 시설물 및 비용부담에 관하여 다음과 같이 합의한다.

수리 필요 시설	☐ 없음 ☐ 있음(수리할 내용: 　　　　　　　)
수리 완료 시기	☐ 잔금지급 기일인 ____년 ____월 ____일까지 ☐ 기타 (　　　)
약정한 수리 완료 시기까지 미 수리한 경우	☐ 수리비를 임차인이 임대인에게 지급하여야 할 보증금 또는 차임에서 공제 ☐ 기타 (　　　)

제4조(임차주택의 사용·관리·수선) ① 임차인은 임대인의 동의 없이 임차주택의 구조변경 및 전대나 임차권 양도를 할 수 없으며, 임대차 목적인 주거 이외의 용도로 사용할 수 없다.

② 임대인은 계약 존속 중 임차주택을 사용·수익에 필요한 상태로 유지하여야 하고, 임차인은 임대인이 임차주택의 보존에 필요한 행위를 하는 때 이를 거절하지 못한다.

③ 임대인과 임차인은 계약 존속 중에 발생하는 임차주택의 수리 및 비용부담에 관하여 다음과 같이 합의한다. 다만, 합의되지 아니한 기타 수선비용에 관한 부담은 민법, 판례 기타 관습에 따른다.

임대인부담	(예컨대, 난방, 상하수도, 전기시설 등 임차주택의 주요설비에 대한 노후·불량으로 인한 수선은 민법 제623조, 판례상 임대인이 부담하는 것으로 해석됨)
임차인부담	(예컨대, 임차인의 고의과실에 기한 파손, 전구 등 통상의 간단한 수선, 소모품 교체 비용은 민법 제623조, 판례상 임차인이 부담하는 것으로 해석됨)

④ 임차인이 임대인의 부담에 속하는 수선비용을 지출한 때에는 임대인에게 그 상환을 청구할 수 있다.

제5조(계약의 해제) 임차인이 임대인에게 중도금(중도금이 없을 때는 잔금)을 지급하기 전까지, 임대인은 계약금의 배액을 상환하고, 임차인은 계약금을 포기하고 이 계약을 해제할 수 있다.

제6조(채무불이행과 손해배상) 당사자 일방이 채무를 이행하지 아니하는 때에는 상대방은 상당한 기간을 정하여 그 이행을 최고하고 계약을 해제할 수 있으며, 그로 인한 손해배상을 청구할 수 있다. 다만, 채무자가 미리 이행하지 아니할 의사를 표시한 경우의 계약해제는 최고를 요하지 아니한다.

제7조(계약의 해지) ① 임차인은 본인의 과실 없이 임차주택의 일부가 멸실 기타 사유로 인하여 임대차의 목적대로 사용할 수 없는 경우에는 계약을 해지할 수 있다.

② 임대인은 임차인이 2기의 차임액에 달하도록 연체하거나, 제4조 제1항을 위반한 경우 계약을 해지할 수 있다.

제8조(계약의 종료) 임대차계약이 종료된 경우에 임차인은 임차주택을 원래의 상태로 복구하여 임대인에게 반환하고, 이와 동시에 임대인은 보증금을 임차인에게 반환하여야 한다. 다만, 시설물의 노후화나 통상 생길 수 있는 파손 등은 임차인의 원상복구의무에 포함되지 아니한다.

제9조(비용의 정산) ① 임차인은 계약종료 시 공과금과 관리비를 정산하여야 한다.

② 임차인은 이미 납부한 관리비 중 장기수선충당금을 소유자에게 반환 청구할 수 있다. 다만, 관리사무소 등 관리주체가 장기수선충당금을 정산하는 경우에는 그 관리주체에게 청구할 수 있다.

제10조(중개보수 등) 중개보수는 거래 가액의 _____ % 인 _____ 원(□ 부가가치세 포함 □ 불포함)으로 임대인과 임차인이 각각 부담한다. 다만, 개업공인중개사의 고의 또는 과실로 인하여 중개의뢰인간의 거래행위가 무효·취소 또는 해제된 경우에는 그러하지 아니하다.

제11조(중개대상물확인·설명서 교부) 개업공인중개사는 중개대상물 확인·설명서를 작성하고 업무보증관계증서(공제증서등) 사본을 첨부하여 _____ 년 _____ 월 _____ 일 임대인과 임차인에게 각각 교부한다.

[특약사항]

상세주소가 없는 경우 임차인의 상세주소부여 신청에 대한 소유자 동의여부(□ 동의   □ 미동의)

※ 기타 임차인의 대항력·우선변제권 확보를 위한 사항, 관리비·전기료 납부방법 등 특별히 임대인과 임차인이 약정할 사항이 있으면 기재
― 【대항력과 우선변제권 확보 관련 예시】 "주택을 인도받은 임차인은 _____ 년 ____ 월 ____ 일까지 주민등록(전입신고)과 주택임대차계약서상 확정일자를 받기로 하고, 임대인은 _____ 년 ____ 월 ____ 일(최소한 임차인의 위 약정일자 이튿날부터 가능)에 저당권 등 담보권을 설정할 수 있다"는 등 당사자 사이 합의에 의한 특약 가능

본 계약을 증명하기 위하여 계약 당사자가 이의 없음을 확인하고 각각 서명·날인 후 임대인, 임차인, 개업공인중개사는 매 장마다 간인하여, 각각 1통씩 보관한다.   년   월   일

임대인	주 소						서명 또는 날인㊞
	주민등록번호		전 화		성 명		
	대 리 인	주 소		주민등록번호		성 명	
임차인	주 소						서명 또는 날인㊞
	주민등록번호		전 화		성 명		
	대 리 인	주 소		주민등록번호		성 명	
중개업자	사무소소재지			사무소소재지			
	사무소명칭			사무소명칭			
	대 표	서명 및 날인	㊞	대 표	서명 및 날인		㊞
	등 록 번 호		전화	등 록 번 호		전화	
	소속공인중개사	서명 및 날인	㊞	소속공인중개사	서명 및 날인		㊞

법무부   국토교통부   서울특별시

실습예제

다음 자료를 [연말정산 근로소득원천징수영수증]의 해당란에 입력하시오.
(공제대상으로 가정함)

월 세 납 입 영 수 증

■ 임대인

성명(법인명)	김석주	주민등록번호(사업자번호)	591111-1000000
주소	서울특별시 용산구 남산공원길 126(용산동2가)		

■ 임차인

성명	박수형	주민등록번호	761215-1111113
주소	서울특별시 관악구 신림로 22길 15-22 대일아파트 302호		

■ 세부내용
- 임대차 기간 : 2021년 11월 1일 ~ 2023년 10월 31일
- 임대차계약서상 주소지 : 서울특별시 용산구 남산공원길 126(용산동2가)
- 월세금액 : 600,000원 (연간 총액 7,200,000원)
- 주택유형 : 단독주택, 계약면적 85㎡

프로세스입력

① 월세액

임대인성명(상호)	주민(사업자)등록번호	주택유형	주택계약면적(㎡)	임대차계약서상 주소지	임대차계약기간 시작	임대차계약기간 종료	월세액
박수형	761215-1111113	단독주택	85.00	서울특별시 용산구 남산공원길126	2021-11-01	2023-10-31	7,200,000
합계							7,200,000

무주택자해당여부 ○여 ●부

○ 공제대상금액 : Min [월세액, 750만원]
○ 세액공제액 : 공제대상금액 × 12%(15%)
○ 월세액 공제율
  - 총급여 5,500만원 이하 : 15% (근로소득자 중 종합소득금액 4,500만원 초과자 제외)
  - 총급여 5,500만원 초과 7천만원 이하 : 12% (근로소득자 중 종합소득금액 6,000만원 초과자 제외)
※ 입력주의사항
  무주택 세대의 세대주(세대주가 주택관련 공제를 받지 않은 경우 세대원도 가능)로서 총급여 7천만원 이하 국민주택규모 주택(오피스텔, 고시원포함)를 임차하기 위해 지급하는 월세액

삭제(F5) 확인(ESC)

* 본 사례에서는 총급여액이 7,000만원을 초과하여 세액공제액이 계산되지 않는다.

Point 28. 미분양주택을 분양받아 생긴 차입금은 농어촌특별세가 적용되요

1 주택자금 차입금이자 세액공제

무주택 세대주 또는 1주택만을 소유한 세대주인 근로자가 '95. 11. 1.~ '97. 12. 31. 기간 중 서울특별시 외의 미분양주택을 취득하는 경우 주택의 취득과 관련된 차입금에 대한 이자상환액의 100분의 30에 상당하는 금액을 당해 과세년도의 종합소득산출세액에서 공제한다.

(1) 공제대상 주택

서울특별시 이외의 지역에 소재하는 국민주택규모 이하의 주택으로 다음의 요건을 모두 갖추어야 한다.

① (구)「주택건설촉진법」에 의하여 건설교통부장관의 사업계획승인을 얻어 건설하는 주택(임대주택 제외)으로서 당해 주택의 소재지 관할시장·군수·구청장이 '95. 10. 31 현재 미분양주택임을 확인한 주택
② 주택건설업자로부터 최초로 분양받은 주택으로서 당해주택이 완공된 후 다른 자가 입주한 사실이 없는 주택

(2) 차입금의 범위

국민주택기금으로부터 차입하는 금액 또는 국민은행((구)한국주택은행)이 미분양 주택의 취득자에게 특별 지원하는 대출금으로 한다.

(3) 세액공제금액

① 주택자금 차입금이자 세액공제 = 주택자금 차입금에 대한 당해 연도 이자상환액의 30%
② 농어촌특별세 = 주택자금 차입금이자 세액공제액 × 20%

(4) 유의사항

① 무주택 세대주 등의 해당 여부는 미분양주택 취득 시기(소득세법시행령 제162조 제1항)를 기준으로 판단하며, 1주택만을 소유하는 세대주는 대체 취득(미분양주택의 취득일로부터 1년 이내에 종전의 주택을 양도하는 경우)하는 경우에 한하여 공제 가능하다.

② '97. 12. 31.까지 매매계약을 체결하고 계약금을 납부한 경우에는 미분양주택을 '95. 11. 1.~'97. 12. 31. 기간 중에 취득한 것으로 본다.

2 연말정산 근로소득원천징수영수증 - 정산명세

근로/연말 > 연말정산관리 I > 연말정산 근로소득 원천징수영수증

구 분	내 용
주택차입이자 상환액	무주택 세대주 또는 1주택만을 소유한 세대주인 근로자가 1995. 11. 1.~ 1997. 12. 31. 기간 중 (구)조세감면규제법 제67조의 2의 규정에 의한 미분양주택의 취득과 직접 관련하여 1995. 11. 1. 이후 국민주택기금 등으로부터 차입한 대출금의 이자상환액을 입력한다.

■ 입력 시 유의사항
  주택차입금이자세액공제 대상만 입력하여야 한다. (주택자금공제와 혼돈될 수 있음.)

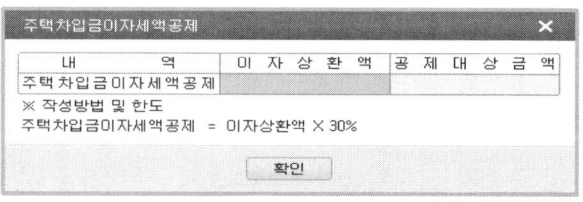

실습예제

다음 자료를 [연말정산 근로소득원천징수영수증]의 해당란에 입력하시오.
- 주택차입금이자상환액(1995.12.1.국민주택기금 차입금 이자) 1,800,000원

프로세스입력

❶ 주택차입금 이자상환액

정산명세			소득명세	소득공제	의료비	기부금	신용카드	연금투자명세	월세액명세
특 별 소 득 공 제	주택 저당 차입 금 이자 상환 액	(15년이상) 기타대출				세 액 공 제	별 세 액 공 제	63 기 부 금	시 10만원초과		
		15년이후 차입분 (15년이상)	고정&비거치		8,000,000				나.법정기부금		340,000
			고정or비거치						다.우리사주기부금		
			기타대출						라.지정기부금(종교외)		
		15년이후 차입분 (10~15년)	고정or비거치						마.지정기부금(종교)		1,291,000
								64.계		2,405,000
	35.기부금(이월분)						65.표준세액공제			
	36.계				10,354,280					
37.차 감 소 득 금 액					42,695,720	66.납 세 조 합 공 제				
	38.개인연금저축					67.주 택 차 입 금				540,000
	39.소기업·소상공인공제부금									
그 밖 의 소 득 공 제	40. 주택 마련 저축	가.청약저축								
		나.주택청약종합저축								
		다.근로자주택마련저축								
	41.투자조합출자 등									
	42.신용카드 등		47,573,637							
	43.우리사주조합 출연금									
	44.고용유지중소기업근로자					70.세 액 공 제 계				4,195,000
	45.장기집합투자증권저축					71.결 정 세 액(49-54-70)				677,840
	46.그 밖의 소득 공제 계				3,010,120	81.실 효 세 율(%) (71/21)×100%				0.8%

주택차입금이자세액공제

내 역	이 자 상 환 액	공 제 대 상 금 액
주택 차 입 금 이 자 세 액 공 제	1,800,000	540,000

※ 작성방법 및 한도
주택차입금이자세액공제 = 이자상환액 × 30%

[확인]

❷ 농어촌특별세 적용

* 주택차입금이자세액공제의 '이자상환액'에 금액을 입력하여 공제세액이 계산되면 20%를 농어촌특별세로 자동반영한다.

		소득세	지방소득세	농어촌특별세	계
72.결정세액		677,840	67,784	108,000	853,624
기납부 세액	73.종(전) 근무지	0	0	0	0
	74.주(현) 근무지	6,006,480	600,640	0	6,607,120
75. 납부특례세액		0	0	0	0
76. 차감징수세액(72-73-74-75)		-5,328,640	-532,850	108,000	-5,753,490

 **외국에서 납부한 세액은 공제받으세요**

1 외국납부세액공제

거주자의 종합소득금액에 국외원천소득이 합산되어 있는 경우에 그 국외원천소득에 대하여 외국에서 외국소득세액을 납부하였거나 납부할 것이 있는 때에는 외국소득세액을 당해년도의 종합소득산출세액에서 공제할 수 있다.

(1) 외국소득세액

외국소득세액은 외국 정부가 과세한 다음의 세액으로 가산세 및 가산금은 제외한다.

> ㉮ 개인의 소득금액을 과세표준으로 하여 과세된 세액과 그 부가세액
> ㉯ ㉮와 유사한 세목에 해당하는 것으로서 소득 외의 수입금액 기타 이에 준하는 것을 과세표준으로 하여 과세된 세액

(2) 세액공제금액

해당 과세 기간의 종합소득산출세액에 국외원천소득이 그 과세 기간의 종합소득금액에서 차지하는 비율을 곱하여 산출한 금액을 한도로 외국소득세액을 해당 과세 기간의 종합소득산출세액에서 공제한다.

$$세액공제한도 = 근로소득\ 산출세액 \times \left(\frac{국외근로소득금액}{근로소득금액} \right)$$

조세특례제한법 또는 기타 법률에 의하여 면제 또는 세액감면을 적용받는 경우에는 다음의 비율을 곱하여 산출한 금액을 한도로 외국소득세액을 해당 과세 기간의 종합소득산출세액에서 공제한다.

$$비율 = \frac{국외원천소득 - 면제\ 또는\ 세액감면\ 대상\ 국외\ 원천소득 \times 면제(감면)비율}{해당\ 과세기간의\ 종합소득금액}$$

※ 국외근로소득금액에는 비과세되는 국외근로소득을 차감한 금액이며 세액공제한도 초과액은 5년간 이월하여 공제할 수 있다.

(3) 공제신청서류

외국납부세액의 공제를 받으려는 사람은 외국납부세액공제(필요경비산입) 신청서를 국외원천소득이 산입된 과세 기간의 과세표준 확정신고 또는 연말정산을 할 때에 납세지 관할 세무서장 또는 원천징수 의무자에게 제출하여야 한다.

2. 연말정산 근로소득원천징수영수증 - 정산명세

근로/연말 > 연말정산관리 I > 연말정산 근로소득 원천징수영수증

구 분	내용
외국납부세액공제	국외원천소득에 대하여 외국에서 외국정부에 의해 과세되어 납부하였거나 납부할 세액을 입력한다.

- 입력 시 유의사항
  납세국명과 근무기간을 입력한다.

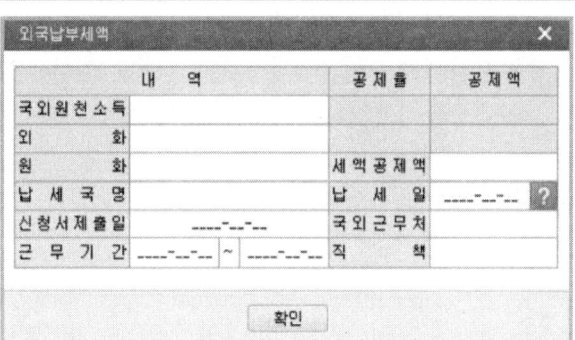

Point 30. 납세조합에서 받은 급여는 세액계산이 달라요

1 납세조합 세액공제

(1) 세액공제금액

「소득세법」 제127조 제1항 제4호 각 목의 어느 하나에 해당하는 근로소득이 있는 자가 조직한 납세조합이 그 조합원의 매월분의 소득세를 징수할 때 그 조합원의 매월분의 소득에 대해서는 근로소득에 대한 원천징수의 예에 따르되, 근로소득 간이세액표에 의하여 계산한 소득세에서 그 세액의 100분의 10에 상당하는 금액을 공제하여 세액을 징수한다.

연말정산을 하는 경우에는 해당 납세조합에 의하여 원천징수된 근로소득에 대한 종합소득산출세액의 100분의 10에 해당하는 금액을 공제한 것을 세액으로 징수한다.

(2) 유의사항

① 납세조합에 신고하지 아니한 소득 또는 가입 전에 발생한 근로소득을 연말정산 시 신고하여 납세조합이 소득세를 원천징수하는 경우에는 납세조합공제를 적용하지 아니한다.
② 납세조합이 그 조합원으로부터 소득세를 징수한 때에는 당해 조합원에게 근로소득 원천징수영수증(소득세법 시행규칙 별지 제24호 서식)을 발급하여야 한다.
③ 납세조합이 그 조합원으로부터 징수한 매월분의 소득세를 소득세법 제128조의 규정에 의한 기한 내에 「국세징수법」에 의한 납부서와 함께 원천징수 관할세무서·한국은행 또는 체신관서에 납부하여야 하며, 원천징수이행상황신고서를 원천징수 관할세무서장에게 제출(국세정보통신망에 의한 제출 포함)하여야 한다. 이 경우 원천징수이행상황신고서에는 원천징수하여 납부할 세액이 없는 자에 대한 것도 포함한다.

2. 연말정산 근로소득원천징수영수증 - 정산명세

> 근로/연말 > 연말정산관리 I > 연말정산 근로소득 원천징수영수증

| 정산명세 | 소득명세 | 소득공제 | 의료비 | 기부금 | 신용카드 | 연금투자명세 | 월세액명세 |

(정산명세 표)

세 이상 상환액	상 기타대출			공 제	마.지정기부금(종교)	
	15년이후 차입분 (10~15년)	고정 or 비거치			64.계	2,082,909
					65.표준세액공제	
35.기부금(이월분)						
36.계			2,103,750			
37.차 감 소 득 금 액			35,971,250		66.납 세 조 합 공 제	
38.개인연금저축					67.주 택 차 입 금	
39.소기업·소상공인공제부금					68.외 국 납 부	
40.주택마련	가.청약저축				69.월세액	
	나.주택청약종합저축					

| 납세조합공제 |

구 분	내 용
공제대상	근로소득이 있는 자가 조직한 납세조합에 의하여 원천 징수된 근로소득
공제금액	① 매월분의 급여 지급 시 : 을종에 속하는 근로소득이 있는 자가 조직한 납세조합이 그 조합원에 대한 매월분의 당해 소득세를 징수하는 때에는 그 세액의 100분의 10에 상당하는 금액을 공제 ② 연말정산 시 : 당해 납세조합에 의하여 원천 징수된 근로소득에 대한 종합소득산출세액의 100분의 10에 상당하는 금액을 공제

■ 입력 시 유의사항
지출액에 매월 원천징수된 금액의 연간 합계액을 입력한다.

Point 31 기납부세액 범위에서 환급이 가능합니다.

1 납부(또는 환급) 세액

> 결정세액 = 산출세액 − 세액공제 및 감면
> 납부(또는 환급)세액 = 결정세액 − 기납부세액(전·현 근무지)

근로소득자의 연말정산으로 인해 추가 납부세액이 발생한 경우 분납이 가능하다.
① 분납 대상 : 10만원을 초과하는 추가 납부세액
② 분납 기간 : 2~4월분의 근로소득 지급 시 원천징수

2 연말정산 근로소득원천징수영수증 - 정산명세

근로/연말 > 연말정산관리 I > 연말정산 근로소득 원천징수영수증

정산명세	소득명세	소득공제	의료비	기부금	신용카드	연금투자명세	월세액명세

소득공제						세액공제			
특별소득공제	주택자금 저당차입금 이자상환액	(15년이상) 기타대출	>				63 기부금	시 10만원초과	>	
		15년이후 차입분 (15년이상)	고정&비거치	>	8,000,000			나.법정기부금	>	340,000
			고정 or비거치	>				다.우리사주기부금	>	
			기타대출	>				라.지정기부금(종교외)	>	
		15년이후 차입분 (10~15년)	고정 or비거치	>				마.지정기부금(종교)	>	1,291,000
							64.계			2,405,000
	35.기부금(이월분)		>				65.표준세액공제		>	
	36.계				10,354,280					
37.차 감 소 득 금 액					42,695,720		66.납 세 조 합 공 제		>	
그 밖의 소득공제	38.개인연금저축		>				67.주 택 차 입 금		>	540,000
	39.소기업·소상공인공제부금		>				68.외 국 납 부		>	
	40. 주택마련저축	가.청약저축	>				69.월세액		>	
		나.주택청약종합저축	>							
		다.근로자주택마련저축	>		480,000					
	41.투자조합출자 등		>							
	42.신용카드등	47,573,670	>		2,530,120					
	43.우리사주조합 출연금		>							
	44.고용유지중소기업근로자		>							
	45.장기집합투자증권저축		>				70.세 액 공 제 계			4,195,000
	46.그 밖의 소득 공제 계				3,010,120		71.결 정 세 액(49-54-70)			677,840
							81.실 효 세 율(%) (71/21)×100%			0.8%

		소득세	지방소득세	농어촌특별세	계
72.결정세액		677,840	67,784	108,000	853,624
기납부 세액	73.종(전) 근무지	0	0	0	0
	74.주(현) 근무지	6,006,480	600,640	0	6,607,120
75. 납부특례세액		0	0	0	0
76. 차감징수세액(72-73-74-75)		-5,328,640	-532,850	108,000	-5,753,490

Point 32 외국인근로자의 연말정산

1. 비거주자의 세액계산 특례

비거주자의 근로소득 연말정산의 경우에도 거주자의 연말정산 규정을 준용하지만 다음의 공제를 받지 못한다.

① 인적공제(기본공제, 추가공제) 중 비거주자 본인 이외의 자에 대한 공제
② 특별소득공제(보험료공제, 주택자금공제), 항목별 세액공제(보험료, 의료비, 교육비, 기부금)과 표준세액공제
③ 조특법에서 규정하고 있는 기타 소득공제(신용카드 등 소득공제, 투자조합출자 등 소득공제)와 세액공제(정치자금세액공제, 납세조합세액공제, 주택자금차입금이자세액공제)

* 비거주자의 근로소득에서는 기본공제와 본인에 해당하는 경로우대공제, 장애인공제에 해당할 경우 공제가 가능
* 연도말 현재 외국인이 거주자에 해당될 경우에는 소득공제를 받을 수 있다.

2. 외국인 근로자에 대한 과세특례

동북아 비즈니스 중심 국가 육성을 뒷받침하기 위해 우리나라에 근무하는 외국인인 임원 또는 사용인(일용근로자를 제외한 외국인 근로자)이 국내에서 근무함으로써 지급받는 근로소득은 근로소득에 단일세율 19%(분리과세) 적용한다.

* 비과세, 공제·감면적용 배제

(1) 소득공제신청서의 제출

① 외국인 근로자의 과세특례를 적용받고자 하는 자는 당해 연도의 다음 연도 2월분의 근로소득을 지급받는 날까지(퇴직한 때에는 퇴직한 날이 속하는 달분의 근로소득을 지급받는 날까지) 근로소득세액의 연말정산 또는 종합소득 과세표준 확정신고를 위해 근로소득자소득공제신고서를 제출하여야 한다.
② 단일세율을 적용받고자 하는 외국인 근로자는 근로소득세액의 연말정산 또는 종합소득 과세표준 확정신고를 하는 때 "근로소득자소득공제신고서"에 "외국인근로자단일세율적용신청서"를 첨부하여 원천징수 의무자, 납세조합 또는 납세지 관할 세무서장에게 제출하여야 한다.

(2) 외국인등록사실증명 등 제출

내국인의 주민등록표등본에 갈음하여 관할 출입국관리사무소(또는 출장소장)이 발행하는 "외국인등록사실증명"을 "근로소득자 소득공제신고서"에 첨부하여 원천징수 의무자(또는 납세조합)에게 제출해야 한다. 국내에 주민등록이 되지 아니하는 재외국민의 경우 본인 및 가족 상황이 필요한 때에는 재외공관에서 확인하는 "재외국민등록부등본"을 제출하여야 한다. 또한, 이외 외국인은 여권번호가 기재된 여권 사본도 가능하다.

| 외국인거주자와 비거주자의 연말정산 소득·세액공제 비교(소법 §122) |

항목		구분		비고
		외국인 거주자	비거주자	
연간 근로소득		국외원천 소득포함	국내 원천소득	「소득세법」 제3조에 따른 단기거주 외국인은 국외원천소득 중 국내에서 지급되거나 국내로 송금된 소득에 대해서만 과세됨
근로소득공제		○	○	
인적공제	기본공제	○	본인만 공제	
	추가공제	○	본인만 공제	
연금보험료 공제		○	○	본인이 납부하는 국민연금보험료에 한함
특별 소득공제	건강·고용보험료 등	○	×	
	주택자금	×	×	외국인은 세대주·세대원에 해당하지 않음
그 밖의 소득공제	개인연금저축 소기업 등 공제부금 투자조합출자 신용카드 등 사용금액 고용유지중소기업 목돈 안드는 전세 이자 장기집합투자증권저축	○	×	
	주택마련저축	×	×	외국인은 세대주·세대원에 해당하지 않음
	우리사주조합출연금	○	○	우리사주조합에 가입하여 출연한 금액에 한함
세액공제	근로소득	○	○	
	자녀, 특별세액공제 (보험료·의료비, 교육비, 기부금)	○	×	
	납세조합	○	○	납세조합 가입자가 납세조합에 의하여 소득세 원천징수 신고·납부시 적용

※ 외국인 근로자의 경우 소득·세액공제 대신 '급여총계×단일세율(19%)' 선택 가능

연말정산 근로소득원천징수영수증 - 정산명세

근로/연말 > 연말정산관리 I > 연말정산 근로소득 원천징수영수증

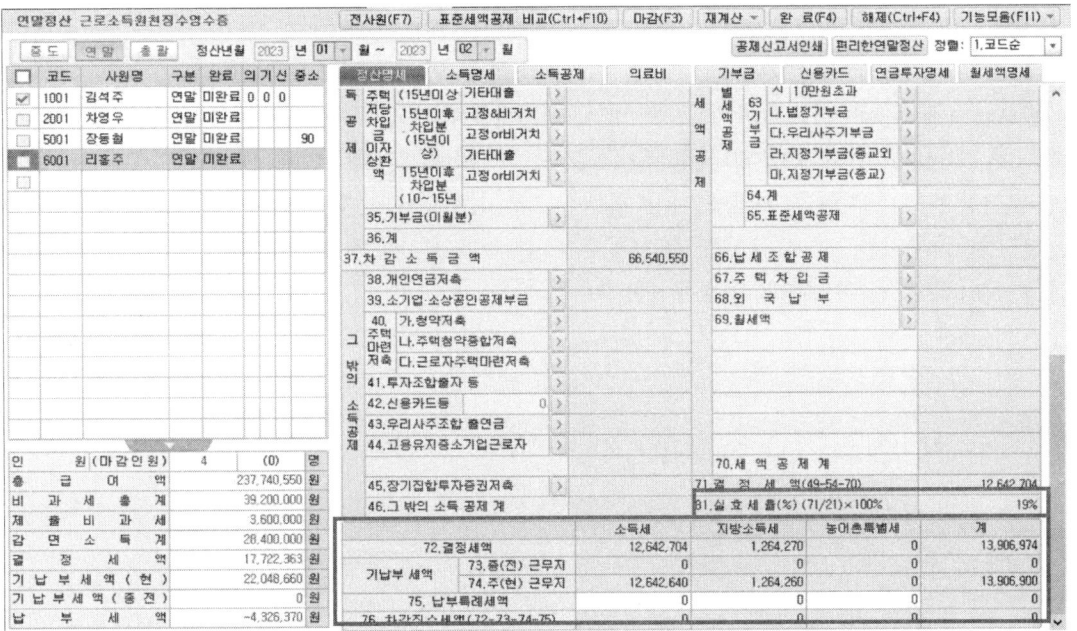

Point 33   한 해에 근무지가 2 이상입니다

1 근무지가 둘 이상인 근로자의 연말정산

일용근로자 외의 근로자로서 2 이상의 사용자로부터 근로소득을 받는 자는 그 근로소득을 받기 전에 주된 근무지와 종된 근무지를 정하여 근무지(변동)신고서를 주된 근무지의 원천징수 의무자에게 제출하여야 한다. 근무지(변동)신고서를 제출받은 주된 근무지의 원천징수 의무자는 그 신고서를 원천징수 관할 세무서장에게 제출하여야 하고 종된 근무지의 원천징수 의무자에게 통보하여야 한다.

2 재취직자의 연말정산

(1) 준비서류

근로자가 연도 중에 중도 입사한 경우 전 근무지에서 발행한 "근로소득원천징수영수증"과 "소득자별근로소득원천징수부" 사본을 현 근무지 원천징수 의무자에게 제출하여 전 근무지의 근로소득과 현 근무지의 근로소득을 합산하여 연말정산하여야 한다.

  * 현 근무지에 전 근무지의 "근로소득원천징수영수증"과 "소득자별근로소득원천징수부" 사본을 제출하지 않아 전 근무지의 근로소득을 합산하여 연말정산하지 않으면, 근로자 본인이 다음 연도 5월 말일까지 종합소득세 확정신고를 하여야 하는 번거로움이 있으며 다음 연도 5월 말일까지 종합소득세 무신고 시 가산세를 부담하게 되는 불이익이 있다.

(2) 소득공제·세액공제 및 감면세액의 계산

중도 입사자의 각종 소득공제·세액공제 및 감면세액의 계산은 전 근무지의 "소득자별근로소득원천징수부" 사본과 "근로소득원천징수영수증"에 의한 급여 및 공제·감면세액을 현 근무지분과 합산하여 연간 공제한도액 범위 내에서 재계산하는 것이며, 이때 전 근무지 기 납부세액은 전 근무지 원천징수영수증상의 결정세액이므로 기 납부세액 공제 시 주의해야 한다.

근로소득공제, 인적공제(기본공제, 추가공제), 특별공제 등 각종소득공제·세액공제 및 감면세액은 같은 해에 직장을 여러 번 옮기더라도 연말에 근무하는 직장에서 한 번만 적용한다.

(3) "근로소득원천징수영수증" 작성 시 유의사항

계속 근무자의 경우와 같으나 "근무처별 소득명세"란의 기입 시에는 반드시 전 근무지분과 현 근무지분을 구분하여 금액과 사업자등록번호(고유번호)를 기입하여야 한다. 만약 전 근무지의 급여와 현 근무지의 급여를 합한 금액을 "현 근무처"란 또는 "전 근무처"란에 기입하거나, "사업자등록번호"란에 사업자등록번호나 고유번호를 기재 누락하였을 경우 이중 근로소득자료가 발생하게 되므로 작성 시 유의해야 한다.

(4) 재취업자의 연말정산

해당 과세기간 중도에 취직한 사람에게 근로소득을 지급하는 원천징수 의무자는 그 근로소득자를 고용한 날이 속하는 과세기간의 다음 연도 2월분의 근로소득을 지급할 때에 그 근로소득자가 전 근무지에서 해당 과세기간의 1월부터 퇴직한 날이 속하는 달까지 받은 근로소득을 포함하여 근로소득자공제신고서(전 근무지의 근로소득원천징수영수증 및 근로소득원천징수부 사본 등을 포함)를 제출한 경우에는 이전 근무지에서 받은 근로소득과 합산하여 연말정산을 하여 소득세를 원천징수한다.

3 중도 퇴사자의 연말정산

근로자가 중도에 퇴직하는 경우 퇴직하는 달의 근로소득을 지급하는 때에 일반적인 연말정산 방법에 따라 연말정산을 해야 한다. 이때 적용하는 기본공제·추가공제·근로소득공제 등은 1년분을 적용하여 공제한다.

4 종전근무지의 입력

(1) 종전근무지 급여자료입력

1) 중도 입사자의 전 근무지 자료

전 근무지에서 발급받은 근로소득원천징수영수증과 근로소득원천징수부를 참고하여 입력하며, 소득세/지방소득세는 차감납부 세액이 아닌 결정세액을 입력해야 한다.

연한도로 비과세를 적용하는 수당의 경우 현 근무지와 합산한 경우 한도를 초과하지 않도록 주의해야 한다. 만약에 초과되는 경우에는 초과 금액을 과세란에 입력해야 한다.

예를 들어 연장근로수당의 비과세 한도가 연 240만원이므로 종전 근무지와 현 근무지를 더한 금액이 240만원을 초과할 수가 없다.

2) 이중근로자의 종전근무지 자료

근무지가 2 이상인 이중근로자는 주된 근무지와 종된 근무지를 정하여 [근무지변동신고서]를 주된 근무지의 원천징수 의무자를 통하여 관할세무서장에게 제출하여야 하며, 주된 근무지 원천징수 의무자는 종된 근무지의 원천징수 의무자에게 그 사실을 통보하여야 한다. 종전근무지에서 발급받은 근로소득원천징수영수증과 근로소득원천징수부를 참고하여 입력한다.

5 연말정산 근로소득원천징수영수증 - 정산명세

근로/연말 > 연말정산관리 I > 연말정산 근로소득 원천징수영수증

(1) 소득명세-종전근무지

(2) 종전근무지 급여내역이 반영된 정산명세

정산명세	소득명세	소득공제	의료비	기부금	신용카드	연금투자명세	월세액명세

세	이자상환액	(상) 15년이후 차입분 (10~15년)	기타대출		공제	마.지정기부금(종교)	
			고정or비거치			64.계	
						65.표준세액공제	
	35.기부금(이월분)						
	36.계			2,540,560			
37.차 감 소 득 금 액				46,163,440	66.납 세 조 합 공 제		
그 밖 의 소 득 공 제	38.개인연금저축				67.주 택 차 입 금		
	39.소기업·소상공인공제부금				68.외 국 납 부		
	40. 주택 마련 저축	가.청약저축			69.월세액		
		나.주택청약종합저축					
		다.근로자주택마련저축					
	41.투자조합출자 등						
	42.신용카드등		0				
	43.우리사주조합 출연금						
	44.고용유지중소기업근로자						
					70.세 액 공 제 계		660,000
	45.장기집합투자증권저축				71.결 정 세 액(49-54-70)		5,199,225
	46.그 밖의 소득 공제 계				81.실 효 세 율(%) (71/21)×100%		7.6%

		소득세	지방소득세	농어촌특별세	계
72.결정세액		5,199,225	519,922	0	5,719,147
기납부 세액	73.종(전) 근무지	150,000	15,000	0	165,000
	74.주(현) 근무지	1,974,240	197,400	0	2,171,640
75. 납부특례세액		0	0	0	0
76. 차감징수세액(72-73-74-75)		3,074,980	307,520	0	3,382,500

실습예제

다음 자료를 [연말정산 근로소득원천징수영수증]의 해당란에 입력하시오.

■ 소득세법 시행규칙 [별지 제24호 서식(1)] <개정안2021. 12. 00. > (1쪽)

관리번호	[√] 근로소득 원천징수영수증 [ ] 근로소득 지급명세서 ([√]소득자 보관용 [ ]발행자 보관용 [ ]발행자 보고용)	거주구분: 거주자1 / 비거주자2 거주지국: 대한민국 / 거주지국코드 KR 내·외국인: 내국인1 / 외국인9 외국인단일세율적용: 여1 / 부2 외국법인소속 파견근로자여부: 여1 / 부2 종교관련종사자여부: 여1 / 부2 국적: 대한민국 / 국적코드 KR 세대주여부: 세대주1 / 세대원2 연말정산구분: 계속근로1 / 중도퇴직2

징수의무자
- ① 법인명(상호): (주)스마트상사
- ② 대표자(성명): 전근우
- ③ 사업자등록번호: 593-86-01029
- ④ 주민등록번호:
- ③-1 사업자단위과세자여부: 여1 / 부2
- ③-2 종사업장일련번호:
- ⑤ 소재지(주소): 서울특별시 관악구 신림로36길 10 (신림동)

소득자
- ⑥ 성명: 차영우
- ⑦ 주민(외국인)등록번호: 720610-1000018
- ⑧ 주소:

I. 근무처별소득명세

구분	주(현)	종(전)	종(전)	⑯-1 납세조합	합계
⑨ 근무처명	(주)스마트상사				
⑩ 사업자등록번호	593-86-01029				
⑪ 근무기간	2022.01.01 ~ 2022.05.31	~	~	~	~
⑫ 감면기간	~	~	~	~	~
⑬ 급여	18,500,000				18,500,000
⑭ 상여					
⑮ 인정상여					
⑮-1 주식매수선택권행사이익					
⑮-2 우리사주조합인출금					
⑯-3 임원 퇴직소득금액 한도초과액					
⑮-4 직무발명보상금					
⑯ 계	18,500,000				18,500,000

II. 비과세 및 감면소득명세

- ⑳ 비과세소득 계
- ㉑-1 감면소득 계

III. 세액명세

구분	㉒ 소득세	㉓ 지방소득세	㉘ 농어촌특별세
㉒ 결정세액	89,848	8,984	
기납부세액	㉓(전) 근무지 (결정세액란의 세액을 적습니다) 사업자등록번호		
	㉔(주) 현) 근무지	641,650	64,160
㉕ 납부특례세액			
㉖ 차감징수세액 (㉒-㉓-㉔-㉕)	-551,800	-55,170	

위의 원천징수액(근로소득)을 정히 영수(지급)합니다.

국민건강보험료: 561,450 원   장기요양보험료: 36,750 원
고용보험료: 120,250 원   국민연금보험료: 832,500 원

2022 년 05 월 31 일
(주)스마트상사
징수(보고)의무자   전근우   (서명 또는 인)

차영우 귀하

210mm×297mm [백상지 80g/㎡]

(2쪽)

㉑총급여(㉖.다만 외국인단일세율 적용시에는 연간 근로소득)				18,500,000		㊽종합소득과세표준			8,142,500
㉒근로소득공제				8,025,000		㊾산 출 세 액			488,550
㉓근로소득금액				10,475,000	세 액 감 면	㊿「소득세법」			
	기본공제	㉔본 인		1,500,000		㉑「조세특례제한법」(㉒제외)			
		㉕배 우 자				㉒「조세특례제한법」제30조			
		㉖부양가족(0 명)				㉓조세조약			
	추가공제	㉗경로우대(0 명)				㉔세액감면계			
		㉘장 애 인(0 명)				㉕근로소득			268,702
		㉙부 녀 자				㊃자녀	공제대상자녀(0 명)		
		㉚한부모가족					출산·입양자(0 명)		
Ⅳ 정 산 명 세	연금보험료공제	㉛국민연금보험료	대상금액	832,500		연 금 계 좌	㊐「과학기술인공제회 법」에 따른 퇴직연금	공제대상금액	
			공제금액	832,500				세액공제액	
		㉜공적연금보험료공제	㉮공무원연금	대상금액			㊑「근로자퇴직급여 보장법」에 따른 퇴직연금	공제대상금액	
				공제금액				세액공제액	
			㉯군인연금	대상금액			㊒연금저축	공제대상금액	
				공제금액				세액공제액	
			㉰사립학교교직원연금	대상금액			㊒-1 ISA 만기시 연금계좌 납입액	공제대상금액	
				공제금액				세액공제액	
			㉱별정우체국연금	대상금액			㊓보험료	보장성	공제대상금액
				공제금액					세액공제액
		㉝보험료	㉲건강보험료(노인장기요양보험료포함)	대상금액	598,200			장애인전용보장성	공제대상금액
				공제금액					세액공제액
			㉳고용보험료	대상금액	120,250		㊔의료비		공제대상금액
				공제금액					세액공제액
	특별소득공제	㉞주택자금	㉴주택임차 차입금원리금상환액	대출기관		세 액 공 제	㊕교육비		공제대상금액
				거주자					세액공제액
			㉵장기주택저당차입금이자상환액	2011년 이전 차입분	15년 미만		특별세액공제	㊖정치자금기부금	10만원 이하	공제대상금액
					15년-29년					세액공제액
					30년 이상				10만원 초과	공제대상금액
				2012년 이후 차입분 (15년 이상)	고정금리이거나 비거치상환대출					세액공제액
					그밖의 대출			㊗「소득세법」제34조제2항제1호에 따른 기부금		공제대상금액
				2015년 이후 차입분	15년 이상	고정금리이면서, 비거치상환대출				세액공제액
						고정금리이면서 비거치상환대출			우리사주조합기부금	공제대상금액
						그밖의대출				세액공제액
					10년 ~15년	고정금리이거나 비거치상환대출			「소득세법」제34조 제3항제1호의 기부금 (종교단체 외)	공제대상금액
										세액공제액
			㉶기부금(이월분)					「소득세법」제34조 제3항제1호의 기부금 (종교단체)	공제대상금액
			㉷계						세액공제액
	㊲차감소득금액			8,142,500		㊘계			
	그밖의 소득공제	㊳개인연금저축				㊙표준세액공제			130,000
		㊴소기업·소상공인 공제부금				㊚납세조합공제			
		㊵주택마련저축소득공제	㉸청약저축			㊛주택차입금			
			㉹주택청약종합저축			㊜외국납부			
			㉺근로자주택마련저축			㊝월세액		공제대상금액	
		㊶투자조합출자 등						세액공제액	
		㊷신용카드 등 사용액				㊞세 액 공 제 계			398,702
		㊸우리사주조합 출연금				㊟결 정 세 액(㊾-㊼-㊞)			89,848
		㊹고용유지 중소기업 근로자				㊠실효세율(%)(㊟/㉑)×100)			0.5%
		㊺장기집합투자증권저축							
		㊻그밖의 소득공제 계							
	㊼소득공제 종합한도 초과액								

210mm×297mm [백상지 80g/ ㎡]

(3쪽)

㉗ 소득·세액공제 명세 [인적공제항목은 해당란에 "○" 표시 (장애인 해당시 해당코드를 기재)를 하며, 각종 소득·세액공제 항목은 공제를 위하여 실제 지출한 금액을 적습니다.]

인적공제 항목 / 각종 소득공제·세액공제 항목

관계코드	성명	기본공제	경로우대	출산입양	자료구분	보험료				의료비				교육비	
내·외국인	주민등록번호	부녀자	한부모	장애인	자녀		건강	고용	보장성	장애인전용보장성	일반	난임	65세이상·장애인·건강보험산정특례자	실손의료보험금	일반	장애인특수교육
인적공제 항목에 해당하는 인원수를 적습니다.		1	0	0		국세청										
		0	0	0	0	기타	598,200	120,250								
0	차영우	○				국세청										
1	720610-1000018					기타	598,200	120,250								
						국세청										
						기타										
						국세청										
						기타										
						국세청										
						기타										
						국세청										
						기타										
						국세청										
						기타										

각종 소득공제·세액공제 항목

성명	자료구분	신용카드등 사용액공제						소비증가분		기부금
		신용카드	직불카드등	현금영수증	도서공연사용분(총급여 7천만원 이하자만 기재)	전통시장사용분	대중교통이용분	2020년 전체사용분	2021년 전체사용분	
합계	국세청 계									
	기타 계									
차영우	국세청 계									
	기타 계									
	국세청 계									
	기타 계									
	국세청 계									
	기타 계									
	국세청 계									
	기타 계									
	국세청 계									
	기타 계									
	국세청 계									
	기타 계									

프로세스입력

❶ 소득명세Tab 입력

구분/항목	계	11월	12월	연말	종전1
근무처명					(주)스마트상사
사업자등록번호(숫자10자리입력)					593-86-01029
13.급여	61,800,000	3,900,000	3,900,000		15,000,0
14.상여	19,000,000		16,000,000		3,000,0
15.인정상여					
15-1.주식매수선택권행사이익					
15-2.우리사주조합인출금					
15-3.임원퇴직소득한도 초과액					
15-4.직무발명보상금					
16.급여계	80,800,000	3,900,000	19,900,000		18,000,0
18-2.출산,6세이하보육 수당	1,200,000	100,000	100,000		
20.제출비과세계	1,200,000	100,000	100,000		
미제출비과세	3,600,000	300,000	300,000		
건강보험료	2,197,050	136,300	136,300		561,4
장기요양보험료	237,390	16,720	16,720		36,7
국민연금보험료	2,938,500	175,500	175,500		832,5
고용보험료	642,550	31,200	179,100		120,2
소득세	3,410,760	112,370	2,138,690		36,0
지방소득세	340,990	11,230	213,860		3,6

차영우　0.내국인　720610-*******　단일세율 0.부　0.거주자　KR 대한민국　종전근무지 불러오기
생산직여부 0.부　연장근로비과세 0.부　국외근로적용 1.100만원비과세　부서 0200　관리부
귀속년도 2022-01-01 ~ 2022-12-31　감면기간 ~ 　영수일자 2023-02-28

❷ 정산명세 반영

소득공제					세액공제		
주택자금 저당차입금이자상환액	(15년이상)	기타대출	>		별세액공제	63 기부금	시.10만원초과 >
	15년이후 차입분 (15년이상)	고정&비거치	>				나.법정기부금 >
		고정or비거치	>				다.우리사주기부금 >
		기타대출	>				라.지정기부금(종교외) >
	15년이후 차입분 (10~15년)	고정or비거치	>				마.지정기부금(종교) >
35.기부금(이월분)		>			64.계		
36.계			3,022,670		65.표준세액공제		>
37.차 감 소 득 금 액			56,706,330		66.납 세 조 합 공 제		>
38.개인연금저축		>			67.주 택 차 입 금		>
39.소기업·소상공인공제부금		>			68.외 국 납 부		>
40.주택마련저축	가.청약저축	>			69.월세액		>
	나.주택청약종합저축	>					
	다.근로자주택마련저축	>					
41.투자조합출자 등		>					
42.신용카드등	0	>					
43.우리사주조합 출연금		>					
44.고용유지중소기업근로자		>			70.세 액 공 제 계		500,000
45.장기집합투자증권저축		>			71.결 정 세 액(49-54-70)		7,889,519
46.그 밖의 소득 공제 계					81.실 효 세 율(%) (71/21)×100%		9.8%

		소득세	지방소득세	농어촌특별세	계
72.결정세액		7,889,519	788,951	0	8,678,470
기납부 세액	73.종(전) 근무지	36,000	3,600	0	39,600
	74.주(현) 근무지	3,374,760	337,390	0	3,712,150
75. 납부특례세액		0	0	0	0
76. 차감징수세액(72-73-74-75)		4,478,750	447,960	0	4,926,710

Point 34 맞벌이부부는 중복공제 안돼요

맞벌이부부란 부부가 모두 총급여 500만원 초과하거나 소득금액이 100만원을 초과하는 근로자인 부부를 가정한다.

맞벌이부부인 경우 부양가족 공제등을 누가 받는 것이 유리한지를 판단하여 절세가 가능한 방법으로 선택하여 공제한다.

일반적인 경우 부부 중 종합소득 과세표준이 많은 쪽이 유리하나, 종합소득세는 누진세율 구조이므로 부부가 종합소득 과세표준이 비슷하거나 한계세율 근처에 있는 경우 인적공제를 적절하게 배분해야 절세가 가능한 경우도 있다. 또한 특별세액공제 중 최저사용금액 조건이 있는 의료비(총급여액 3% 초과)와 특별소득공제 중 신용카드 등 사용금액(총급여액 25% 초과)의 경우 종합소득이 적은 배우자가 지출해야 절세가 가능한 경우도 있다.

공제항목	맞벌이 배우자	배우자 외 부양가족
기본공제	총급여 500만원(소득금액 100만원)을 초과하는 맞벌이 부부는 서로에 대해 기본공제 불가능	직계존속·직계비속·형제자매 등을 부양하는 경우 부부 중 1인이 공제 가능. (맞벌이 부부가 중복하여 공제 불가능)
추가공제	기본공제 대상이 아닌 배우자는 추가공제 불가능	부양가족에 대해 기본공제를 신청한 근로자가 추가공제를 적용 받음
자녀세액공제		본인이 기본공제를 받는 자녀(입양자, 위탁아동 포함)에 대해서 배우자가 자녀세액공제 불가능
보험료세액공제	본인이 계약자이며 피보험자가 배우자인 경우 서로 기본공제 대상자에 해당하지 않으므로 부부 모두 공제 불가능 * 다만, 근로자 본인이 계약자이고 피보험자가 부부공동인 보장성보험의 보험료는 근로자 본인이 공제 가능	본인이 기본공제 받는 자녀의 보험료를 배우자가 지급하는 경우 부부 모두 보험료공제 불가능
의료비세액공제	소득이 있는 배우자를 위하여 지출한 의료비는 지출한 본인이 공제 가능	부부 중 부양가족을 기본공제 받는 근로자가 부양가족을 위해 지출한 금액 공제
교육비세액공제	본인이 배우자를 위하여 지출한 교육비는 공제 불가능	
기부금세액공제	본인이 지출한 기부금은 배우자가 공제 불가능	부양가족에 대한 기본공제를 받는 근로자가 해당 부양가족이 지출한 기부금 공제
신용카드소득공제	가족카드를 사용한 맞벌이 부부는 카드 사용자 기준으로 각각 공제(결제자 기준이 아님)	부양가족에 대한 기본공제를 받는 근로자가 해당 부양가족의 신용카드 사용금액 공제

※ 2021년 귀속 원천징수의무자를 위한 연말정산 신고안내. 국세청

Point 35 사례로 배우는 연말정산

기본공제대상자와 공제요건

구 분		기본공제대상자의 요건		근로기간 지출한 비용만 공제	비 고
		나이요건	소득요건		
특별 소득공제	보험료	근로자 본인 부담분만 공제 가능(건강·노인장기요양·고용보험료)			
	주택자금공제	–	–	○	본인만 가능
그 밖의 소득공제	개인연금저축	근로자 본인 불입만 공제 가능(배우자, 부양가족 불입분 제외)			
	주택마련저축	세대주인 근로자 본인 불입분만 공제 가능			
	신용카드 등	×	○	○	형제자매 제외
자녀세액공제 (7세 이상)		○	○	–	기본공제대상 자녀 (입양자·위탁아동 포함, 손자녀는 제외)
연금계좌세액공제		근로자 본인 불입만 공제 가능(배우자, 부양가족 불입분 제외)			
특별 세액공제	보장성보험료	○	○	○	
	의료비	×	×	○	
	교육비	×	○	○	직계존속 제외 * 장애인특수교육비는 소득요건 제한 없으며 직계존속도 가능
	기부금	×	○	×	기본공제대상자 * 정치자금기부금, 우리사주조합 기부금은 본인만 가능
표준세액공제		특별소득공제, 특별세액공제, 월세액세액공제를 신청하지 아니한 경우 표준세액공제(13만원) 적용			

※ 2021년 귀속 원천징수의무자를 위한 연말정산 신고안내. 국세청

실습예제

다음 제시된 국세청 제공 자료와 증빙 자료를 보고 소득공제명세서 및 연말정산자료를 입력하시오.

❶-1. 7001.김성실의 부양가족정보

(자(허윤희)는 소득이 없고, 모(임순영)은 이자소득 7,500,000원과 일용근로소득 4,500,000원이 있다.)

문서확인번호				1/1

주 민 등 록 표
(등   본)

이 등본은 세대별 주민등록표의 원본내용과 틀림없음을 증명합니다.
담당자 :   전화 :
신청인 :   (   )
용도 및 목적 :
                    년   월   일

세대주 성명(한자)	김성실 (金成實)	세 대 구 성 사유 및 일자	전입 2018-4-25
현주소 : 서울특별시 관악구 신림로30길10(신림동)			

번호	세대주 관계	성 명 주민등록번호	전입일 / 변동일	변동사유
1	본인	김성실 851212-2111116	2018-4-25	
2	모	임순영 351226-2111114	2018-4-25	전입
3	자	허윤희 051124-4111112	2018-4-25	전입

❶-2. 7001.김성실의 연말정산자료

2022년 귀속 소득공제증명서류 : 기본(사용처별)내역 [신용카드]

■ 사용자 인적사항

성 명	주 민 등 록 번 호
김성실	851212-2******

■ 신용카드 등 사용금액 집계

일반	전통시장분	대중교통이용분	합계금액
12,000,000	2,400,000	1,250,000	15,650,000

■ 2022년도 사용내역

(단위 : 원)

구분	사업자번호	상 호	종류	공제대상금액
신용카드	101-86-61***	㈜KB국민카드	일반	12,000,000
신용카드	101-86-61***	㈜KB국민카드	전통시장	2,400,000
신용카드	101-86-61***	㈜KB국민카드	대중교통	1,250,000

2022년 귀속 소득공제증명서류 : [현금영수증]

■ 사용자 인적사항

성 명	주 민 등 록 번 호
김성실	851212-2******

■ 신용카드 등 사용금액 집계

일반	전통시장분	대중교통이용분	합계금액
3,000,000	500,000		3,500,000

■ 2022년도 사용내역

(단위 : 원)

현금영수증	종류	월별 공제대상금액				공제대상금액
		1월	2월	3월	4월	
		5월	6월	7월	8월	
		9월	10월	11월	12월	
현금영수증	일반	300,000	200,000	200,000	300,000	3,000,000
		250,000	250,000	220,000	280,000	
		400,000	100,000	300,000	200,000	
현금영수증	전통시장					500,000
		500,000				
인별합계금액		3,500,000				

2022년 귀속 소득·세액공제증명서류 : 기본(지출처별)내역 [의료비]

■ 환자 인적사항

성 명	주 민 등 록 번 호
김성실	851212-2******

■ 의료비 지출내역

(단위 : 원)

사업자번호	상 호	종류	지출금액 계
0-2*-55*	현***	일반	4,200,000
의료비 인별합계금액			4,200,000
안경구입비 인별합계금액			0
인별합계금액			4,200,000

2022년 귀속 소득·세액공제증명서류 : 기본(지출처별)내역 [의료비]

■ 환자 인적사항

성 명	주 민 등 록 번 호
임순영	351226-2******

■ 의료비 지출내역

(단위 : 원)

사업자번호	상 호	종류	지출금액 계
5-2*-31*	***내과	일반	3,300,000
5-2*-07*	***한의원	보약	500,000
3-1*-12*	**안경점	안경	600,000
의료비 인별합계금액			3,800,000
안경구입비 인별합계금액			600,000
인별합계금액			4,400,000

2022년 귀속 소득·세액공제증명서류 : 기본(지출처별) 내역 [보장성 보험, 장애인전용보장성보험]

■ 계약자 인적사항

성 명	주 민 등 록 번 호
김성실	851212-2******

■ 보장성보험료(장애인전용보장성보험) 납입내역

(단위 : 원)

| 종류 | 상 호 | 보험종류 | 주피보험자 | | 납입금액계 |
| | 사업자번호 | 증권번호 | | | |
	종피보험자1	종피보험자2	종피보험자3		
보장성	더케이손해보험(주)	에듀카개인용			800,000
	104-81-30***	C20120525***	851212-2******	김성실	
보장성	삼성생명보험(주)	더펙트스타종합보험			700,000
	104-81-30***	000005523***	851212-2******	김성실	
저축성	삼성생명보험(주)	곰돌이저축보험			900,000
	104-81-30***	F2057200***	851212-2******	김성실	
인별합계금액					2,400,000

2022년 귀속 세액공제증명서류 : 기본(지출처별)내역 [교육비]

■ 학생 인적사항

성 명	주 민 등 록 번 호
김성실	851212-2******

■ 교육비 지출내역

(단위 : 원)

교육비구분	학교명	사업자번호	납입금액 계
대학원	***대학	**3-83-04***	10,000,000
인별합계금액			10,000,000

2022년 귀속 세액공제증명서류 : 기본(지출처별)내역 [교육비]

■ 학생 인적사항

성 명	주 민 등 록 번 호
허윤희	051124-4******

■ 교육비 지출내역

(단위 : 원)

교육비구분	학교명	사업자번호	납입금액 계
대학교등록금	***대학	**3-83-04***	8,500,000
인별합계금액			8,500,000

2022년 귀속 세액공제증명서류 : 기본(지출처별)내역 [기부금]

■ 기부자 인적사항

성 명	주 민 등 록 번 호
김성실	851212-2******

■ 기부금 지출내역

(단위 : 원)

사업자번호	단체명	기부유형	기부금액 계
106-83-12127	선거관리위원회	정치자금	200,000
203-82-11117	대한적십자사	법정기부금	300,000
인별합계금액			500,000

※ 전년도 이월 기부금은 없음.

❷-1. 7002. 유진상의 부양가족정보
(배우자(전승연)은 ㈜한라전자의 근로소득(총급여 5,000,000원)이 있으며, 동생 유민영은 개인사업자로 사업소득금액 8,500,000원이 있다.)

[별지 제1호서식] 〈개정 2010.6.3〉

가족관계증명서

등록기준지	경기도 성남시 수정구 공원로391번길 16-1				
구분	성 명	출생연월일	주민등록번호	성별	본
본인	유진상	1981년 3월 5일	810305-1111110	남	安東

가족사항

구분	성명	출생연월일	주민등록번호	성별	본
배우자	전승연	1990년 03월 05일	900305-211113	여	金海
형제	유민영	1986년 11월 11일	861111-1111111	남	安東

❷-2. 7002. 유진상의 연말정산자료

종전근무지 원천징수영수증

■ 소득세법 시행규칙 [별지 제24호 서식(1)] <개정안 2021. 12. 00.> (1쪽)

관리번호		

[ ] 근로소득 원천징수영수증
[√] 근로소득 지급명세서
([ ]소득자 보관용 [ ]발행자 보관용 [√]발행자 보고용)

거주구분	거주자1 / 비거주자2	
거주지국	대한민국	거주지국코드 KR
내·외국인	내국인1 / 외국인9	
외국인단일세율적용	여1 / 부2	
외국법인소속 파견근로자여부	여1 / 부2	
종교관련종사자여부	여1 / 부2	
국적	대한민국	국적코드 KR
세대주여부	세대주1 / 세대원2	
연말정산구분	계속근로1 / 중도퇴직2	

징수의무자

① 법인명(상호)	(주)스마트상사	② 대표자(성 명)	
③ 사업자등록번호	593-86-01029	④ 주민등록번호	
③-1 사업자단위과세자여부	여1 / 부2	③-2 종사업장 일련번호	
⑤ 소재지(주소)			

소득자

⑥ 성 명	유진상	⑦ 주민(외국인)등록번호	810305-1111110
⑧ 주 소			

구 분	주(현)	종(전)	종(전)	⑯-1 납세조합	합 계
⑨ 근무처 명	(주)스마트상사				
⑩ 사업자등록번호	593-86-01029				
⑪ 근무기간	2022.01.01 ~ 2022.05.31	~	~	~	
⑫ 감면기간	~	~	~	~	
⑬ 급 여	25,000,000				25,000,000
⑭ 상 여					
⑮ 인 정 상 여					
⑮-1 주식매수선택권행사이익					
⑮-2 우리사주조합인출금					
⑮-3 임원 퇴직소득금액 한도초과액					
⑮-4 직무발명보상금					
⑯ 계	25,000,000				25,000,000

Ⅱ 비과세 및 감면소득 명세

⑳ 비과세소득 계	
㉑-1 감면소득 계	

Ⅲ 세액명세

구 분	㊵ 소득세	㊶ 지방소득세	㊷ 농어촌특별세
㉒ 결정세액	286,813	28,681	
기납부세액	㉓ 종(전) 근무지 (결정세액란의 세액을 적습니다) 사업자등록번호		
	㉔ 주(현) 근무지	1,401,880	140,160
㉕ 납부특례세액			
㉖ 차감징수세액 (㉒-㉓-㉔-㉕)	-1,115,060	-111,470	

위의 원천징수액(근로소득)을 정히 영수(지급)합니다.

2022 년 05 월 31 일

(주)스마트상사

징수(보고)의무자   (서명 또는 인)

귀하

210mm×297mm [백상지 80g/㎡]

2022년 귀속 소득·세액공제증명서류 : 기본(사용처별)내역 [신용카드]

■ 사용자 인적사항

성 명	주 민 등 록 번 호
유진상	810305-1******

■ 신용카드 등 사용금액 집계

일반	전통시장분	대중교통이용분	합계금액
15,000,000	2,800,000	0	17,280,000

■ 2022년도 사용내역

(단위 : 원)

구분	사업자번호	상 호	종류	공제대상금액
신용카드	214-81-37***	㈜비씨카드	일반	15,000,000
신용카드	214-81-37***	㈜비씨카드	전통시장	2,800,000

2022년 귀속 소득·세액공제증명서류 : 기본(지출처별)내역 [신용카드]

■ 사용자 인적사항

성 명	주 민 등 록 번 호
전승연	900305-2******

■ 신용카드 등 사용금액 집계

일반	전통시장분	대중교통이용분	합계금액
12,000,000		300,000	

■ 신용카드등 사용내역

(단위 : 원)

구분	사업자번호	상 호	종류	공제대상금액
신용카드	214-81-37***	㈜비씨카드	일반	12,000,000
신용카드	214-81-37***	㈜비씨카드	대중교통	300,000
	인별합계금액			12,300,000

2022년 귀속 소득·세액공제증명서류 : 기본내역 [개인연금저축]

■ 불입자 인적사항

성 명	주 민 등 록 번 호
유진상	810305-1******

■ 개인연금저축 불입내역

(단위 : 원)

상 호	통장/증권번호	납입 합계액	소득공제대상액
(주)하나은행	1234-52-04567	1,200,000	1,200,000

※ 개인연금저축은 2000년 3월 31일 가입분임.

2022년 귀속 소득·세액공제증명서류 : 기본(지출처별) 내역
[보장성 보험, 장애인전용보장성보험]

■ 계약자 인적사항

성 명	주 민 등 록 번 호
유진상	810305-1******

■ 보장성보험료(장애인전용보장성보험) 납입내역

(단위 : 원)

| 종류 | 상 호 | 보험종류 | 주피보험자 | | 납입금액계 |
| | 사업자번호 | 증권번호 | | | |
	종피보험자1	종피보험자2	종피보험자3		
보장성	동부손해보험(주)	프로미자동차	810305-1******	유진상	1,000,000
	104-81-30***	201K2022***			
보장성	(주)케이비손해보험	(무)닥터안심보험	900305-2******	전승연	240,000
	201-81-96***	3021*****			
인별합계금액					1,200,000

2022년 귀속 소득·세액공제증명서류 : 기본(지출처별)내역 [의료비]

■ 환자 인적사항

성 명	주민등록번호
전승연	900305-2******

■ 의료비 지출내역

(단위 : 원)

사업자번호	상 호	종류	지출금액 계
0-2*-55*	김***	일반	3,000,000
5-2*-12*	신성형외과	일반	2,500,000
의료비 인별합계금액			5,500,000
안경구입비 인별합계금액			
인별합계금액			5,500,000

※ 신성형외과 지출액(2,500,000원)은 쌍꺼풀수술(성형) 비용이다.

2022년 귀속 소득·세액공제증명서류 : 기본내역 [실손의료보험금]

■ 수익자 인적사항

성 명	주민등록번호
전승연	900305-2******

■ 실손의료보험금 수령내역

(단위 : 원)

상호	상품명	보험계약자		수령금액 계
사업자번호	계약(증권)번호	피보험자		
(주)케이비손해보험	(무)닥터안심보험	900305-2******	전승연	600,000
201-81-96***	3021*****	900305-2******	전승연	
인별합계금액				600,000

- 본 증명서류는 『소득세법』 제165조 제1항에 따라 영수증 발급기관으로부터 수집한 서류로 소득·세액공제 충족 여부는 근로자가 직접 확인하여야 합니다.
- 본 증명서류에서 조회되지 않는 내역은 영수증 발급기관에서 직접 발급받으시기 바랍니다.

■ 소득세법 시행규칙 [별지 제44호서식(1)]　　　　　　　　　　　　　　　　　　　　(앞 쪽)

교 육 비 납 입 증 명 서

① 상　　호 : 제일난영어학원	② 사업자등록번호 : 105-90-20***
③ 대표자 : 나잘난	④ 전 화 번 호 : 02-521-2121
⑤ 주　　소 : 서울시 강남구 강남대로 470(논현동)	

신청인	⑥ 성명 : 유진상	⑦ 주민등록번호 : 810305-1******
	⑧ 주소 : 경기도 성남시 수정구 공원로391번길16-1(신흥동, 수정빌라) 101호	
대상자	⑨ 성명 : 전승연	⑩ 신청인과의 관계　　배우자

Ⅰ. 교육비부담명세　　　　　　　　　　　　　　　　　　　　　　　　　　　(단위 : 원)

⑪ 납부 연월	⑫ 종류	⑬ 구분	⑭ 총교육비 (A)	⑮ 장학금등 수혜액(B)		⑯ 공제대상 교육비부담액 (C = A-B)
				학비감면	직접지급액	
2022. 3.	학원	수업료	300,000			300,000
2022. 6.	학원	수업료	300,000			300,000
2022. 9.	학원	수업료	300,000			300,000
2022.12.	학원	수업료	300,000			300,000
계			1,200,000			1,200,000

-이 하 생 략-

■ 소득세법 시행규칙 [별지 제45호의2서식] 〈개정 2012.2.28〉

일련번호		기 부 금 영 수 증

① 기부자

성명(법인명)	전승연	주민등록번호 (사업자등록번호)	900305-2******
주소(소재지)	경기도 성남시 수정구 공원로391번길16-1(신흥동, 수정빌라) 101호		

② 기부금 단체

단 체 명	서울대교구천주교회	사업자등록번호 (고유번호)	106-82-99369
소 재 지	서울 영등포구 영등포로 21	기부금공제대상 기부금단체 근거법령	소득세법 제34조 제1항

③ 기부금 모집처(언론기관 등)

단 체 명		사업자등록번호	
소 재 지			

④ 기부내용

유 형	코 드	구 분	연월일	내 용	금 액
종교단체	41	금전	2022.1.1. ~ 2022.12.31.	기부금	3,600,000원

-이 하 생 략-

❸-1. 7003. 임환경의 부양가족정보(부양가족이 없음)

문서확인번호				1/1

주 민 등 록 표
(등 본)

이 등본은 세대별 주민등록표의 원본내용과 틀림없음을 증명합니다.
담당자 :   전화 :
신청인 :   (   )
용도 및 목적 :
                      년   월   일

세대주 성명(한자)	임환경 (林煥景)	세 대 구 성 사유 및 일자	전입 2022-3-11
현주소 : 서울특별시 구로구 도림로7 105동805호(구로동, 행복아파트)			
번호	세대주 관계	성 명 주민등록번호	전입일 / 변동일	변동사유
1	본인	임환경 920620-1111112	2022-3-11	

❸-2. 7003. 임환경의 연말정산자료

2022년 귀속 소득·세액공제증명서류 : 기본(취급기관별)내역
[장기주택저당차입금 이자상환액]

■ 계약자 인적사항

성 명	주 민 등 록 번 호
임환경	920620-1******

■ 장기주택저당차입금 이자상환액 부담내역

(단위 : 원)

취급기관	대출종류	최초차입일 최종상환 예정일	상환기간	주택 취득일	저당권 설정일	연간 합계액	소득공제 대상액
(주)신한은행 (201-81-72***)	주택구입 자금대출액	2012-08-02 2032-08-02	20년 (고정금리비 거치식)			1,200,000	1,200,000
인별합계금액							1,200,000

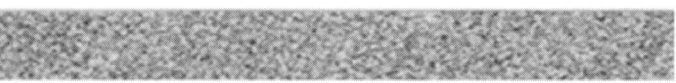

2022년 귀속 소득·세액공제증명서류 : 기본내역 [연금저축]

■ 불입자 인적사항

성 명	주 민 등 록 번 호
임환경	920620-1******

■ 연금저축 불입내역

(단위 : 원)

상 호	통장/증권번호	납입 합계액	소득공제대상액
(주)국민은행	236-12-123456	2,400,000	2,400,000

※ 연금저축은 2012년 11월 5일 가입분이며, 전년도 총 급여액은 24,000,000원이다.

2022년 귀속 소득·세액공제증명서류 : 기본(지출처별) 내역
[보장성 보험, 장애인전용보장성보험]

■ 계약자 인적사항

성 명	주 민 등 록 번 호
임환경	920620-1******

■ 보장성보험료(장애인전용보장성보험) 납입내역

(단위 : 원)

종류	상 호	보험종류	주피보험자		납입금액계
	사업자번호	증권번호			
	종피보험자1	종피보험자2	종피보험자3		
보장성	삼성화재보험(주)	애니카다이렉트			600,000
	105-81-30***	KO302523***	920620-1******	임환경	
저축성	금호생명보험(주)	미래형저축			1,200,000
	104-81-28***	000005523***	920620-1******	임환경	
인별합계금액					1,800,000

2022년 귀속 소득·세액공제증명서류 : 기본(지출처별)내역 [교육비]

■ 학생 인적사항

성 명	주 민 등 록 번 호
임환경	920620-1******

■ 교육비 지출내역

(단위 : 원)

교육비종류	학교명	사업자번호	납입금액 계
대학교등록금	***대학교	**4-82-05***	2,400,000
인별합계금액			2,400,000

국세청 National Tax Service

프로세스입력

 을 클릭하여 연말정산 대상자를 자동으로 불러온다.

❶ 김성실의 연말정산

1) 사원등록의 부양가족 명세

연말정산관계	기본	세대	부녀	장애	경로70세	출산입양	자녀	한부모	성명	주민(외국인)번호	가족관계
1	0.본인	본인	○						○	김성실	내 851212-2111116	
2	1.(소)직계존속	60세이상				○				임순영	내 351226-2111114	04.모
3	4.직계비속(자녀20세이하)							○		허윤희	내 051124-4111112	05.자녀
4												
	합 계					1		1				

- 모(임순영)의 이자소득은 금융소득으로 2,000만원이하이므로 분리과세적용되고, 일용근로소득은 무조건 분리과세 적용되므로 소득금액이 100만원이하에 적용되어 부양가족공제됨

2) 연말정산 근로소득원천징수영수증 추가자료 입력
① 신용카드등 : • 신용카드   12,000,000원   • 현금영수증   3,000,000원
               • 전통시장사용액   2,900,000원   • 대중교통이용액   1,250,000원
② 보 험 료 : • 보장성보험   1,500,000원 (800,000원 + 700,000원)
③ 의 료 비 : 본인·65세 이상자   4,600,000원 [800,000원(본인) + 3,800,000원(모)]
   ※ 안경구입비는 500,000원이 한도이며, 보약은 의료비공제 불가능

④ 교 육 비 : • 본인 교육비　　10,000,000원　　• 대학생　　1명　　8,500,000원
　　　　　　※ 대학원교육비는 본인만 공제 가능
⑤ 기 부 금 : • 20.정치　　　　　200,000원　　• 10.법정기부금　　　300,000원

■ 소득공제Tab

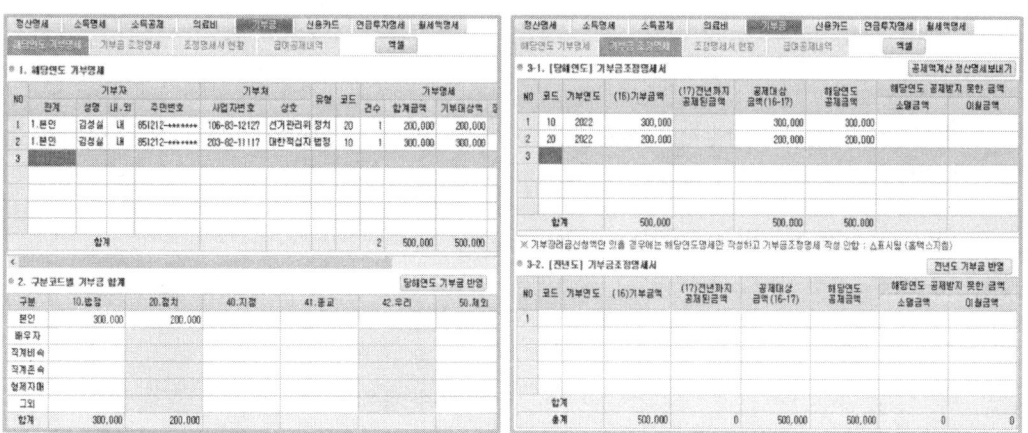

■ 의료비Tab

■ 기부금Tab

■ 신용카드Tab

| 정산명세 | 소득명세 | 소득공제 | 의료비 | 기부금 | 신용카드 | 연금투자명세 | 월세액명세 |

● 1. 공제대상자및대상금액

공제대상자			신용카드 등 공제대상금액							
내외 성 명 계 생년월일	구분	⑤소계(⑥+ ⑦+⑧+⑨+ ⑩+⑪)	⑥신용카드	⑦직불선불카드	⑧현금영수증	⑨도서공연박물관미술관사용분 (총급여7천만원이하자만)			⑩전통시장 사용분	⑪대중교통 이용분
						신용카드	직불선불카드	현금영수증		
내 김성실 1985-12-12	국세청자료	19,150,000	12,000,000		3,000,000				2,900,000	1,250,000
	그밖의자료									
	국세청자료									
	그밖의자료									
⑤-1 합 계		19,150,000	12,000,000		3,000,000				2,900,000	1,250,000

● 2. 신용카드 등 소득공제액의 계산 제출일자 2023-02-28 (17)-3 공제제외금액

⑫신용 카드공제액 (⑥×15%)	⑬ 직불카드 등 사용분(⑦+⑧)×30%	⑭도서·공연 ·박물관 ·미술관 (⑨×30%)	⑮전통 시장공제액 (⑩×40%)	(16) 대중 교통공제액 (⑪×40%)	(17) 공제제외금액 계산			(18) 20년 대비 소비 증가분
					(17)-1 총급여	(17)-2최저 사용액(17) -1×25%	(17)-3공제 제외금액	
1,800,000	900,000		1,160,000	500,000	64,000,000	16,000,000	3,100,000	0

(19) 공제가능금액((⑫+⑬+⑭+⑮+(16)-((17)-3)+(18))	(20) 공제한도(3백만원과(17)-1×20%중 적은 금액)	(21) 일반공제금액 ((19)와(20)중 적은금액)	(22)전통시장 추가공제액((19)-(20)과 ⑮중 적은금액(한도:1백만원))	(23)대중교통 추가공제 MIN((19)-(20)-(22)),(16),한도:1백만원)	(24)도서·공연등 추가공제액(총급여7천만원이하자)(한도:1백만원)	(25) 3년 대비 소비 증가분 추가공제액(한도:1백만원)	(26) 최종공제금액((21)+(22)+(23)+(24)+(25))
1,260,000	3,000,000	1,260,000				0	1,260,000

❷ 유진상의 연말정산

1) 사원등록의 부양가족 명세

	연말정산관계	기본	세대	부녀	장애	경로70세	출산입양	자녀	한부모	성명	주민(외국인)번호	가족관계
1	0.본인	본인	○							유진상	내 810305-1111110	
2	3.배우자	배우자								전승연	내 900305-2111113	02.배우자
3												
	합 계											

(2022.12.31기준) 부양가족명세

- 배우자(전승연)은 근로소득만 있고 총급여 500만원이므로 소득금액이 100만원이하에 해당되어 기본공제대상자에 해당함
- 동생(유민영)은 나이요건, 소득요건 모두 충족되지 않아 기본공제대상자에 해당하지 않아 입력하지 않음.

2) 연말정산 근로소득원천징수영수증 추가자료 입력

① 신용카드 등 : • 신용카드   27,000,000원   • 전통시장사용액 2,800,000원
   • 대중교통이용액   300,000원
② 개인연금저축 : 1,200,000원
③ 보 험 료 : 차원우는 기본공제 대상자가 아니므로 보험료공제 불가능
④ 의 료 비 : 그 밖의 공제 대상자 의료비 3,000,000원, 실손의료보험금 600,000원
   ※ 성형 목적의 의료비는 공제 불가능

⑤ 교 육 비 : 0원
　　※ 취학 전 아동의 학원교육비만 공제 가능
⑥ 기 부 금 : 라. 지정기부금(종교지정당기기부금) 3,600,000원
⑦ 종전근무지 입력

■ 소득공제Tab

■ 의료비Tab

■ 기부금Tab

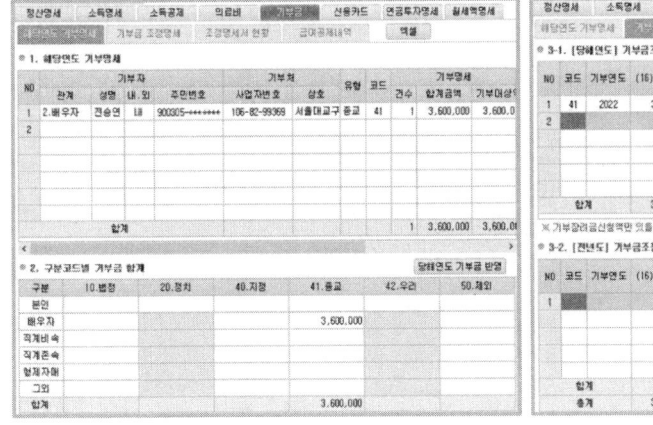

■ 신용카드Tab

1. 공제대상자별 대상금액

공제대상자 성명 생년월일	구분	⑤소계(⑥+⑦+⑧+⑨+⑩+⑪)	⑥신용카드	⑦직불선불카드	⑧현금영수증	⑨도서공연박물관미술관사용분 (총급여7천만원이하자만)			⑩전통시장 사용분	⑪대중교통 이용분
						신용카드	직불선불카드	현금영수증		
유진상 1981-03-05	국세청자료	17,800,000	15,000,000						2,800,000	
	그밖의자료									
전승연 1990-03-05	국세청자료	12,300,000	12,000,000							300,000
	그밖의자료									
	국세청자료									
⑤-1 합계		30,100,000	27,000,000						2,800,000	300,000

2. 신용카드 등 소득공제액의 계산 제출일자 2023-02-28 (17)-3 공제제외금액

⑫신용 카드공제액 (⑥×15%)	⑬직불카드 등 사용분(⑦+⑧)×30%	⑭도서·공연·박물관·미술관(⑨×30%)	⑮전통시장공제액(⑩×40%)	(16)대중교통공제액(⑪×40%)	(17)공제제외금액 계산			(18) 20년 대비 소비 증가분
					(17)-1 총급여	(17)-2 최저사용액(17)-1×25%	(17)-3 공제제외금액	
4,050,000			1,120,000	120,000	75,000,000	18,750,000	2,812,500	0

(19)공제가능액(⑫+⑬+⑭+(16)-((17)-3)+(18))	(20)공제한도(250만원)	(21)일반공제액((19)와(20)중 적은금액)	(22)전통시장 추가공제액((19)-(20)과 중 적은금액)(한도:1백만원)	(23)대중교통 추가공제 MIN[((19)-(20)-(22)),(16),한도:1백만원]	(24)도서·공연등 추가공제액(총급여7천만원이하자)(한도:1백만원)	(25) 20년 대비 소비 증가분 추가공제액(한도:1백만원)	(26)최종공제금액((21)+(22)+(23)+(24)+(25))
2,477,500	2,500,000	2,477,500				0	2,477,500

■ 소득명세Tab 종전란에 입력

- 근 무 처 명 : (주)스마트상사
- 근 무 기 간 : 2022.1.1. ~ 2022.5.31.
- 국민건강보험료 : 873,750원
- 국민연금보험료 : 1,125,000원
- 소 득 세 : 286,813원(결정세액)
- 사업자등록번호 : 593-86-01029
- 급 여 : 25,000,000원
- 장기요양보험료 : 107,200원
- 고 용 보 험 료 : 200,000원
- 지 방 소 득 세 : 28,681원(결정세액)

구분/항목	계	9월	10월	11월	12월	연말	종전1
근무처명							(주)스마트상사
사업자등록번호(숫자10자리입력)							593-86-01029
13.급여	65,000,000	5,000,000	5,000,000	5,000,000	5,000,000		25,000,000
14.상여	10,000,000				10,000,000		
15.인정상여							
15-1.주식매수선택권행사이익							
15-2.우리사주조합인출금							
15-3.임원퇴직소득한도초과액							
15-4.직무발명보상금							
16.급여계	75,000,000	5,000,000	5,000,000	5,000,000	15,000,000		25,000,000
미제출비과세	800,000	100,000	100,000	100,000	100,000		
건강보험료	2,271,750	174,750	174,750	174,750	174,750		873,750
장기요양보험료	278,720	21,440	21,440	21,440	21,440		107,200
국민연금보험료	2,925,000	225,000	225,000	225,000	225,000		1,125,000
고용보험료	640,000	45,000	45,000	45,000	135,000		200,000
소득세	5,129,533	350,470	350,470	350,470	2,389,430		286,813
지방소득세	512,901	35,040	35,040	35,040	238,940		28,681
근무기간(시작일)							2022-01-01

유진상 0.내국인 810305-******* 단일세율 0.부 0.거주자 KR 대한민국 종전근무지 불러오기
생산직여부 0.부 연장근로비과세 0.부 국외근로적용 0.부 부 서
귀속년도 2022-05-01 ~ 2022-12-31 감면기간 ~ 영수일자 2023-02-28

③ 임환경의 연말정산

1) 사원등록의 부양가족 명세

부양가족명세											(2022.12.31기준)
	연말정산관계	기본	세대	부녀	장애	경로70세	출산입양	자녀	한부모	성명	주민(외국인)번호	가족관계
1	0.본인	본인	○							임환경	내 920620-1111112	
2												

2) 연말정산추가자료 입력

① 주택자금 : 장기주택차입이자상환액 2012년 이후차입분 고정금리 비거치 상환 1,200,000원
② 연금계좌 : 연금저축 2,400,0000원   ③ 보 험 료 : 보장성보험 600,000원
   ※ 저축성보험료는 공제 불가능
④ 교육비 : 본인 2,400,000원
⑤ 중소기업취업자감면/조특30 : [51] 감면 기간 2022-01-01~2022-12-31
   [52] ① 감면 대상 총급여액(90%) 40,000,000원, ③ 감면세액 1,500,000원

■ 소득공제Tab

관계코드	성명	기본	보험료		의료비				교육비		
내외국인	주민등록번호		보장성	장애인	일반	난임	65세이상, 장애인,건보산정특례자	실손의료보험금	구분	일반	장애특수
0 1	임환경 920620-*******	본인/세대주	600,000						본인	2,400,000	
2											

■ 정산명세Tab

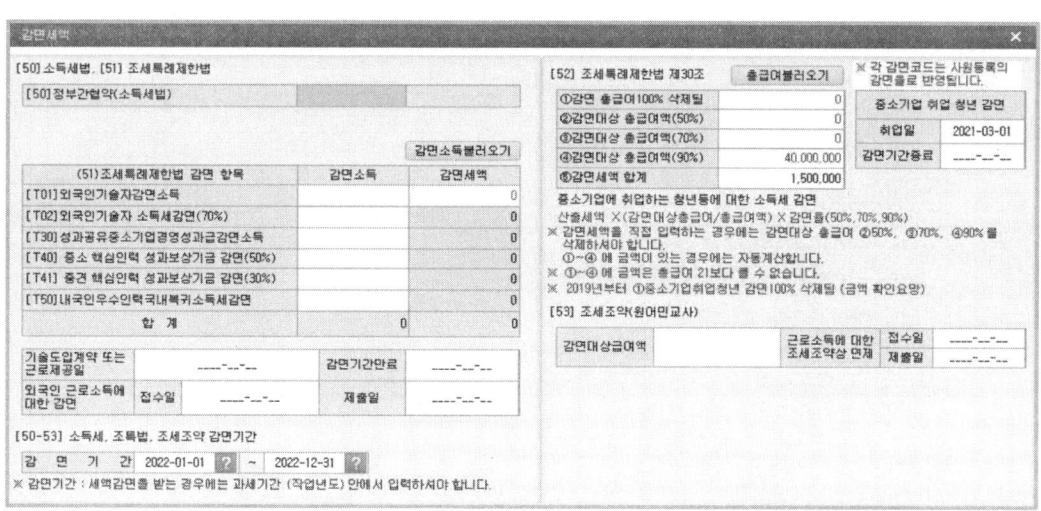

김성실의 연말정산 결과 [근로소득원천징수영수증]

■ 소득세법 시행규칙 [별지 제24호 서식(1)] <개정안 2021. 12. 00.> (1쪽)

관리번호		

[√] 근로소득 원천징수영수증
[ ] 근로소득 지급명세서

([√] 소득자 보관용 [ ] 발행자 보관용 [ ] 발행자 보고용)

거주구분	거주자1 / 비거주자2	
거주지국	대한민국	거주지국코드 KR
내·외국인	내국인1 / 외국인9	
외국인단일세율적용	여1 / 부2	
외국법인소속 파견근로자여부	여1 / 부2	
종교관련종사자여부	여1 / 부2	
국적	대한민국	국적코드 KR
세대주여부	세대주1 / 세대원2	
연말정산구분	계속근로1 / 중도퇴사2	

징수의무자

① 법인명(상호)	(주)연말정산	② 대표자(성명)	김석주
③ 사업자등록번호	214-81-56121	④ 주민등록번호	
③-1 사업자단위과세자여부	여1 / 부2	③-2 종사업장일련번호	
⑤ 소재지(주소)	서울특별시 서초구 강남대로261 (서초동)		

소득자

⑥ 성명	김성실	⑦ 주민(외국인)등록번호	851212-2111116
⑧ 주소	서울특별시 관악구 신림로30길10 (신림동)		

I 근무처별소득명세

구분	주(현)	종(전)	종(전)	⑯-1 납세조합	합계
⑨ 근무처명	(주)연말정산				
⑩ 사업자등록번호	214-81-56121				
⑪ 근무기간	2022.01.01 ~ 2022.12.31	~	~	~	
⑫ 감면기간	~	~	~	~	
⑬ 급여	48,000,000				48,000,000
⑭ 상여	16,000,000				16,000,000
⑮ 인정상여					
⑮-1 주식매수선택권행사이익					
⑮-2 우리사주조합인출금					
⑮-3 임원 퇴직소득금액 한도초과액					
⑮-4 직무발명보상금					
⑯ 계	64,000,000				64,000,000

II 비과세 및 감면소득명세

⑳ 비과세소득 계	
㉑-1 감면소득 계	

III 세액명세

구분			㉒ 소득세	㉓ 지방소득세	㉔ 농어촌특별세
㉒ 결정세액					
기납부세액	㉓ 종(전)근무지 (결정세액란의 세액을 적습니다)	사업자등록번호			
	㉔ 주(현)근무지		4,744,200	474,350	
㉕ 납부특례세액					
㉖ 차감징수세액(㉒-㉓-㉔-㉕)			-4,744,200	-474,350	

위의 원천징수액(근로소득)을 정히 영수(지급)합니다.

2023년 02월 28일

국민건강보험료: 1,677,600원 장기요양보험료: 205,800원
고용보험료: 552,000원 국민연금보험료: 2,160,000원

징수(보고)의무자 (주)연말정산 김석주 (서명 또는 인)

김성실 귀하

210mm×297mm [백상지 80g/㎡]

(2쪽)

Ⅳ 종합소득세 정산명세서	㉑총급여(⑯. 다만 외국인단일세율 적용시에는 연간 근로소득)				64,000,000	㊽종합소득 과세표준			38,694,600
	㉒근로소득공제				12,950,000	㊾산 출 세 액			4,724,190
	㉓근로소득금액				51,050,000	세액감면	㊿「소득세법」		
	기본공제	㉔본 인			1,500,000		㊿-①「조세특례제한법」(㊷제외)		
		㉕배 우 자					㊿-②「조세특례제한법」제30조		
		㉖부양가족(2 명)			3,000,000		㊿-③ 조세조약		
	추가공제	㉗경로우대(1 명)			1,000,000		㊿-④ 세액감면 계		
		㉘장 애 인(0 명)					㊽근로소득		660,000
		㉙부 녀 자					㊾자녀	공제대상자녀(1 명)	150,000
		㉚한부모가족			1,000,000			출산·입양자(0 명)	
	연금보험료공제	㉛국민연금보험료		대상금액	2,160,000	연금계좌	㊼「과학기술인공제회 법」에 따른 퇴직연금	공제대상금액	
				공제금액	2,160,000			세액공제액	
		㉜공적연금보험료공제	㉮공무원연금	대상금액			㊾「근로자퇴직급여 보장법」에 따른 퇴직연금	공제대상금액	
				공제금액				세액공제액	
			㉯군인연금	대상금액			연금저축	공제대상금액	
				공제금액				세액공제액	
			㉰사립학교교직원연금	대상금액			㊾-1 ISA 만기시 연금계좌 납입액	공제대상금액	
				공제금액				세액공제액	
			㉱별정우체국연금	대상금액			㊿보험료	보장성	공제대상금액	1,000,000
				공제금액				세액공제액	120,000
	특별소득공제	㉝보험료	㉲건강보험료(노인장기요양보험료포함)	대상금액	1,883,400			장애인전용 보장성	공제대상금액	
				공제금액	1,883,400				세액공제액	
			㉳고용보험료	대상금액	552,000		㉻의료비	공제대상금액	6,080,000
				공제금액	552,000			세액공제액	912,000
		㉞주택자금	㉮주택임차 차입금원리 금상환액	대출기관			㊷교육비	공제대상금액	18,500,000
				거주자				세액공제액	2,775,000
			㉯장기주택저당차입금이자상환액	2011년이전 차입분	15년미만		특별세액공제	㉮정치자금기부금	10만원 이하	공제대상금액	100,000
					15년~29년					세액공제액	90,909
					30년이상				10만원 초과	공제대상금액	100,000
				2012년이후 차입분 (15년이상)	고정금리이거나 비거치상환 대출					세액공제액	15,000
					그밖의 대출		기부금	㉯「소득세법」제 34조제2항제1호에 따른 기부금	공제대상금액	6,405
				2015년이후 차입분	15년이상	고정금리이면서 비거치상환대출				세액공제액	1,281
						고정금리이거나 비거치상환대출		㉰우리사주조합 기부금	공제대상금액	
						그밖의대출			세액공제액	
					10년~15년	고정금리이거나 비거치상환 대출		㉱「소득세법」제34조 제3항제1호의 기부금 (종교단체 외)	공제대상금액	
			㉵기부금(이월분)						세액공제액	
		㊱계			2,435,400		㉲「소득세법」제34조 제3항제1호의 기부금 (종교단체)	공제대상금액	
	㊲차감소득금액				39,954,600			세액공제액	
	그밖의소득공제	㊳개인연금저축					㊾계		3,914,190
		㊴소기업·소상공인 공제부금					㊿표준세액공제		
		㊵주택 마련저축 소득공제	㉮청약저축				㊺납세조합공제		
			㉯주택청약종합저축				㊻주택차입금		
			㉰근로자주택마련저축				㊼외국납부		
		㊶투자조합출자 등					㊽월세액	공제대상금액	
		㊷신용카드 등 사용액			1,260,000			세액공제액	
		㊸우리사주조합 출연금					㊹세액 공제 계		4,724,190
		㊹고용유지 중소기업 근로자					㊺결정세액(㊾-㊿-㊹)		
		㊺장기집합투자증권저축					㊻실효세율(%)(㊺/㉑×100)		(%)
		㊻그밖의 소득공제 계			1,260,000				
	㊼소득공제 종합한도 초과액								

210mm×297mm [백상지 80g/㎡]

(3쪽)

㉮ 소득·세액공제 명세[인적공제항목은 해당란에 "○" 표시(장애인 해당시 해당코드를 기재)를 하며, 각종 소득·세액공제 항목은 공제를 위하여 실제 지출한 금액을 적습니다.]

인적공제 항목							각종 소득공제·세액공제 항목							
관계코드	성명	기본공제				자료구분	보험료				의료비			교육비	
내·외국인	주민등록번호	부녀자	한부모	경로우대	장애인	출산입양 자녀	건강	고용	보장성	장애인전용보장성	일반	난임	65세이상·장애인·건강보험산정특례자	실손의료보험금	일반	장애인특수교육
인적공제 항목에 해당하는 인원수를 적습니다.		3	1		0	국세청			1,500,000		4,200,000		3,800,000		18,500,000	
		0	1	0	1	기타	1,883,400	552,000								
0	김성실	○				국세청			1,500,000		4,200,000				10,000,000	
1	851212-2111116		○			기타	1,883,400	552,000								
1	임순영	○		○		국세청							3,800,000			
1	351226-2111114					기타										
4	허유희	○				국세청									8,500,000	
1	051124-4111112				○	기타										

각종 소득공제·세액공제 항목										
성명	자료구분	신용카드등 사용액공제						소비증가분		기부금
		신용카드	직불카드등	현금영수증	도서공연사용분(총급여7천만원이하자만 기재)	전통시장사용분	대중교통이용분	2020년 전체사용분	2021년 전체사용분	
합계	국세청 계	12,000,000		3,000,000		2,900,000	1,250,000		19,150,000	500,000
	기타 계									
김성실	국세청 계	12,000,000		3,000,000		2,900,000	1,250,000		19,150,000	500,000
	기타 계									
임순영	국세청 계									
	기타 계									
허유희	국세청 계									
	기타 계									

유진상의 연말정산결과 [근로소득원천징수영수증]

■ 소득세법 시행규칙 [별지 제24호 서식(1)] <개정안 2021. 12. 00.> (1쪽)

관리번호		거주구분	거주자1/비거주자2
	[√] 근로소득 원천징수영수증	거주지국 대한민국	거주지국코드 KR
	[ ] 근로소득 지급명세서	내·외국인	대국인1/외국인9
	([√]소득자 보관용 [ ]발행자 보관용 [ ]발행자 보고용)	외국인단일세율적용	여1/부2
		외국법인소속 파견근로자여부	여1/부2
		종교관련종사자여부	여1/부2
		국적 대한민국	국적코드 KR
		세대주여부	세대주1/세대원2
		연말정산구분	계속근로1/중도퇴사2

징수의무자	① 법인명(상호)	(주)연말정산	② 대표자(성명)	김석주
	③ 사업자등록번호	214-81-56121	④ 주민등록번호	
	③-1 사업자단위과세자여부	여1/부2	③-2 종사업장일련번호	
	⑤ 소재지(주소)	서울특별시 서초구 강남대로261 (서초동)		
소득자	⑥ 성 명	유진상	⑦ 주민(외국인)등록번호	810305-1111110
	⑧ 주 소	경기도 성남시 수정구 공원로391번길 16-1 101 (신흥동, 수정빌라)		

	구 분	주(현)	종(전)	종(전)	⑯-1 납세조합	합 계
I 근무처별 소득명세	⑨ 근 무 처 명	(주)연말정산	(주)스마트상사			
	⑩ 사업자등록번호	214-81-56121	593-86-01029			
	⑪ 근 무 기 간	2022.05.01~2022.12.31	2022.01.01~2022.05.31	~	~	
	⑫ 감 면 기 간	~	~	~	~	
	⑬ 급 여	40,000,000	25,000,000			65,000,000
	⑭ 상 여	10,000,000				10,000,000
	⑮ 인 정 상 여					
	⑮-1 주식매수선택권행사이익					
	⑮-2 우리사주조합인출금					
	⑮-3 임원 퇴직소득금액 한도초과액					
	⑮-4 직무발명보상금					
	⑯ 계	50,000,000	25,000,000			75,000,000

II 비과세 및 감면소득명세						
⑳ 비과세소득 계						
㉑-1 감면소득 계						

		구 분	㊟ 소득세	㊟ 지방소득세	㊟ 농어촌특별세
III 세액명세	㉒ 결정세액		5,279,987	527,998	
	기납부 세액	㉓ 종(전) 근무지 (결정세액란의 세액을 적습니다)	사업자등록번호 593-86-01029	286,813	28,681
		㉔ 주(현) 근무지	4,842,720	484,220	
	㉕ 납부특례세액				
	㉖ 차감징수세액(㉒-㉓-㉔-㉕)		150,450	15,090	

위의 원천징수액(근로소득)을 정히 영수(지급)합니다.

국민건강보험료: 2,271,750 원 장기요양보험료: 278,720 원
고용보험료: 640,000 원 국민연금보험료: 2,925,000 원

2023 년 02 월 28 일
(주)연말정산
징수(보고)의무자 김석주 (서명 또는 인)

유진상 귀하

210mm×297mm [백상지 80g/㎡]

(2쪽)

Ⅳ 종합소득 정산명세서	⑳총급여(㉘다만 외국인단일세율 적용시에는 연간 근로소득)				75,000,000	세액감면	㊽종합소득과세표준		49,427,030
	㉒근로소득공제				13,500,000		㊾산 출 세 액		6,642,487
	㉓근로소득금액				61,500,000		㊿「소득세법」		
	기본공제	㉔본 인			1,500,000		⑸「조세특례제한법」(⑸2제외)		
		㉕배 우 자			1,500,000		⑸「조세특례제한법」제30조		
		㉖부양가족(0 명)					⑸조세조약		
	추가공제	㉗경로우대(0 명)					⑸세액감면계		
		㉘장애인(0 명)					⑸근로소득		500,000
		㉙부 녀 자					⑸자녀	공제대상자녀(0 명)	
		㉚한부모가족						출산·입양자(0 명)	
	연금보험료공제	㉛국민연금보험료		대상금액	2,925,000	연금계좌	⑸「과학기술인공제회법」에 따른 퇴직연금	공제대상금액	
				공제금액	2,925,000			세액공제액	
		㉜공적연금보험료공제	㉮공무원연금	대상금액			⑸「근로자퇴직급여 보장법」에 따른 퇴직연금	공제대상금액	
				공제금액				세액공제액	
			㉯군인연금	대상금액			⑸연금저축	공제대상금액	
				공제금액				세액공제액	
			㉰사립학교교직원연금	대상금액			⑸-1 ISA 만기시 연금계좌 납입액	공제대상금액	
				공제금액				세액공제액	
			㉱별정우체국연금	대상금액		특별세액공제	⑹보험료	보장성 공제대상금액	1,000,000
				공제금액				보장성 세액공제액	120,000
	특별소득공제	㉝보험료	㉮건강보험료(노인장기요양보험료포함)	대상금액	2,550,470			장애인전용보장성 공제대상금액	
				공제금액	2,550,470			장애인전용보장성 세액공제액	
			㉯고용보험료	대상금액	640,000		⑹의료비	공제대상금액	150,000
				공제금액	640,000			세액공제액	22,500
		㉞주택자금	㉮주택임차차입금원리금상환액	대출기관			⑹교육비	공제대상금액	
				거주자				세액공제액	
			㉯장기주택저당차입금이자상환액	2011년이전차입분	15년미만		⑹기부금	㉮정치자금기부금	10만원이하 공제대상금액	
					15년-29년				10만원이하 세액공제액	
					30년이상				10만원초과 공제대상금액	
				2012년이후차입분(15년이상)	고정금리이거나 비거치상환대출				10만원초과 세액공제액	
					그밖의 대출			㉯「소득세법」제34조제2항제1호에 따른 기부금	공제대상금액	
				2015년이후차입분	15년이상	고정금리이면서, 비거치상환대출			세액공제액	
						고정금리이거나 비거치상환대출		㉰우리사주조합기부금	공제대상금액	
						그밖의대출			세액공제액	
					10년-15년	고정금리이거나 비거치상환대출		㉱「소득세법」제34조제3항제1호의 기부금(종교단체 외)	공제대상금액	
			㉰기부금(이월분)						세액공제액	
			㉱계			3,190,470		㉲「소득세법」제34조제3항제1호의 기부금(종교단체)	공제대상금액	3,600,000
	㊲차 감 소 득 금 액				52,384,530			세액공제액	720,000
	그밖의소득공제	㊳개인연금저축			480,000		⑹4계		362,500
		㊴소기업·소상공인 공제부금					⑹5표준세액공제		
		㊵주택마련저축소득공제	㉮청약저축				⑹6납세조합공제		
			㉯주택청약종합저축				⑹7주택차입금		
			㉰근로자주택마련저축				⑹8외국납부		
		㊶투자조합출자 등					⑹9월세액	공제대상금액	
		㊷신용카드 등 사용액			2,477,500			세액공제액	
		㊸우리사주조합 출연금					⑺세액 공제 계		1,362,500
		㊹고용유지 중소기업 근로자					㉑결 정 세 액(㊾-⑸-⑺)		5,279,987
		㊺장기집합투자증권저축								
		㊻그밖의 소득공제 계			2,957,500					
	㊼소득공제 종합한도 초과액					㊾실효세율(%)(㉑/⑳×100)			7.0%

210mm×297mm [백상지 80g/㎡]

(3쪽)

※ 소득·세액공제 명세 인적공제항목은 해당란에 "○" 표시(장애인 해당시 해당코드를 기재) 를 하며, 각종 소득·세액공제 항목은 공제를 위하여 실제 지출한 금액을 적습니다.]

인적공제 항목						각종 소득공제·세액공제 항목								
관계코드	성 명	기본공제	경로우대	장애인	출산입양	자료구분	보험료				의료비				교육비	
내·외국인	주민등록번호	부녀자	한부모	장애인	자녀		건강	고용	보장성	장애인전용보장성	일반	난임	65세이상·장애인·건강보험산정특례자	실손의료보험금	일반	장애인특수교육
인적공제 항목에 해당하는 인원수를 적습니다.		2	0	0		국세청			1,240,000		3,000,000			600,000		
		0	0	0	0	기타	2,550,470	640,000								
0	유진상	○				국세청			1,000,000							
1	810305-1111110					기타	2,550,470	640,000								
3	전승연	○				국세청			240,000		3,000,000			600,000		
1	900305-2111113					기타										
						국세청										
						기타										
						국세청										
						기타										
						국세청										
						기타										
						국세청										
						기타										

각종 소득공제·세액공제 항목

성명	자료구분	신용카드등 사용액공제						소비증가분		기부금
		신용카드	직불카드등	현금영수증	도서공연사용분 (총급여7천만원 이하자만 기재)	전통시장사용분	대중교통이용분	2020년 전체사용분	2021년 전체사용분	
합계	국세청 계	27,000,000				2,800,000	300,000		30,100,000	3,600,000
	기 타 계									
유진상	국세청 계	15,000,000				2,800,000			17,800,000	
	기 타 계									
전승연	국세청 계	12,000,000					300,000		12,300,000	3,600,000
	기 타 계									
	국세청 계									
	기 타 계									
	국세청 계									
	기 타 계									
	국세청 계									
	기 타 계									
	국세청 계									
	기 타 계									
	국세청 계									
	기 타 계									

(6쪽)

연금·저축 등 소득·세액공제 명세서

1. 인적사항

①상호	(주)연말정산	②사업자등록번호	214-81-56121
③성명	유진상	④주민 등록 번호	810305-1111110
⑤주소	경기도 성남시 수정구 공원로391번길 16-1 101 (신흥동, 수정빌라) (전화번호:)		
⑥사업장소재지	서울특별시 서초구 강남대로261 (서초동) (전화번호: 02-123-1234)		

2. 연금계좌 세액공제

1) 퇴직연금계좌
* 퇴직연금 계좌에 대한 명세를 작성합니다.

퇴직연금구분	금융회사 등	계좌번호(또는 증권번호)	납입금액	세액공제금액

2) 연금저축 계좌
* 연금저축 계좌에 대한 명세를 작성합니다.

연금저축구분	금융회사 등	계좌번호(또는 증권번호)	납입금액	소득·세액공제금액
개인연금저축	KEB하나은행(구)주식회사하나은행	1234-52-04567	1,200,000	480,000

3) ISA 만기시 연금계좌 납입액
* 납입 연금저축계좌·퇴직연금계좌에 대한 명세를 작성합니다.

연금 구분	금융회사 등	계좌번호(또는 증권번호)	납입금액	세액공제금액

3. 주택마련저축 소득공제
* 주택마련저축 소득공제에 대한 명세를 작성합니다.

저축 구분	금융회사 등	계좌번호(또는 증권번호)	납입금액	소득공제금액

4. 장기집합투자증권저축 소득공제
* 장기집합투자증권저축 소득공제에 대한 명세를 작성합니다.

금융회사 등	계좌번호(또는 증권번호)	납입금액	소득공제금액

5. 중소기업 창업투자조합 출자 등에 대한 소득공제
* 중소기업창업투자조합 출자 등 소득공제에 대한 명세서를 작성합니다.

투자연도	투자구분	금융기관 등	계좌번호(또는 증권번호)	납입금액

작성방법

1. 연금계좌세액공제, 주택마련저축·장기집합투자증권저축·중소기업창업투자조합 출자 등 소득공제를 받는 소득자에 대해서는 해당 소득·세액 공제에 대한 명세를 작성해야 합니다. 해당 계좌별로 납입금액과 소득·세액 공제금액을 적고, 공제금액이 영(0)인 경우에는 적지 않습니다.
2. 퇴직연금계좌에서 "퇴직연금 구분"란은 퇴직연금{ 확정기여형(DC), 개인형(IRP) }·과학기술인공제회로 구분하여 적습니다.
3. 연금저축계좌에서 "연금저축 구분"란은 개인연금저축과 연금저축으로 구분하여 적습니다.
4. ISA 만기시 연금계좌 납입액에서 "연금 구분"란은 연금저축계좌와 퇴직연금계좌로 구분하여 적습니다.
 - ISA 만기시 연금계좌 납입액 공제세액은 ISA계좌의 계약기간이 만료되고 해당 계좌잔액의 전부 또는 일부를 연금저축계좌·퇴직연금계좌로 납입한 경우 납입한 금액의 10%에 해당하는 금액(공제대상금액, 300만원 한도)에 공제율 12%를 적용한 금액입니다.
 [다만, 해당 과세기간의 종합소득과세표준을 계산할 때 합산하는 종합소득금액이 4천만원 이하(근로소득만 있는 경우 총급여 5천500만원 이하)인 거주자에 대해서는 공제율 15%를 적용합니다.]
5. 주택마련저축 소득공제의 "저축 구분"란은 청약저축, 주택청약종합저축 및 근로자주택마련저축으로 구분하여 적습니다.
6. 중소기업창업투자조합 출자 등에 대한 소득공제의 "투자 구분"란은 벤처 등 (조특법 제16조제1항제3호.4호.6호), 조합1 (조특법 제16조제1항제1호.제5호), 조합2 (조특법 제16조제1항제2호)로 구분하여 적습니다.

210mm×297mm [백상지 80g/m²]

임환경의 연말정산 결과 [근로소득원천징수영수증]

■ 소득세법 시행규칙 [별지 제24호 서식(1)] <개정안 2021. 12. 00. > (1쪽)

관리번호		[ ] 근로소득 원천징수영수증 [√] 근로소득 지급명세서 ([ ]소득자 보관용 [ ]발행자 보관용 [√]발행자 보고용)				거주구분	거주자1 /비거주자2	
						거주지국	대한민국 거주지국코드 KR	
						내, 외국인	내국인1 /외국인9	
						외국인단일세율적용	여1 /부2	
						외국법인소속 파견근로자여부	여1 /부2	
						종교관련종사자여부	여1 /부2	
						국적	대한민국 국적코드 KR	
						세대주여부	세대주1 /세대원2	
						연말정산구분	계속근로1 /중도퇴사2	

징수의무자	① 법인명(상호)	(주)연말정산		② 대표자(성명)	김석주
	③ 사업자등록번호	214-81-56121		④ 주민등록번호	100001-1000006
	③-1 사업자단위과세자여부		여1 /부2	③-2 종사업장일련번호	
	⑤ 소재지(주소)	서울특별시 서초구 강남대로261 (서초동)			
소득자	⑥ 성 명	임환경		⑦ 주민(외국인) 등록번호	920620-1111112
	⑧ 주 소	경기도 수원시 권선구 정수대로123 (권선동)			

	구 분	주(현)	종(전)	종(전)	⑯-1 납세조합	합 계
I 근무처별 소득명세	⑨ 근 무 처 명	(주)연말정산				
	⑩ 사업자등록번호	214-81-56121				
	⑪ 근 무 기 간	2022.01.01 ~ 2022.12.31	~	~	~	
	⑫ 감 면 기 간	~	~	~	~	
	⑬ 급 여	30,000,000				30,000,000
	⑭ 상 여	10,000,000				10,000,000
	⑮ 인 정 상 여					
	⑮-1 주식매수선택권행사이익					
	⑮-2 우리사주조합인출금					
	⑮-3 임원퇴직소득금액 한도초과액					
	⑮-4 직무발명보상금					
	⑯ 계	40,000,000				40,000,000
II 비과세 및 감면소득명세	⑱-32 중소기업취업청년감면90% T13	40,000,000				40,000,000
	⑳ 비과세소득 계					
	㉑-1 감면소득 계	40,000,000				40,000,000

	구 분			㉘ 소득세	㉙ 지방소득세	㉚ 농어촌특별세
III 세액명세	㉒ 결정세액			920,688	92,068	
	기납부 세액	㉓ 종(전) 근무지 (결정세액란의 세액을 적습니다)	사업자 등록 번호			
		㉔ 주(현) 근무지		144,220	14,350	
	㉕ 납부특례세액					
	㉖ 차감징수세액 (㉒-㉓-㉔-㉕)			776,460	77,710	

위의 원천징수액(근로소득)을 정히 영수(지급)합니다.

2023 년 02 월 28 일

(주)연말정산

징수(보고)의무자 김석주 (서명 또는 인)

서초세무서장 귀하

210mm×297mm [백상지 80g/m²]

(2쪽)

	㉑총급여(⑯다만 외국인단일세율 적용시에는 연간 근로소득)			40,000,000		㊽종합소득과세표준		23,177,920
	㉒근로소득공제			11,250,000		㊾산 출 세 액		2,396,688
	㉓근로소득금액			28,750,000	세액감면	㊿「소득세법」		
	기본공제	㉔본 인		1,500,000		○「조세특례제한법」(○제외)		
		㉕배 우 자				○「조세특례제한법」 제30조		
		㉖부양가족(0 명)				○조세조약		
	추가공제	㉗경로우대(0 명)				○세액감면계		
		㉘장 애 인 (0 명)				㊺근로소득		684,000
		㉙부 녀 자				㊻자녀	공제대상자녀(0 명)	
		㉚한부모가족					출산·입양자(0 명)	
	연금보험료공제	㉛국민연금보험료	대상금액	1,350,000		㊼「과학기술인공제회법」에 따른 퇴직연금	공제대상금액	
			공제금액	1,350,000			세액공제액	
IV 종합소득 정산명세서		㉜공적연금보험료	㉮공무원연금	대상금액		연금계좌	㊽「근로자퇴직급여 보장법」에 따른 퇴직연금	공제대상금액	
				공제금액				세액공제액	
			㉯군인연금	대상금액			㊾연금저축	공제대상금액	2,400,000
				공제금액				세액공제액	360,000
			㉰사립학교교직원연금	대상금액			○ 1 ISA 만기시 연금계좌 납입액	공제대상금액	
				공제금액				세액공제액	
			㉱별정우체국연금	대상금액		특별세액공제	㉠보험료	보장성	공제대상금액	600,000
				공제금액					세액공제액	72,000
		㉝보험료	㉲건강보험료(노인장기요양보험료포함)	대상금액	1,177,080			장애인전용보장성	공제대상금액	
				공제금액	1,177,080				세액공제액	
			㉳고용보험료	대상금액	345,000		㉡의료비	공제대상금액	
				공제금액	345,000			세액공제액	
	특별소득공제	㉞주택자금	㉮주택임차차입금원리금상환액	대출기관			㉢교육비	공제대상금액	2,400,000
				거주자				세액공제액	360,000
			㉯장기주택저당차입금이자상환액	2011년이전 차입분	15년 미만			㉣정치자금기부금	10만원 이하	공제대상금액	
					15년~29년					세액공제액	
					30년 이상				10만원 초과	공제대상금액	
				2012년이후 차입분 (15년이상)	고정금리이거나 비거치상환대출	1,200,000				세액공제액	
					그밖의 대출		기부금	㉤「소득세법」 제34조제2항제1호에 따른 기부금	공제대상금액	
				2015년 이후 차입분	15년 이상	고정금리이면서, 비거치상환대출					세액공제액	
						고정금리이거나 비거치상환대출			㉥우리사주조합기부금	공제대상금액	
						그밖의대출				세액공제액	
					10년~15년	고정금리이거나 비거치상환대출			㉦「소득세법」제34조제3항제1호의 기부금(종교단체 외)	공제대상금액	
		㉟기부금(이월분)							세액공제액	
		㊱계			2,722,080		㉧「소득세법」제34조제3항제1호의 기부금(종교단체)	공제대상금액	
	㊲차감소득금액				23,177,920				세액공제액	
	그 밖의 소득공제	㊳개인연금저축					○계		432,000
		㊴소기업·소상공인 공제부금					○표준세액공제		
		㊵주택마련저축 소득공제	㉮청약저축				○납세조합공제		
			㉯주택청약종합저축				○주택차입금		
			㉰근로자주택마련저축				○외국납부		
		㊶투자조합출자 등					○월세액	공제대상금액	
		㊷신용카드 등 사용액						세액공제액	
		㊸우리사주조합 출연금					㉺세액공제계		1,476,000
		㊹고용유지 중소기업 근로자					㉻결정세액(㊾- ○- ㉺)		920,688
		㊺장기집합투자증권저축					○실효세율(%)(㉻/㉑×100)		2.3%
		㊻그밖의 소득공제 계							
		㊼소득공제 종합한도 초과액							

210mm×297mm [백상지 80g/㎡]

(3쪽)

㉗소득·세액공제 명세[인적공제항목은 해당란에 "○" 표시(장애인 해당시 해당코드를 기재)를 하여, 각종 소득·세액공제 항목은 공제를 위하여 실제 지출한 금액을 적습니다.]

인적공제 항목							각종 소득공제 · 세액공제 항목										
관계코드	성 명	기본공제	경로우대	장애인	출산입양	자료구분	보험료				의료비				교육비	
내·외국인	주민등록번호	부녀자	한부모	장애인	자녀		건강	고용	보장성	장애인전용보장성	일반	난임	65세이상·장애인·건강보험산정특례자	실손의료보험금	일반	장애인특수교육
인적공제 항목에 해당 하는 인원수를 적습니다.		1	0	0		국세청			600,000						2,400,000	
		0	0	0	0	기타	1,177,080	345,000								
0	임환경	○				국세청			600,000						2,400,000	
1	(근로자본인)					기타	1,177,080	345,000								
						국세청										
						기타										
						국세청										
						기타										
						국세청										
						기타										
						국세청										
						기타										
						국세청										
						기타										

각종 소득공제 · 세액공제 항목

성명	자료구분	신용카드등 사용액공제						소비증가분		기부금
		신용카드	직불카드등	현금영수증	도서공연사용분 (총급여 7천만원 이하자만 기재)	전통시장사용분	대중교통이용분	2020년 전체사용분	2021년 전체사용분	
합계	국세청 계									
	기타 계									
임환경	국세청 계									
	기타 계									
	국세청 계									
	기타 계									
	국세청 계									
	기타 계									
	국세청 계									
	기타 계									
	국세청 계									
	기타 계									
	국세청 계									
	기타 계									
	국세청 계									
	기타 계									

(6쪽)

연금·저축 등 소득·세액공제 명세서

1. 인적사항

①상호	(주)연말정산	②사업자등록번호	214-81-56121
③성명	임환경	④주민 등록 번호	920620-1111112
⑤주소	경기도 수원시 권선구 경수대로123 (권선동) (전화번호:)		
⑥사업장소재지	서울특별시 서초구 강남대로261 (서초동) (전화번호: 02-123-1234)		

2. 연금계좌 세액공제

1) 퇴직연금계좌
* 퇴직연금 계좌에 대한 명세를 작성합니다.

퇴직연금구분	금융회사 등	계좌번호(또는 증권번호)	납입금액	세액공제금액

2) 연금저축 계좌
* 연금저축 계좌에 대한 명세를 작성합니다.

연금저축구분	금융회사 등	계좌번호(또는 증권번호)	납입금액	소득·세액공제금액
연금저축	(주)국민은행	236-12-123456	2,400,000	360,000

3) ISA 만기시 연금계좌 납입액
* 납입 연금저축계좌·퇴직연금계좌에 대한 명세를 작성합니다.

연금 구분	금융회사 등	계좌번호(또는 증권번호)	납입금액	세액공제금액

3. 주택마련저축 소득공제
* 주택마련저축 소득공제에 대한 명세를 작성합니다.

저축 구분	금융회사 등	계좌번호(또는 증권번호)	납입금액	소득공제금액

4. 장기집합투자증권저축 소득공제
* 장기집합투자증권저축 소득공제에 대한 명세를 작성합니다.

금융회사 등	계좌번호(또는 증권번호)	납입금액	소득공제금액

5. 중소기업 창업투자조합 출자 등에 대한 소득공제
* 중소기업창업투자조합 출자 등 소득공제에 대한 명세서를 작성합니다.

투자연도	투자구분	금융기관 등	계좌번호(또는 증권번호)	납입금액

작성 방법

1. 연금계좌 세액공제, 주택마련저축·장기집합투자증권저축·중소기업창업투자조합 출자 등 소득공제를 받는 소득자에 대해서는 해당 소득·세액 공제에 대한 명세를 작성해야 합니다. 해당계좌별로 납입금액과 소득·세액 공제금액을 적고, 공제금액이 영(0)인 경우에는 적지 않습니다.
2. 퇴직연금계좌에서 "퇴직연금 구분" 란은 퇴직연금{ 확정기여형(DC), 개인형(IRP) }·과학기술인공제회로 구분하여 적습니다.
3. 연금저축계좌에서 "연금저축 구분" 란은 개인연금저축과 연금저축으로 구분하여 적습니다.
4. ISA 만기시 연금계좌 납입액에서 "연금 구분" 란은 연금저축계좌와 퇴직연금계좌로 구분하여 적습니다.
   - ISA 만기시 연금계좌 납입액 공제세액은 ISA계좌의 계약기간이 만료되고 해당 계좌잔액의 전부 또는 일부를 연금저축계좌·퇴직연금계좌로 납입한 경우 납입한 금액의 10%에 해당하는 금액(공제대상금액, 300만원 한도)에 공제율 12%를 적용한 금액입니다.
   [다만, 해당 과세기간의 종합소득과세표준을 계산할 때 합산하는 종합소득금액이 4천만원 이하(근로소득만 있는 경우 총급여 5천500만원 이하)인 거주자에 대해서는 공제율 15%를 적용합니다]
5. 주택마련저축 소득공제의 "저축 구분" 란은 청약저축, 주택청약종합저축 및 근로자주택마련저축으로 구분하여 적습니다.
6. 중소기업창업투자조합 출자 등에 대한 소득공제의 "투자 구분" 란은 벤처 등(조특법 제16조제1항제3호 4호 6호), 조합1(조특법 제16조제1항 제1호 제5호), 조합2(조특법 제16조제1항제2호)로 구분하여 적습니다.

210mm×297mm [백상지 80g/m²]

 연말정산 결과 다음연도 급여에 반영하기

1 사원정보의 이월

마감후이월 메뉴에서 이월하고자 하는 항목을 선택하고 마감(F4) 을 클릭하여 다음 연도로 사원정보를 이월한다.

2 다음 년도 1월(또는 2월) 급여 지급 시 연말정산결과 관리

1) 작업연도 변경

2022년도분 연말정산 후 2023년도 2월분 급여 지급 시 2022년도 연말정산결과를 반영한다.

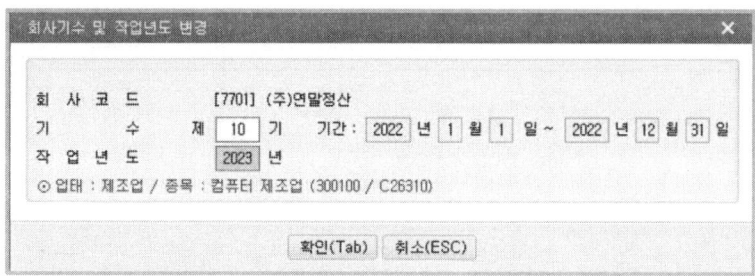

2) 급여자료입력에서 연말정산 결과반영

2월분 급여자료입력 화면에서 [기능모음]키를 클릭하여 '연말정산'을 선택하면 표시되는 보조화면에서 해당 사원을 선택하고 [연말정산데이타적용]을 선택한다음 [확인]한다.

연말정산에 변경사항이 생겨 수정해야 하거나 연말정산소득세등을 급여자료에 반영을 취소하고자 하는 경우 [적용해제]키를 클릭하여 해제할 수 있다.

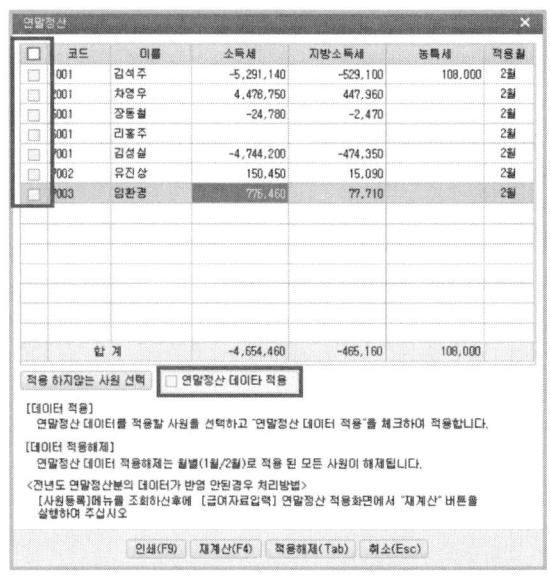

 세액은 나눠서 납부할 수 있습니다.

연말정산 결과 납부할 세액이 10만원을 초과하면 3회에 걸쳐 세액을 나눠서 납부할 수 있다.

(1) 사원등록에서 분납적용

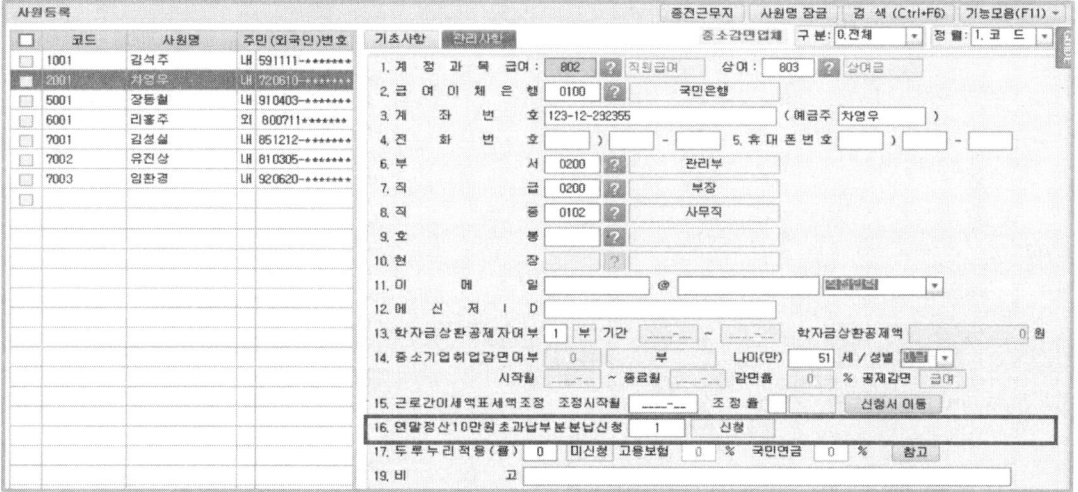

(2) 급여자료입력에서 연말정산분납적용

1) 기능모음의 연말정산분납적용

2) 분납적용

[대상자불러오기] 후 [분납계산]키를 클릭하여 1차분납(2월), 2차분납(3월), 3차분납(4월)에 분납할 금액을 자동으로 입력한 다음, [분납적용]키를 클릭한다.

3) 급여자료입력에 분납내역 입력확인

4) 원천징수이행상황신고서에 반영하기

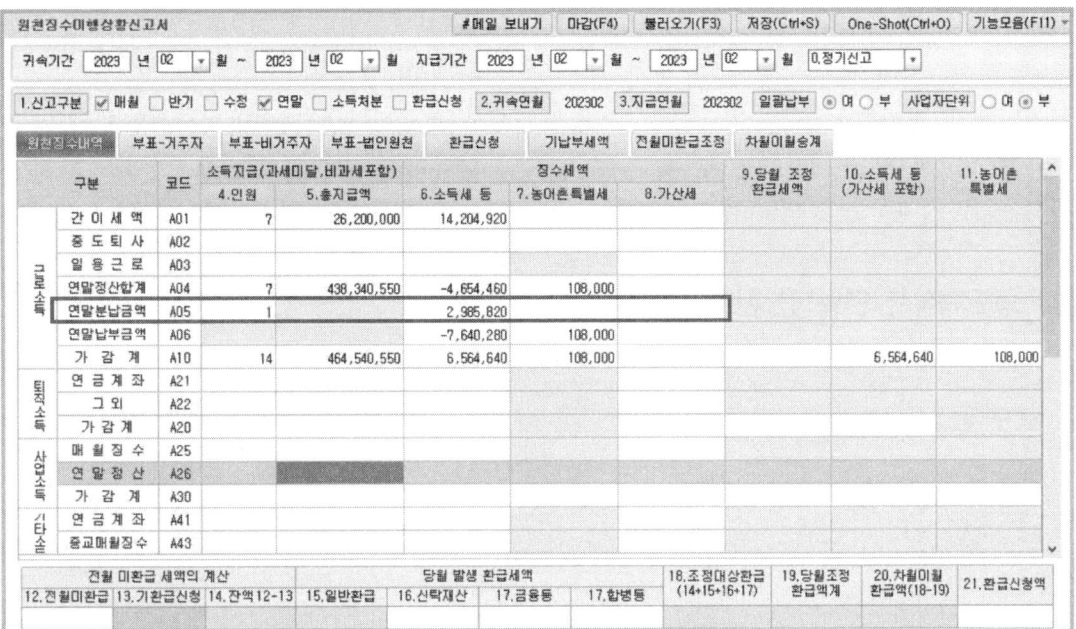

 **연말정산 결과 기장업체 보고하기**

연말정산 결과를 정리한 자료이며, 기장업체에 근로소득자별로 연말정산현황을 전달한다. 연말정산현황은 연말정산근로소득원천징수영수증 메뉴에서 입력된 자료를 반영하여 정산된 금액을 정리하여 조회할 수 있다.

(1) 중도퇴직자 연말정산현황

No	코드 / 사원명 / 정산년월	납금 / 납부 / 공제계	출산 입양 / 6세이하	결정소득세 / 결정지방소득세 / 결정농특세	종전소득세 / 종전지방소득세 / 종전농특세	주현소득세 / 주현지방소득세 / 주현농특세	납부특례소득세 / 납부특례지방소득세 / 납부특례농특세	차감소득세 / 차감지방소득세 / 차감농특세
1	3001 / 견지원 / 2022-11	984,800		313,750 / 31,375		388,900 / 38,800		-75,150 / -7,420
2	합계 / 2022-11	984,800		313,750 / 31,375		388,900 / 38,800		-75,150 / -7,420
	총 계 / 1명	984,800		313,750 / 31,375		388,900 / 38,800		-75,150 / -7,420

(2) 계속근무자 연말정산 현황

No	코드 / 사원명 / 정산년월	납부 / 계	출산 입양 / 6세이하	결정소득세 / 결정지방소득세 / 결정농특세	종전소득세 / 종전지방소득세 / 종전농특세	주현소득세 / 주현지방소득세 / 주현농특세	납부특례소득세 / 납부특례지방소득세 / 납부특례농특세	차감소득세 / 차감지방소득세 / 차감농특세
1	1001 / 김석주 / 2023-02	631,000 / 195,000		677,840 / 67,784 / 108,000		5,968,980 / 596,890		-5,291,140 / -529,100 / 108,000
2	2001 / 차영우 / 2023-02	500,000		7,889,519 / 788,951	36,000 / 3,600	3,374,760 / 337,390		4,478,750 / 447,960
3	5001 / 장동월 / 2023-02	137,460				24,780 / 2,470		-24,780 / -2,470
4	6001 / 리홍주 / 2023-02			12,642,704 / 1,264,270		12,642,640 / 1,264,260		
	총 계 / 7명	458,190 / 395,150		27,410,738 / 2,741,071 / 108,000	322,813 / 32,281	31,742,300 / 3,173,930		-4,654,460 / -465,160 / 108,000

(3) 연말정산 합계표

Point 39 연말정산 결과 국세청 보고하기 - 지급명세서 제출

1 근로소득원천징수영수증

각 근로소득자에 대하여 소득세를 징수하였다는 영수증으로서 3부를 작성하며, 소득자 보관용은 근로소득원천징수영수증으로서 근로소득자에게 교부하고, 발행자보고용은 근로소득 지급명세서로서 세무서에 제출하며, 발행자보관용은 원천징수 의무자가 보관한다.

연말정산근로소득원천징수영수증 메뉴에서 사원별 정산내역입력 후 정산이 완료된 사원을 체크하여 완 료(F4) 를 클릭하면 연말정산이 완료되며, [인쇄] 키를 클릭하여 근로소득원천징수영수증을 작성할 수 있다. (연말정산이 완료된 후 수정이 불가능하므로 수정사항이 있을 경우 해제(Ctrl+F4) 를 클릭하여 수정하여야 한다)

① 12월 31일 퇴사자의 경우 신고는 중도 퇴사자로 신고하지만 세법상 영수증에는 계속 근로자로 표기된다.
② 계속 근무자의 경우 정산년월이 다음해 2월로 자동 표기된다.
③ 비과세금액의 총 합계금액 및 사회보험의 합계금액을 확인할 수 있다.

■ 소득세법 시행규칙 [별지 제24호 서식(1)] <개정안 2021. 12. 00. > (1쪽)

관리번호		[√] 근로소득 원천징수영수증 [ ] 근로소득 지 급 명 세 서 ([√]소득자 보관용[ ]발행자 보관용 [ ]발행자 보고용)				거주구분	거주자1/비거주자2	
						거주지국	대한민국 거주지국코드 KR	
						내・외국인	내국인1/외국인9	
						외국인단일세율적용	여1 / 부2	
						외국법인소속 파견근로자여부	여1 / 부2	
						종교관련종사자 여부	여1 / 부2	
						국적	대한민국 국적코드 KR	
						세대주여부	세대주1/세대원2	
						연말정산구분	계속근로1/중도퇴사2	

징 수 의무자	① 법인명(상호)	(주)연말정산		② 대표자(성 명)	김석주	
	③ 사업자등록번호	214-81-56121		④ 주민등록번호		
	③-1 사업자단위과세자여부		여1 / 부2	③-2 종사업장 일련번호		
	⑤ 소재지(주소)	서울특별시 서초구 강남대로261 (서초동)				
소득자	⑥ 성 명	김석주		⑦ 주민(외국인) 등록번호	591111-1000000	
	⑧ 주 소	서울특별시 용산구 남산공원길126 (용산동2가)				

	구 분	주(현)	종(전)	종(전)	⑯-1 납세조합	합 계
I 근 무 처 별 소 득 명 세	⑨ 근 무 처 명	(주)연말정산				
	⑩ 사업자등록번호	214-81-56121				
	⑪ 근 무 기 간	2022.01.01 ~ 2022.12.31	~	~	~	
	⑫ 감 면 기 간	~	~	~	~	
	⑬ 급 여	60,000,000				60,000,000
	⑭ 상 여	20,000,000				20,000,000
	⑮ 인 정 상 여					
	⑮-1 주식매수선택권행사이익					
	⑮-2 우리사주조합인출금					
	⑮-3 임원 퇴직소득금액 한도초과액					
	⑮-4 직무발명보상금					
	⑯ 계	80,000,000				80,000,000

224 | 세무대리인이 알아야 할 **연말정산실무 Point 50**

2 근로소득지급명세서 작성

구 분		내 용
미제출		제출하지 아니한 분의 지급금액의 100분의 1
제출	불분명한 경우	불분명한 금액의 100분의 1
	사실과 다른 제출	사실과 다른 금액의 100분의 1
	지연제출	제출기한이 지난 후 3개월 이내에 제출하는 경우 지급금액의 100분의 0.5

※ 2021년 귀속 원천징수의무자를 위한 연말정산 신고안내.국세청

근로소득원천징수영수증에서 클릭하여 표시되는 화면에서 인쇄형태를 [발행자보고용]을 인쇄하면 근로소득지급명세서로 표시된다. 국세청 제출 시 [발행자보고용]인 근로소득지급명세서를 인쇄하여 소득자료제출집계표와 함께 제출하면 된다.

근로소득원천징수영수증에서 마감(F4) 하면 근로소득지급명세서가 함께 마감되어 전자신고 시 함께 제출할 수 있다.

■ 소득세법 시행규칙 [별지 제24호 서식(1)] <개정안2021. 12. 00. > (1쪽)

관리번호		[ ] 근로소득 원천징수영수증 [√] 근로소득 지급명세서 ([ ]소득자 보관용 [ ]발행자 보관용 [√]발행자 보고용)		거주구분	거주자1/비거주자2
				거주지국 대한민국	거주지국코드 KR
				내.외국인	내국인1/외국인9
				외국인단일세율적용	여1 / 부2
				외국법인소속 파견근로자 여부	여1 / 부2
				종교관련종사자여부	여1 / 부2
				국적 대한민국	국적코드 KR
				세대주여부	세대주1/세대원2
				연말정산구분	계속근로1/중도퇴사2

징수의무자	① 법인명(상호)	(주)연말정산	② 대표자(성 명)	김석주
	③ 사업자등록번호	214-81-56121	④ 주민등록번호	100001-1000006
	③-1 사업자단위과세자여부	여1 / 부2	③-2 종사업장 일련번호	
	⑤ 소재지(주소)	서울특별시 서초구 강남대로261 (서초동)		
소득자	⑥ 성 명	김석주	⑦ 주민(외국인) 등록번호	591111-1000000
	⑧ 주 소	서울특별시 용산구 남산공원길126 (용산동2가)		

	구 분	주(현)	종(전)	종(전)	⑯-1 납세조합	합 계
근무처별소득명세	⑨ 근 무 처 명	(주)연말정산				
	⑩ 사업자등록번호	214-81-56121				
	⑪ 근 무 기 간	2022.01.01 ~ 2022.12.31	~	~	~	
	⑫ 감 면 기 간	~	~	~	~	
	⑬ 급 여	60,000,000				60,000,000
	⑭ 상 여	20,000,000				20,000,000
	⑮ 인 정 상 여					
	⑮-1 주식매수선택권행사이익					
	⑮-2 우리사주조합인출금					
	⑮-3 임원 퇴직소득금액 한도초과액					
	⑮-4 직무발명보상금					
	⑯ 계	80,000,000				80,000,000

3 소득자료제출집계표

소득자료제출집계표 (근로소득)

징수의무자	1. 사업자등록번호	214-81-56121	2. 법인등록번호	100001-1000006
	3. 법인명(상호)	(주)연말정산	4. 대표자(성명)	김석주
	5. 소재지(주소)	서울특별시 서초구 강남대로 261 (서초동)	6. 전화번호	02-123-1234

제출내용

7.귀속년도	8.제출년월	9.소득종류	10.매수	11.건수	12.소득(수입)금액	원천징수액			
						13.소득세	14.법인세	15.농어촌특별	16.지방소득세
2022	2023.03.10	근로소득	8	8	475,740,550	27,724,488	0	108,000	2,772,446

※참고사항

결정세액			기납부세액			차감징수(환급)		
소득세	농어촌특별세	지방소득세	소득세	농어촌특별세	지방소득세	소득세	농어촌특별세	지방소득세
27,724,488	108,000	2,772,446	32,454,013	0	3,245,011	-4,729,610	108,000	-472,580

※ 작성요령
1. 귀속년도별로 작성합니다.
2. 매수 : 지급명세서의 매수(페이지수).   3. 건수 : 소득자 건수
4. 소득(수입)금액 : 총급여와 비과세 금액을 합계한 금액 (원천징수이행상황신고서 상의 지급액과 동일)
5. 원천징수세액 : 근로소득의 경우에는 결정세액을 기재합니다.
※ 해당 지급명세서를 서면으로 제출하는 경우에만 작성합니다.

[원천징수사무처리규정 별지 제12호 서식] (2010.03.30.)

소득자료제출집계표

징수의무자	①사업자등록번호	214-81-56121	②법인등록번호	100001-1000006
	③법인명(상 호)	(주)연말정산	④대표자(성 명)	김석주
	⑤소재지(주 소)	서울특별시 서초구 강남대로261 (서초동)	⑥전화번호	02-123-1234

제 출 내 용

⑦귀속연도	⑧제출년월일	⑨소득종류	⑩매수	⑪건수	⑫소득(수입)금액	원천징수세액			
						⑬소득세	⑭법인세	⑮농어촌특별세	⑯지방소득세
2022	20230310	근로소득	8	8	475,740,550	27,724,488		108,000	2,772,446

위 소득자료제출집계표의 제출내용을 제출합니다.

2023 년 03 월 10 일

징수(보고)의무자   (주)연말정산   (서명 또는 인)

서초   **세무서장**   귀하

작성요령
1. 귀속연도별 이자소득, 배당소득, 근로소득, 기타소득(거주자), 사업소득(거주자), 사업연말, 비거주자의 사업·기타소득, 퇴직소득, 연금소득 등으로 구분하여 별지작성
2. 매수 : 지급명세서의 매수(페이지 수)
3. 건수 : 소득자 건수(명세서의 경우 라인 건수)
4. 소득(수입) 금액 : 총급여와 비과세 금액을 합계한 금액 (원천징수이행상황신고서 상의 지급액과 동일)
 - 사업·기타소득의 경우 "소액부징수"를 제외함
5. 원천징수세액 : 근로·사업연말·연금소득·퇴직소득은 결정세액을 기재하고 이자·배당·사업·기타소득의 경우에는 원천징수세액을 기재합니다.
※ 해당지급명세서를 서면으로 제출하는 경우에만 작성합니다.

4 지급명세서 전자제출

실무프로세스

(1) 연말정산근로소득원천징수영수증

1) 총괄 마감

총괄 로 선택 후 마감한다.(기 신고된 사원이 있는 경우에는 제외하고 마감한다)
마감(F4) 시 [기부금명세서/의료비지급명세서]도 같이 마감된다.

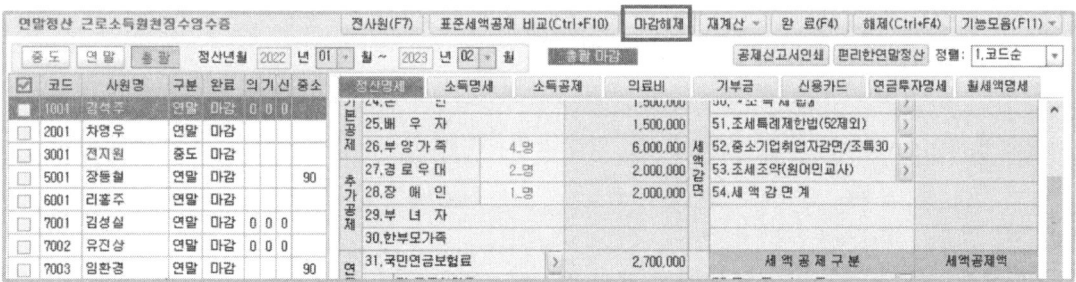

2) 오류항목

[마감]시 오류항목이 표시되면 내용을 검토해서 수정하여 오류가 없이 제출해야 한다.

(2) 연말정산전자(전산매체)신고

1) 제출자구분에서 내역등록 및 확인

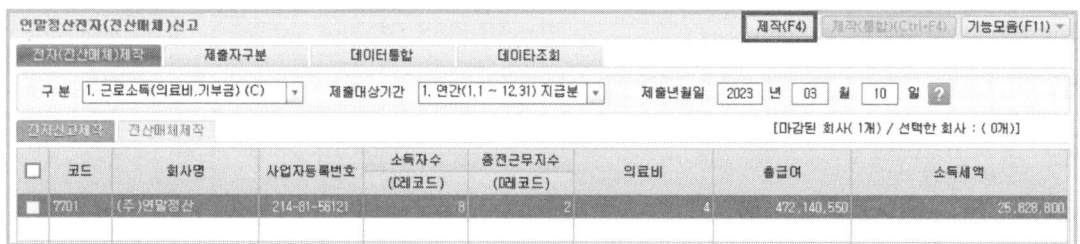

2) 전자(전산매체)제작

마감된회사가 조회되었는지 확인 한 다음 [제작]키를 이용하여 제출화일을 제작한다.

3) 변환된 전자신고 조회 및 검토

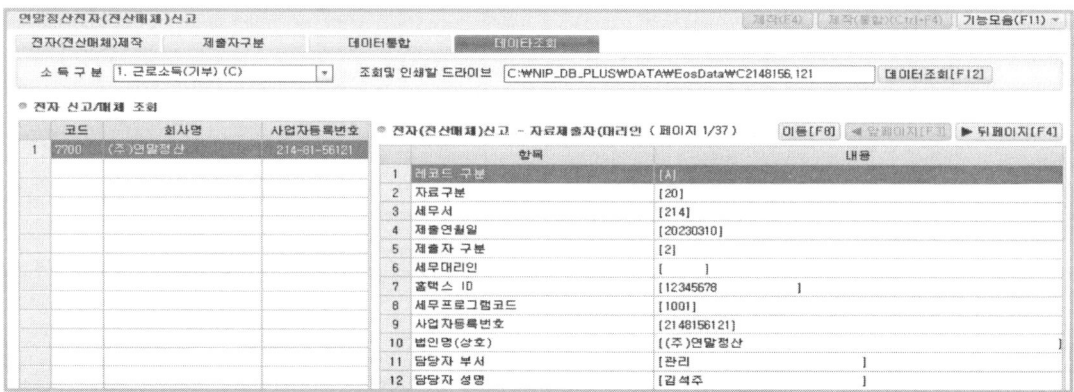

(3) 국세청 홈텍스 변환프로그램 실행 → 전자제출

[변환제출방식(회계프로그램이용등)]을 선택하여 작성된 전자화일을 제출한다.

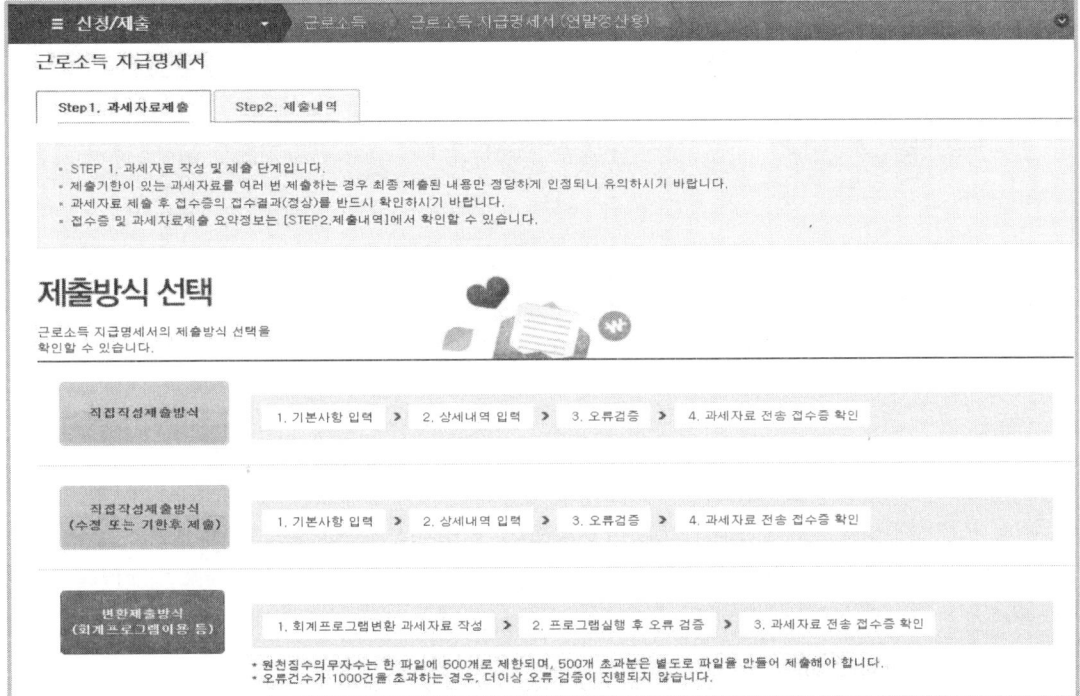

연말정산 결과 국세청 신고하기 - 원천징수이행상황신고서

원천세 전자신고 실무 프로세스

원천징수이행상황신고서 (마감) ➡ 원천징수 전자신고 (제작) ➡ 국세청 홈텍스 신고 (전자신고,납부서작성) / 위텍스 신고 (지방세신고,납부서작성)

1 원천징수이행상황신고서 전자신고

근로/연말 > 세무신고관리 > 원천징수이행상황신고서

전자신고는 원천세신고등을 방문이나 우편에 의하지 아니하고 더존 Smart A 프로그램에서 생성된 파일을 국세청 사이트에 업로드하여 신고의무를 마치는 것이다.

원천징수이행상황신고서의 보고 시 국세청 홈텍스를 통하여 전자신고할 수 있으며, 먼저 원천징수이행상황신고서를 마감한 다음 전자신고를 위한 파일로 제작하고 이를 국세청 홈텍스에서 전자신고한다. 지방소득세신고는 위텍스에서 전자신고한다.

전자신고 후 일부 서류는 관할 세무서에 직접 발송하여야 하며 실제 납부할 세금은 은행에 납부하여야 한다.

(1) 원천징수이행상황신고서의 [마감]

귀속기간과 지급기간별로 원천징수이행상황신고서를 작성한 다음 화면상단의 마감(F4) 을 클릭하여 "마감"한다. 오류 없이 마감되면 우측에 적색으로 "마감"이 표시되며 마감(F4) 은 마감취소(F4) 로 변경된다. 이후 마감을 해제하려면 마감취소(F4) 을 클릭하여 마감을 해제할 수 있다.

구분		코드	소득지급(과세미달,비과세포함)		징수세액			9.당월 조정 환급세액	10.소득세 등 (가산세 포함)	11.농어촌 특별세
			4.인원	5.총지급액	6.소득세 등	7.농어촌특별세	8.가산세			
근로소득	간 이 세 액	A01	7	26,200,000	14,204,920					
	중 도 퇴 사	A02								
	일 용 근 로	A03								
	연말정산합계	A04	7	438,340,550	-4,654,460	108,000				
	연말분납금액	A05	1		2,985,820					
	연말납부금액	A06			-7,640,280	108,000				
	가 감 계	A10	14	464,540,550	6,564,640	108,000			6,564,640	108,000

(2) 원천징수 전자신고에서 파일제작

> 근로/연말 > 전자신고 > 원천징수전자신고

1) 제출자구분

기본사항을 검토 및 입력하고, 홈텍스 ID를 입력한다.

2) 원천징수 화일제작

원천징수이행상황신고서 마감된 데이터를 기준으로 불러온다.

3) 제작(F4) 아이콘을 클릭하면 C : \ersdata 폴더에 파일로 제작되어 저장된다.

파일은 제작일자별로 자동으로 만들어진다.

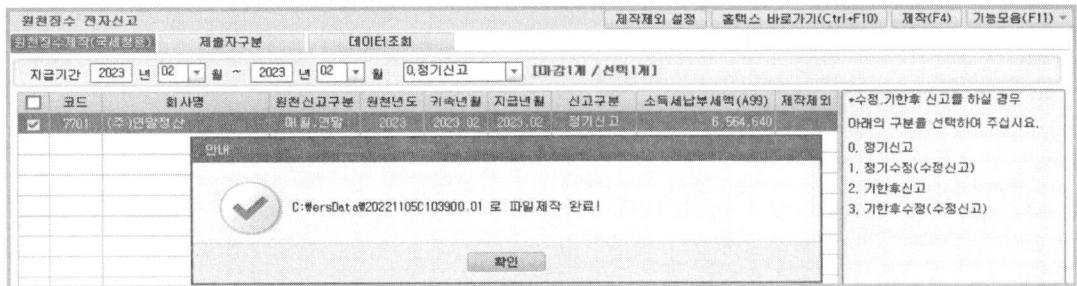

(3) 국세청 홈텍스 신고

1) 화면 상단의 [홈텍스 바로가기] 아이콘을 클릭하여 국세청 홈페이지에 접속한 다음 홈택스 ID 또는 공인인증서로 로그인하여 파일변환 및 신고한다.

2) 원천세 전자신고

① 신고/납부 ➔ 세금신고 ➔ 원천세를 클릭한 다음 [파일변환 신고]키를 클릭한다.

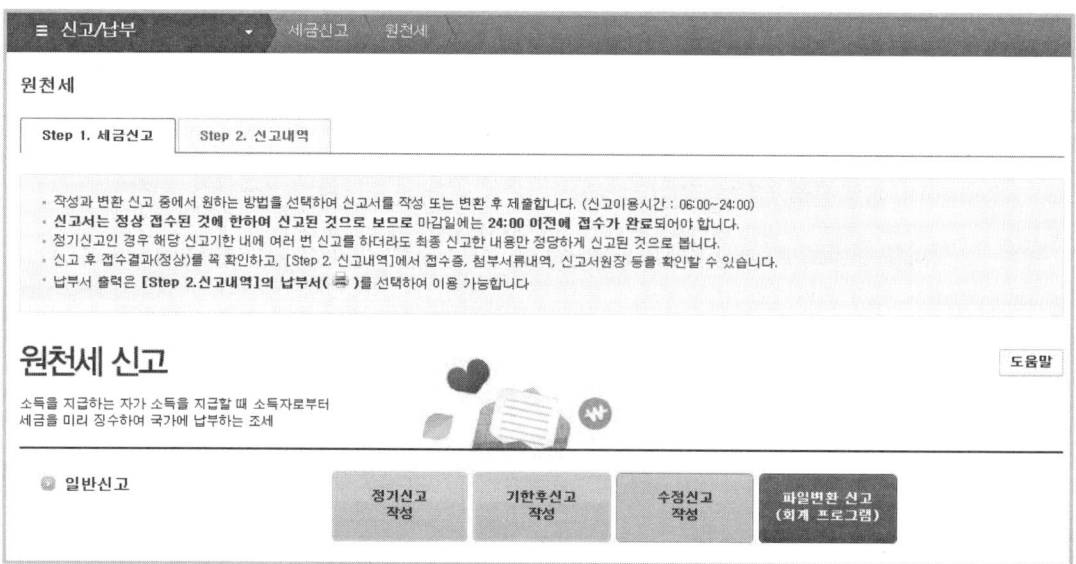

② 변환대상파일을 선택한 후 반드시 파일형식검증하기 ➔ 비밀번호 입력하여 진행한다.

③ 내용검증을 마친 자료는【변환결과조회】를 통하여 확인한다.

3) 【정상자료】이면 【전자파일제출】 클릭하여 [전자파일 제출하기]를 클릭하면 전송이 완료된다.

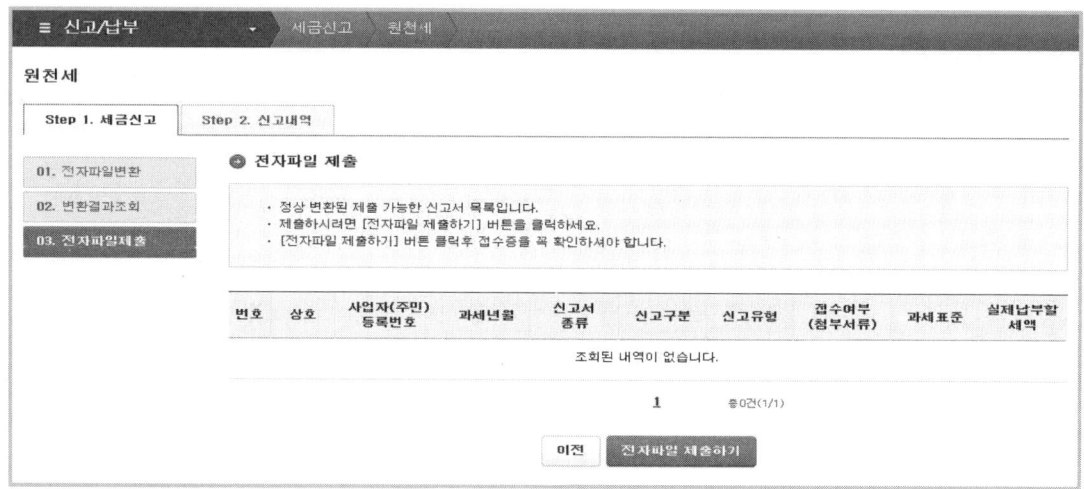

4) 전송이 완료되면 접수증과 납부서를 조회할 수 있다.

5) 홈텍스 전자신고 삭제방법

신고(제출)한 신고서나 과세자료를 요청하고자 할 때 [신고/납부]코너의 [세금신고삭제요청서]에서 [삭제요청서작성하기]를 이용하여 삭제요청할 수 있다. 신고서 전송후 신고기간중에 다시 전송할 경우에는 삭제요청서를 제출할 필요없이 재전송하면 최종분이 반영되며, 법정신고기한이 지난 경우 식고기한후 2일이내에 삭제요청할 수 있다.

2 지방소득세특별징수 전자신고

지방소득세 전자신고 실무 프로세스

지방소득세특별징수 납부서(마감) ➡ 지방소득세특별징수 전자신고(제작) ➡ 위텍스 전자신고 (신고및납부서작성)

(1) 지방소득세특별징수납부서-마감

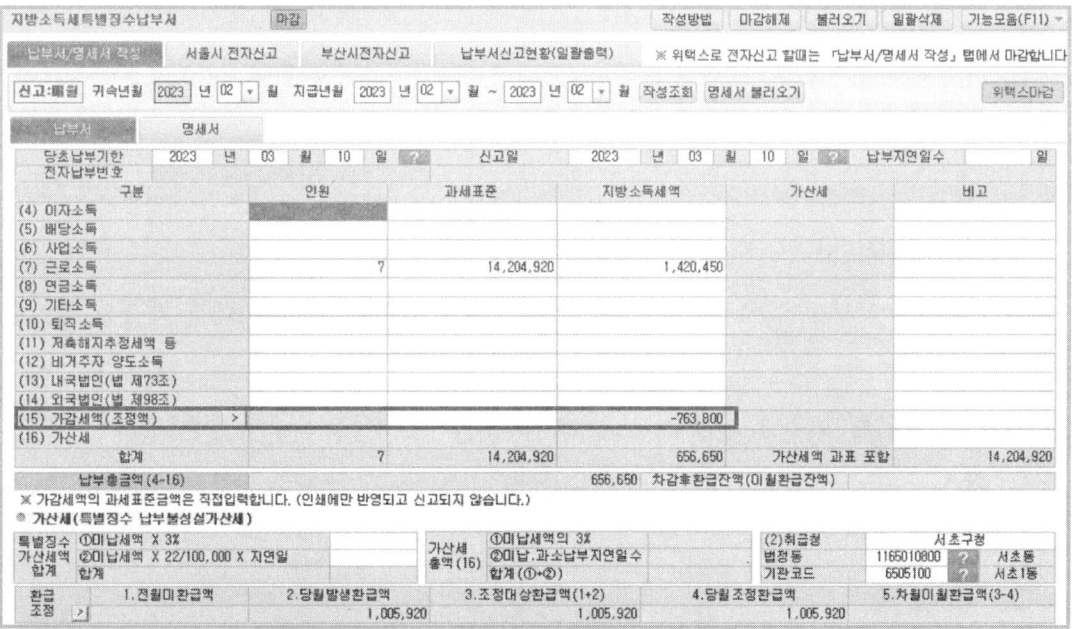

(2) 지방소득세특별징수전자신고

(3) 위텍스 전자신고

공인인증서로 위텍스에 로그인한 다음 [일괄납부(회계프로그램이용)]에서 제작된 파일을 제출한다.

(4) 신고서출력 및 납부서출력

지방세전자신고 파일을 제출한 다음 [일괄납부내역조회]에서 신고서와 납부서를 출력할 수 있다.

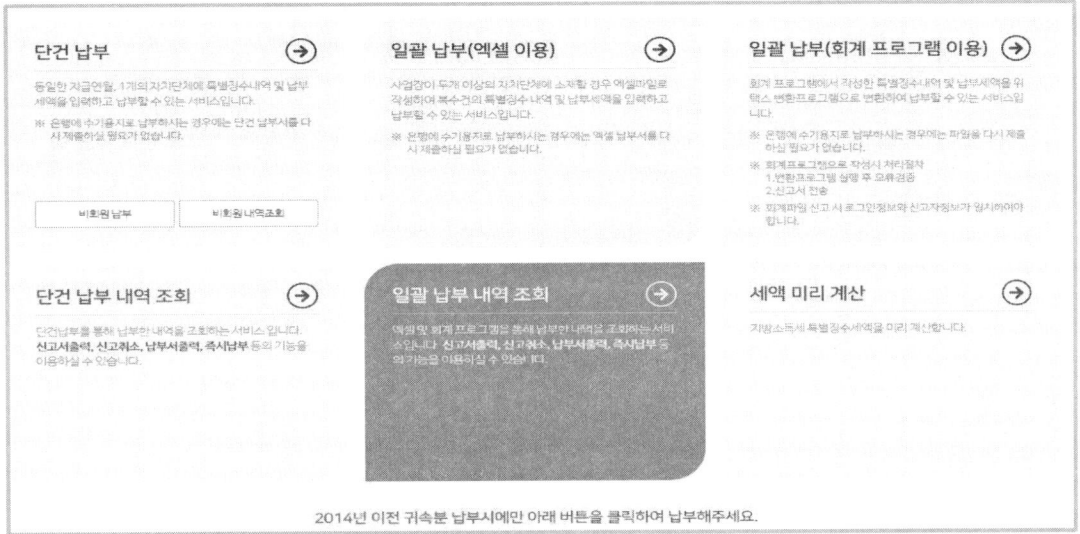

(5) 위텍스 신고분 삭제방법

신고기한 내에 제출한 신고서에 수정사항이 있는 경우 [단건납부내역조회]에서 이미 제출된 신고서를 선택하여 [신고취소]한 다음 다시 제출한다.

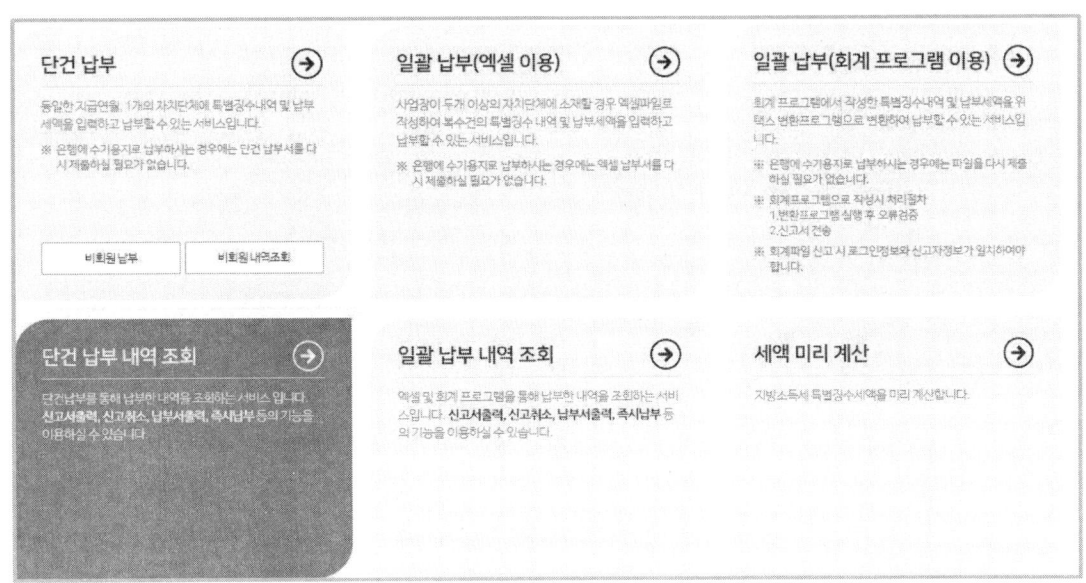

상황별 원천징수이행상황신고서 작성

1. 귀속월과 지급월이 같은 경우

신고 구분	귀속 기간	지급 기간	제출 연월일
매월, 근로/사업연말정산	2023. 2.~2023. 2.	2023. 2.~2023. 2.	2023. 3. 10.

2. 귀속월과 지급월이 다른 경우
   - 귀속기준으로 신고서 2장 작성

신고 구분	귀속 기간	지급 기간	제출 연월일
근로/사업연말정산	2023. 2.~2023. 2.	2023. 2.~2023. 2.	2023. 3. 10.

신고 구분	귀속 기간	지급 기간	제출 연월일
매월(1월 귀속분)	2023. 1.~2023. 1.	2023. 2.~2023. 2.	2023. 3. 10.

 # 연말정산 환급금 정리하는 방법

1 연말정산 환급금을 차월로 이월

연말정산결과로 인해 환급액이 발생하면 다음월로 이월하여 다음월에 납부해야 할 세액과 차감하여 정리할 수 있다.

2 연말정산 환급금을 국세청에 신청하는 방법

연말정산결과로 인한 환급액을 다음 월로 이월하지 않고, 환급신청을 하여 국가로부터 입금받는 방법이다.

환급신청을 하고자 하는 경우 부표 [환급신청/기납부세액]을 같이 작성해야 하며 전월 미환급세액이 있는 경우에는 부표 [전월미환급조정]도 작성을 해야 한다.

(1) 원천징수이행상황신고서에서 환급신청

1) 원천징수내역 Tab

환급신청하려고 하는 금액을 21.환급신청액란에 입력하고 저장한다.

2) 환급신청 Tab

소득별로 소득지급액등을 입력하고 6.환급신청액이 [원천징수내역]의 21.환급신청액과 일치해야 한다.

3) 기납부세액 Tab

[불러오기]키를 이용하여 1.원천징수신고납부현황과 2.지급명세서기납부세액현황을 작성한 다음 3.기납부세액 차이조정현황을 작성한다. 이때 사유와 사유내용도 기재한다.

Point 42. 상여처분받은 근로자의 연말정산 수정하기

1. 인정상여

구 분	수입시기
해당 사업연도의 소득금액을 법인이 신고하거나 세무서장이 결정·경정함에 따라 발생한 그 법인의 임원 또는 주주·사원 그 밖의 출자자에 대한 상여	해당 사업연도 중 근로를 제공한 날 이 경우 월평균금액을 계산한 것이 2년도에 걸친 때에는 각각 해당 사업연도 중 근로를 제공한 날

2. 상여로 처분 받은 인정상여 자료

인정상여 금액이 있는 경우 해당 금액을 직접 입력한다. 급여자료입력 메뉴에서 [수당등록]에 "인정상여"를 과세구분에 "과세"로 근로소득유형 3.인정상여로 입력한 경우에는 자동으로 반영되나, 입력하지 않고 연말정산에서 추가 입력할 경우에는 인정상여란에 입력한다.

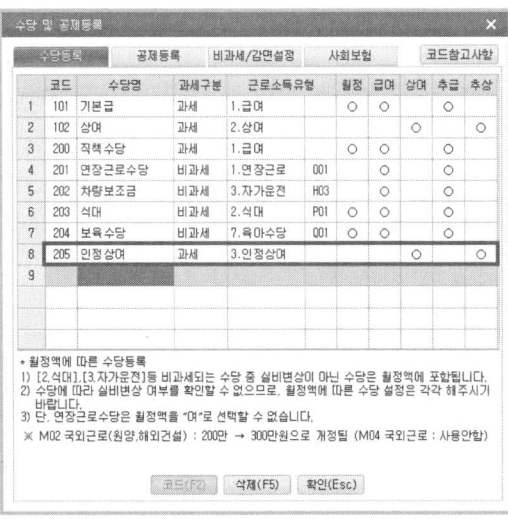

3 연말정산 근로소득원천징수영수증 - 정산명세

> 근로/연말 > 연말정산관리 I > 연말정산 근로소득 원천징수영수증

(1) 인정상여 반영전 결정세액 확인

		소득세	지방소득세	농어촌특별세	계
72.결정세액		302,840	30,284	108,000	441,124
기납부 세액	73.종(전) 근무지	0	0	0	0
	74.주(현) 근무지	5,968,980	596,890	0	6,565,870
75. 납부특례세액		0	0	0	0
76. 차감징수세액(72-73-74-75)		-5,666,140	-566,600	108,000	-6,124,740

(2) 소득명세-인정상여 입력

인정상여로 처분받은 내역

■ 법인세법 시행규칙 [별지 제55호서식]

사업연도	2022.01.01 ~ 2022.12.31	소득자료 [인정상여] [인정배당] [기타소득] 명세서		법 인 명	(주)연말정산
				사업자등록번호	214-81-56121

①소득구분	②소득귀속연도	③배당·상여및 기타소득금액	④원천징수할 소득세액	⑤원천징수일	⑥신고여부	소 득 자		⑨비 고
						⑦성 명	⑧주민등록번호	
1.인정상여	2022	15,000,000		2022/12/31	여	김석주	591111-*******	연말정산원천징수필

소득명세에 인정상여 입력

정산명세	소득명세	소득공제	의료비	기부금	신용카드	연금투자명세	월세액명세

구분/항목	계	10월	11월	12월	연말
14.상여	20,000,000			20,000,000	
15.인정상여	15,000,000				15,000,000
15-1.주식매수선택권행사이익					
15-2.우리사주조합인출금					
15-3.임원퇴직소득한도초과액					
15-4.직무발명보상금					
16.급여계	95,000,000	5,000,000	5,000,000	25,000,000	15,000,000
미제출비과세					
건강보험료	2,097,000	174,750	174,750	174,750	
장기요양보험료	257,280	21,440	21,440	21,440	
국민연금보험료	2,700,000	225,000	225,000	225,000	
고용보험료					
소득세	5,968,980	234,100	234,100	3,431,380	
지방소득세	596,890	23,410	23,410	343,130	

(3) 인정상여 입력후 결정세액 확인

		소득세	지방소득세	농어촌특별세	계
72.결정세액		2,712,044	271,204	108,000	3,091,248
기납부 세액	73.종(전) 근무지	0	0	0	0
	74.주(현) 근무지	5,968,980	596,890	0	6,565,870
75. 납부특례세액		0	0	0	0
76. 차감징수세액(72-73-74-75)		-3,256,930	-325,680	108,000	-3,474,610

4 원천징수이행상황신고서 - 수정신고(신고구분 : 소득처분 표시)

원천징수이행상황신고서의 귀속기간과 지급기간은 연말정산 정산월로 지정하고 신고구분에서 '소득처분'에 표시하여 수정신고한다. '소득처분'에 표시하여야 수정신고로 인한 가산세를 적용하지 않을 수 있다.

구분	코드	4.인원	소득지급(과세미달,비과세포함) 5.총지급액	6.소득세 등	징수세액 7.농어촌특별세	8.가산세	9.당월 조정 환급세액	10.소득세 등 (가산세 포함)	11.농어촌 특별세
간이세액	A01	?	27,400,000	14,204,920					
중도퇴사	A02								
일용근로	A03								
연말정산합계	A04	?	438,340,550	-6,550,140	108,000				
		?	453,340,550	-4,140,930	108,000				
연말분납금액	A05	1		2,985,820					
		1		2,985,820					
연말납부금액	A06			-9,535,960	108,000				
				-7,126,750	108,000				
가 감 계	A10	14	465,740,550	4,668,960	108,000		1,331,280	3,337,680	108,000
		?	453,340,550	-7,126,750	108,000			108,000	

전월 미환급 세액의 계산			당월 발생 환급세액				18.조정대상환급 (14+15+16+17)	19.당월조정 환급액계	20.차월이월 환급액(18-19)	21.환급신청액
12.전월미환급	13.기환급신청	14.잔액12-13	15.일반환급	16.신탁재산	17.금융등	17.합병등				
1,331,280		1,331,280					1,331,280	1,331,280		
1,331,280		1,331,280	7,126,750				8,458,030	108,000	8,350,030	

5 근로소득지급명세서 수정제출

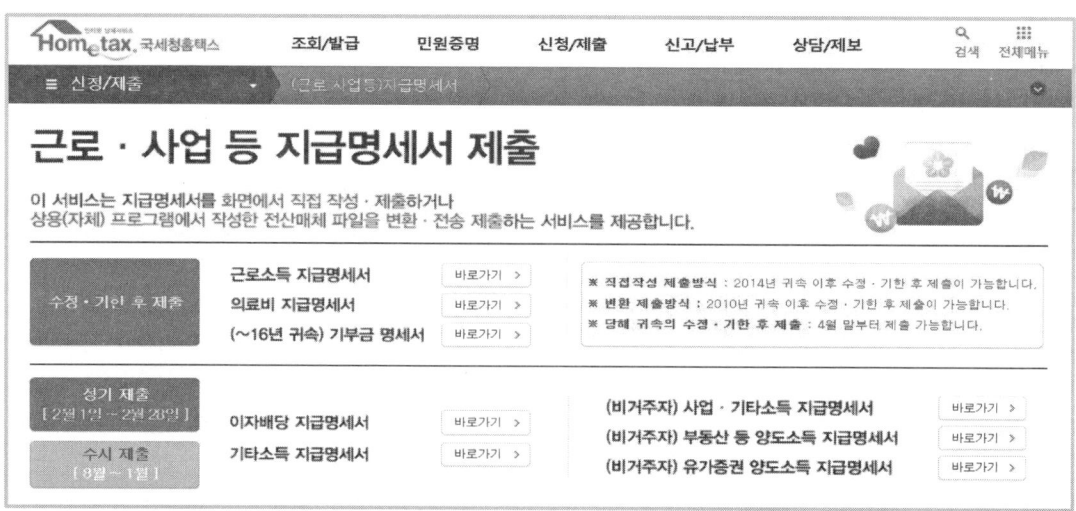

연말정산 때 놓친 공제 5월 확정신고로 돌려받으세요

1 근로소득의 종합소득신고

연말정산 대상 근로·연금·사업소득만이 있는 경우에는 연말정산으로 납세 의무가 종결된다. 연말정산을 하지 아니한 근로소득은 5월의 확정 신고 대상에 포함하여야 하며, 당해 과세 기간에 대한 과세표준과 세액을 산출한 다음 이미 원천 납부한 세금을 기납부세액으로 공제하여 과세표준 확정신고 납부하여야 한다.

2 종합소득세 신고

개인조정 ▶ 세액계산및신고 ▶ 종합소득세신고서

근로자명으로 회사를 등록하고 [소득공제신고서]를 작성한 다음 [종합소득세신고서]에서 소득공제내역을 적용받아 종합소득세신고 한다.

(1) 소득금액 Tab

51.근로소득코드가 입력되어야 한다.

(2) 소득공제 Tab

연말정산시 공제 못 받은 항목의 금액을 입력한다.

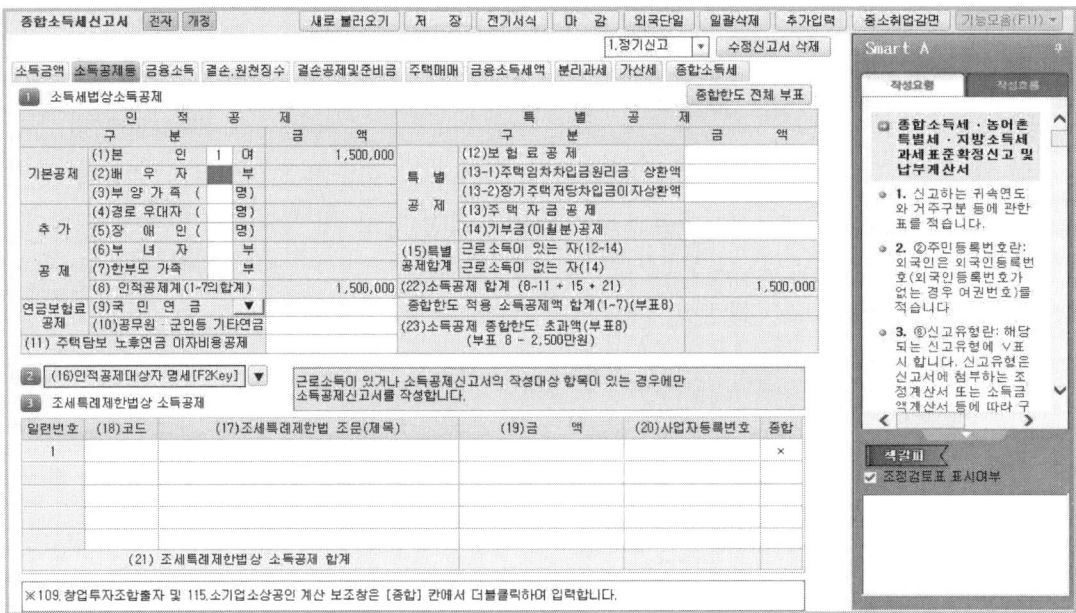

(3) 세액공제

연말정산시 공제 못 받은 항목의 금액을 입력한다.

Point 44. 근로소득연말정산 신고만 대행하기

기업에서 연말정산을 하고 연말정산결과를 입력하여 연말정산 지급명세서제출과 전자신고를 하려고 하는 경우에 [인사환경설정]에서 1.근로연말서식입력을 선택하고 [사원등록]후, [근로연말서식입력]에 입력한다.

1 인사환경설정

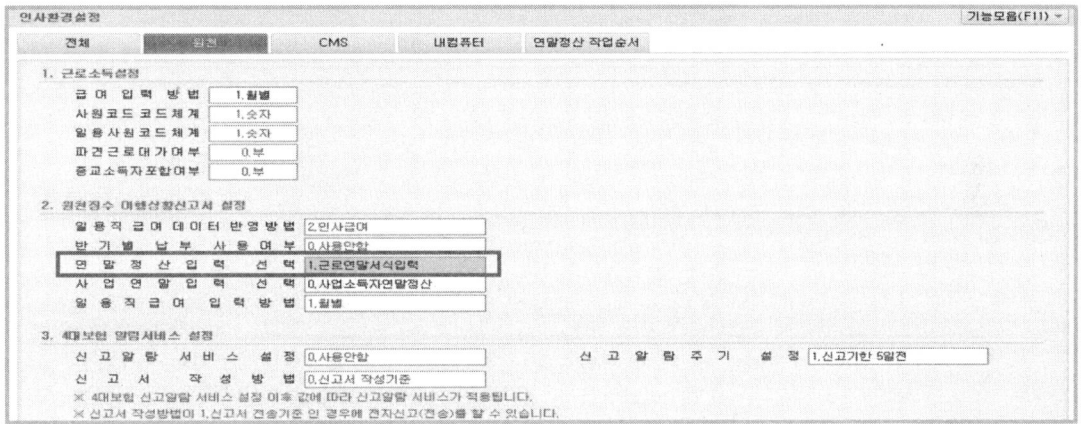

2 근로연말서식입력

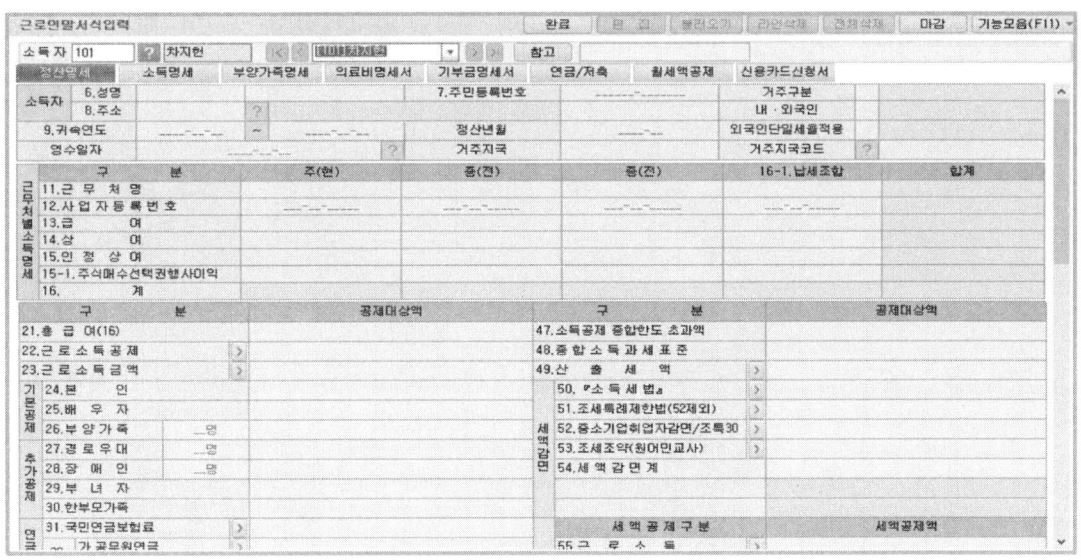

PART 03

사업소득 연말정산

 **보험모집인·방문판매원의 연말정산**

보험모집수당을 받거나 방문판매수당 또는 음료품 배달수당을 받은 경우 이는 사업소득에 해당하므로 원칙적으로 사업자가 종합소득세 확정 신고를 하여야 한다. 다만, 보험모집수당만 있는 자 또는 방문판매수당, 음료품 배달수당만 있는 자의 전년도 수입금액이 7천5백만원 미만(간편장부대상자)이고, 원천징수 의무자가 해당 사업소득을 연말정산한 경우에는 별도로 확정 신고를 할 필요가 없다.

1 연말정산 대상 사업소득

간편장부 대상자(해당 과세기간 신규 사업 개시 또는 해당 사업소득만 있는 자로서 직전 과세기간 수입금액 7,500만원 미만)로서 다음 어느 하나에 해당하는 사업자에게 사업소득을 지급하는 원천징수 의무자는 해당 과세기간의 사업소득 금액에 대하여 연말정산하여 소득세를 징수한다.

① 독립된 자격으로 보험가입자의 모집 및 이에 부수되는 용역을 제공하고 그 실적에 따라 모집수당 등을 받는 사업자
② 방문판매업자를 대신하여 방문판매업을 수행하고 그 실적에 따라 판매수당 등을 받거나 후원방문판매조직에 판매원으로 가입하여 후원방문판매업을 수행하고 후원수당 등을 받는 자(방문판매원)
③ 독립된 자격으로 일반 소비자를 대상으로 사업장을 개설하지 않고 음료품을 배달 하는 계약배달 판매 용역을 제공하고 판매실적에 따라 판매수당 등을 받는 자(음료배달판매원)

2 사업소득 연말정산 제외 대상자

① 전년도 수입금액이 7천5백만원 이상인 보험모집인·방문판매원·음료품배달원
② 전년도 수입금액이 7천5백만원 미만인 보험모집인·방문판매원·음료품배달원으로 당해년도 소득에 대하여 연말정산을 하였으나 타 소득이 있는 자, 연말정산한 보험모집수당·방문판매수당·음료품배달수당 등의 소득이 2개 이상 있는 사업자로서 합산하여 연말정산을 하지 아니한 사업자
③ 전년도 수입금액이 7천5백만원 미만이라 하더라도 당해년도 소득에 대하여 연말정산을 하지 아니한 사업자

3 사업소득 연말정산 세액의 계산

① 사업소득금액 = 사업소득수입금액 × 해당 연말정산 사업소득의 소득률(1 - 단순경비율)
② 소득률표

구분	보험모집인	방문판매인	음료품배달원
업종코드	940906	940908	940907
4천만원 이하	22.4%	25.0%	20%
4천만원 초과	31.4%	35.0%	28%

③ 공제 가능한 소득공제 : 기본공제, 추가공제, 연금보험료 공제, 및 그 밖의 소득공제(개인연금저축, 소기업·소상공인 공제부금, 투자조합출자 등 소득공제, 전세 이자상환액공제) 등(일반사업자와 동일)
④ 공제할 수 없는 소득공제 : 특별세액공제 중 보험료세액공제, 의료비세액공제, 교육비세액공제, 주택마련저축공제 등
⑤ 공제 가능한 세액공제 : 표준세액공제, 자녀세액공제, 연금계좌세액공제, 기부금 세액공제, 정치자금기부금 세액공제
⑥ 소득공제신고를 하지 아니한 연말정산 사업소득자 : 기본공제 중 본인에 대한 분과 표준세액공제(연 7만원)만을 적용

4. 사업소득 연말정산 세액의 계산과정

사업소득 수입금액

(×) 사업소득 소득률 — 소득률표 참조

사업소득금액

(−) 인적공제
- 기본공제 — 1인당 150만원
- 추가공제 — 경로우대자/장애인/부녀자/한부모 공제

(−) 연금보험료공제

(−) 특별소득공제
- 기부금(이월분)

(−) 조세특례제한법상 소득공제
- 개인연금저축 소득공제
- 투자조합출자 등 소득공제

(+) 소득공제 종합한도 초과액

과세표준

(×) 세율

산출세액

(−) 소득세법상 세액공제
- 자녀세액공제
- 연금계좌세액공제
- 특별세액공제 — 기부금 세액공제를 제외한 항목별 세액공제 적용 안 됨.
- 표준세액공제 — 소득·세액공제신고를 아니한 경우 기본공제 중 본인분과 연 7만원 적용
  단, 성실사업자는 연 12만원 적용

결정세액

(−) 기납부세액 — 해당 과세연도 중 원천징수한 세액

차감징수세액

5 사업소득 연말정산의 절차

(1) 연말정산 시기

해당 과세 기간의 다음연도 2월분의 사업소득을 지급할 때(2월분의 사업소득을 2월 말일까지 지급하지 아니하거나 2월분의 사업소득이 없는 경우 2월 말일로 한다.) 또는 해당 사업자와의 거래계약을 해지하는 달의 사업소득을 지급할 때에 원천징수에 대한 연말정산을 한다.

(2) 원천징수영수증의 발급

연말정산일이 속하는 달의 다음달 말일까지 연말정산분에 대한 원천징수영수증을 해당 사업자에게 발급하여야 한다.

(3) 사업소득 연말정산세액의 징수 또는 환급

사업소득에 대한 결정세액이 이미 납부한 원천징수세액보다 많은 경우 추가 징수하고, 적은 경우 환급한다.

(4) 사업소득원천징수부의 기록 및 보관

원천징수 의무자는 [사업소득원천징수부]를 비치하여 매월 기록하여야 한다.

| 사업소득 연말정산 계산 절차 및 사례 |

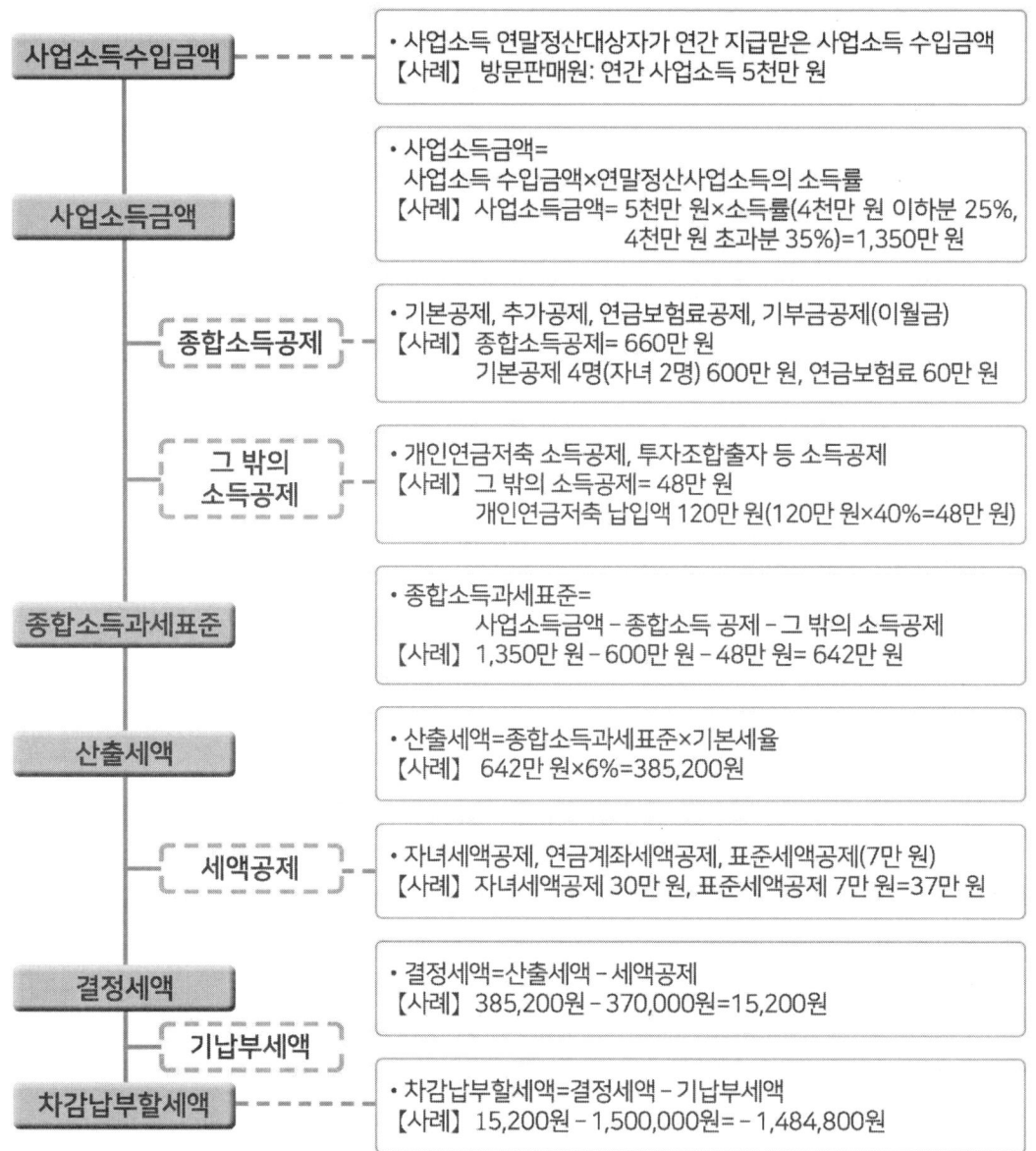

* 출처 : 2022원천세신고안내, 국세청

Point 46 사업소득연말정산 보고하기

사업소득 프로세스

```
사업소득자등록
      ↓
사업소득자료입력  →  원천징수이행상황신고서  →  전자신고
      ↓                    ↑
   연말정산      →    사업소득자연말정산
      ↓                    ↓
사업소득 원천징수영수증    사업소득연말원천징수영수증
      ↓
사업소득 소득자별
연간집계표
```

※ 비거주자 입력 시 연말정산 대상자만 입력하고, 연말정산 대상자가 아닐 경우는 기타소득자입력 메뉴에 등록한다.

1 사업소득자 입력점검

> 퇴직/사업/기타 > 사업소득관리 > 사업소득자입력

독립된 자격으로 용역을 제공하고 그 수당을 받는 보험모집인, 직업운동가, 가수 등의 사업소득자를 입력한다.

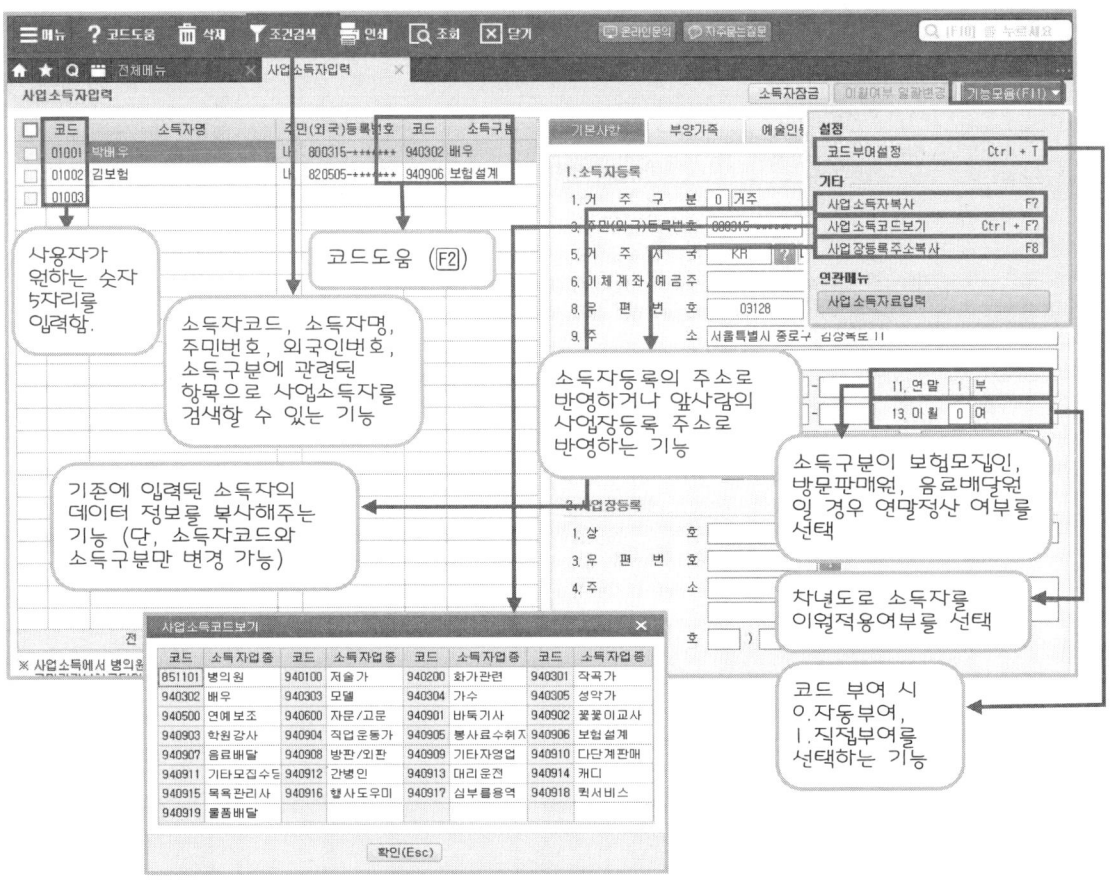

> **Tip**
> 소득구분이 방문판매원 또는 보험모집인으로 이미 입력되어 있을 경우 두 개의 소득구분은 수정이 불가능하다.
> 예 방문판매원에서 보험모집인으로 보험모집인에서 방문판매원으로는 변경할 수 없다.

실습예제

다음 자료를 이용하여 사업소득자 등록을 하시오.

코드	1002	
성명	김보험	
주민등록번호	820505-1000009	
주소	서울시 강동구 고덕로 102	
소득구분	보험설계(940906)	
내·외국인	내국인	
연말정산적용	여	
거주구분	거주	
사업장등록	상호 : ㈜서울화재보험 주소 : 서울시 서대문구 모래내로 139	사업자번호 : 123-86-12123 전화번호 : 02-2323-2323
부양가족	배우자 : 차연희(830107-2000004) 자녀 : 김송희(070707-4200011)	– 전업주부로 소득 없음. 자녀 : 김민준(121205-3200011)

프로세스입력

❶ 김보험의 등록 화면

2. 사업소득자료입력

> 퇴직/사업/기타 > 사업소득관리 > 사업소득자료입력

사업소득자입력에서 등록한 소득자의 지급내역을 입력한다. 여기에 입력된 자료에 따라 사업소득원천징수영수증이 작성될 수 있다.

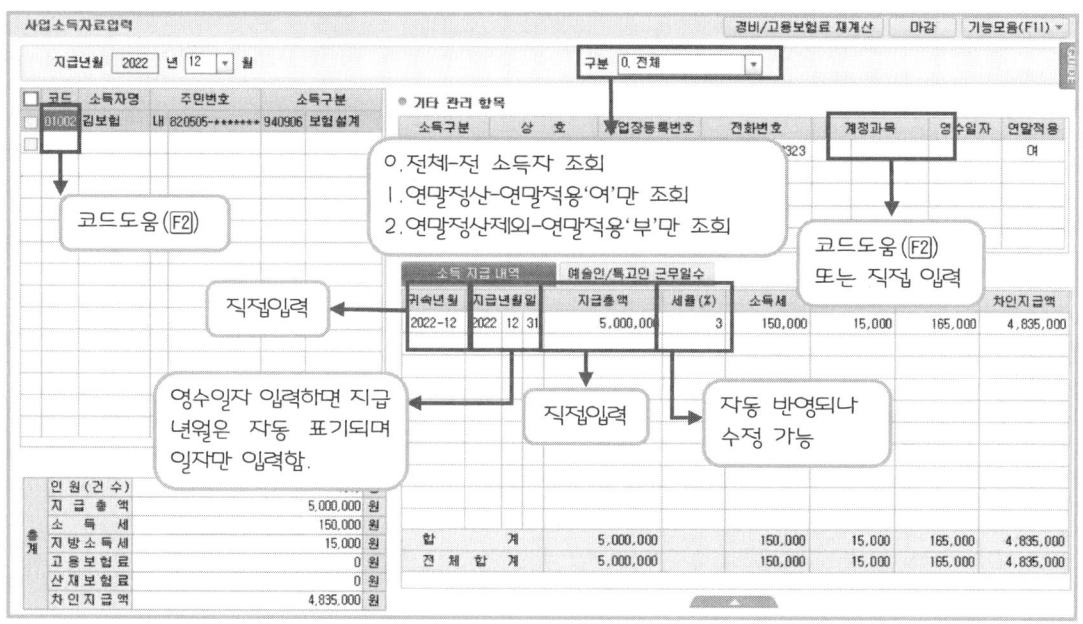

| 기능모음(F11)의 아이콘 설명 |

아이콘	설명
영수일자	사업관리 항목에 반영되는 영수일자를 일괄 적용하고자 할 때 사용
복사	사업소득자 지급내역의 전월자료를 복사하는 기능으로 해당월에 복사 받을 지급년월을 선택하여 자료를 복사함.
엑셀내려받기/불러오기	엑셀기본서식을 제공하고 작성된 엑셀서식을 업로드함.
불러오기	사업소득자입력에서 입력한 소득자들의 정보를 최근 정보로 불러오는 기능
자료갱신	사업소득자입력의 정보를 사원별로 다시 읽어서 변경된 부분을 적용시킴.

3 사업소득자 연말정산

> 퇴직/사업/기타 > 사업소득관리 > 사업소득자연말정산

연말정산대상(보험모집인, 방문판매원, 음료배달원) 사업소득자의 연말정산을 하는 메뉴로서, 소득자료탭 부양가족탭, 정산명세탭으로 세 개의 탭으로 구성되어 있으며, 사업소득자연말정산은 사업소득자료제출집계표, 사업소득징수부, 사업소득연말원천징수영수증에 반영된다.

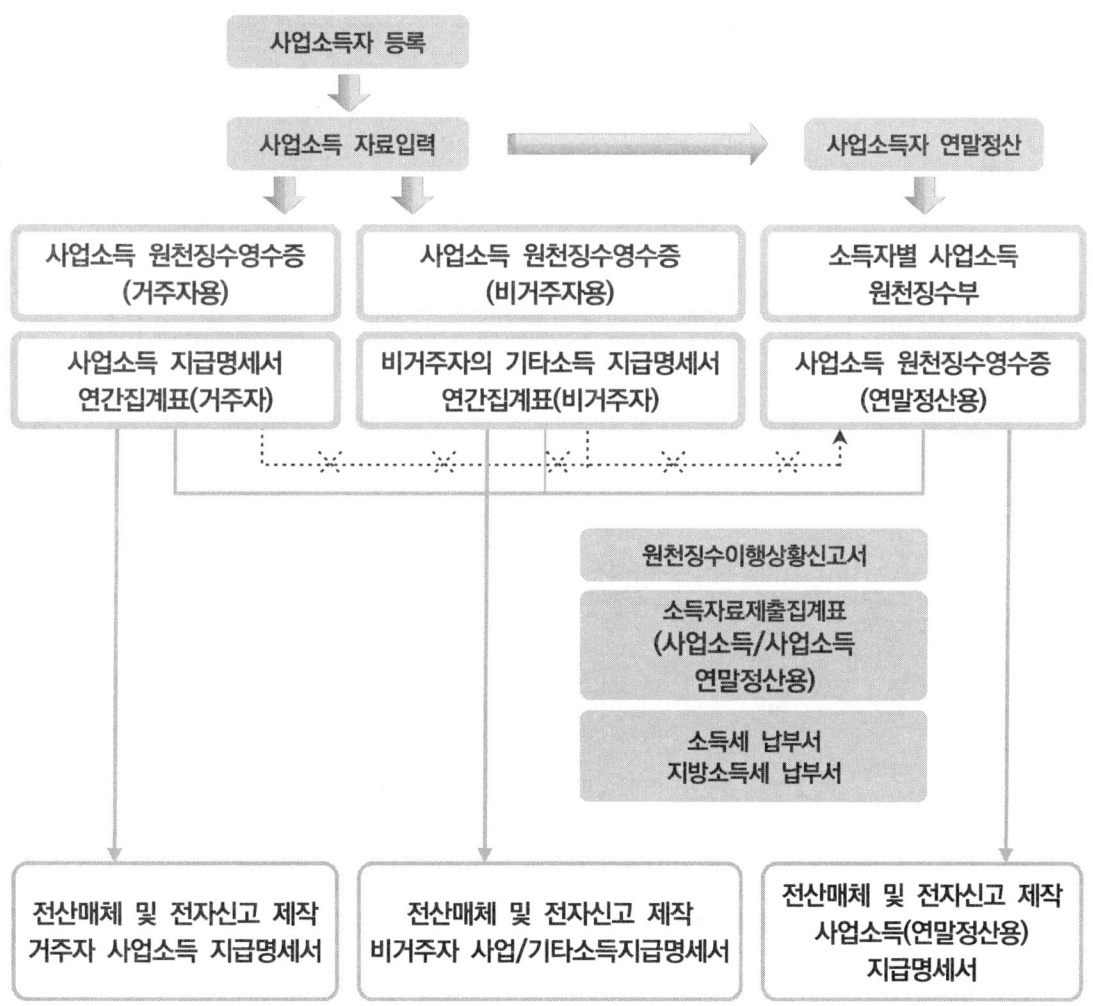

(1) 소득자료 Tab

사업소득자의 소득내역을 입력한다. 불러오기(F3)를 클릭하여 사업소득자 입력 내용을 불러온다. 종전 근무지에 대한 입력은 상단의 기능모음(F11)▼ [전근무지소득입력]을 열어 입력한다.

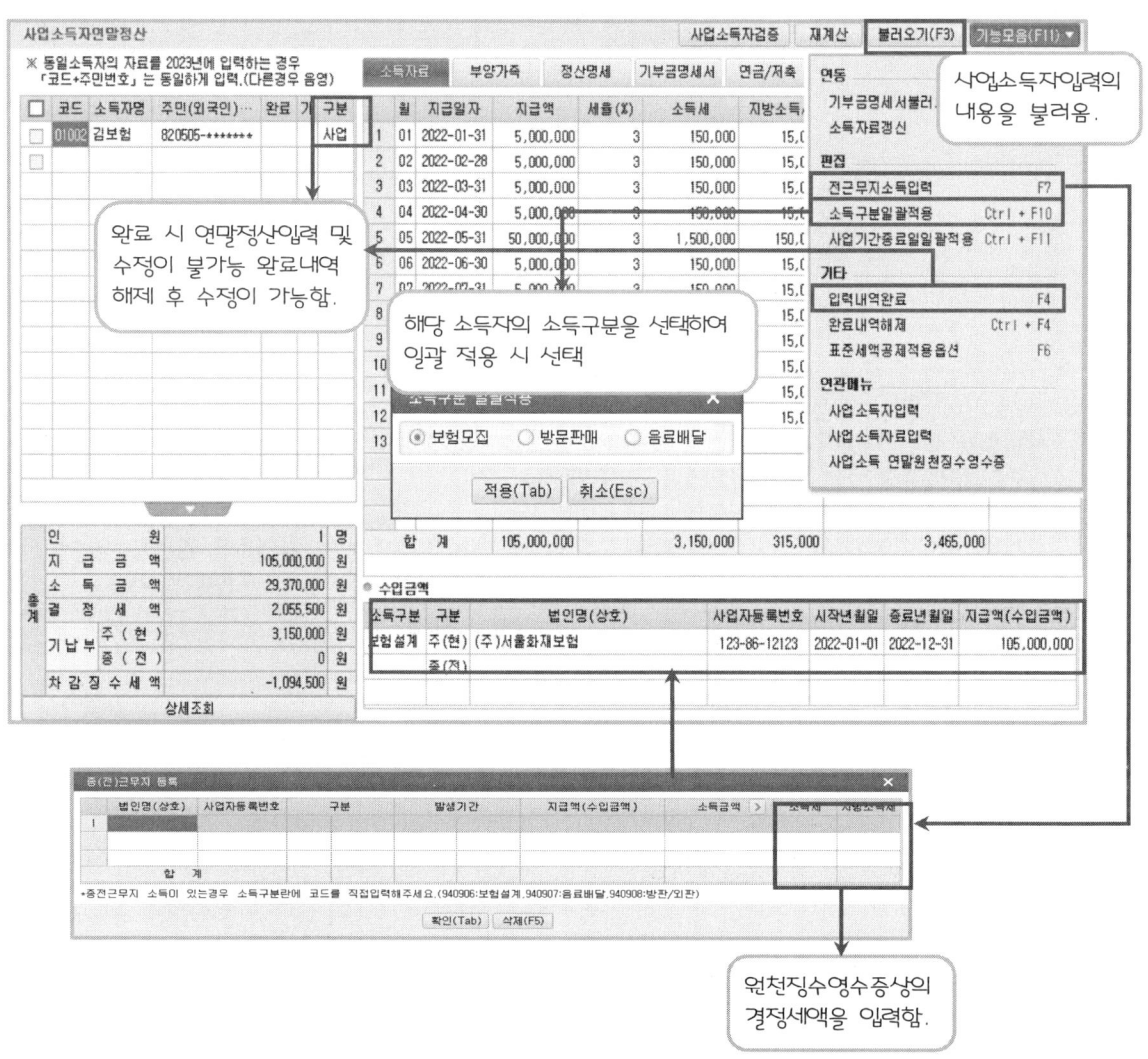

(2) 부양가족 Tab

당해 소득자의 기본공제와 추가공제 및 부양 등으로 공제받을 항목이 있는 부양가족을 입력한다. 입력된 부양가족은 정산명세에 바로 반영된다.

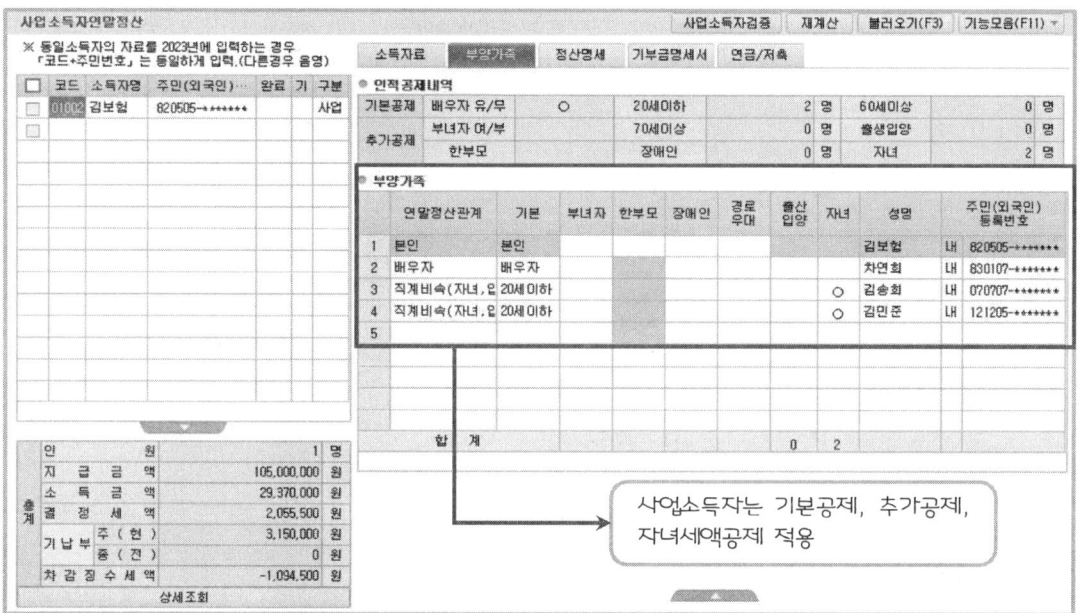

(3) 정산명세 Tab

사업소득자의 연말정산 내역을 보여준다. 사업소득 연말 영수증을 열지 않아도 정산명세에 공제사항을 입력할 때마다 자동 계산되어 정산내역을 한 번에 바로 확인할 수 있다.

① 사업소득자는 기본공제·추가공제를 적용한다.
② 연금보험료공제 및 특별세액공제인 기부금세액공제와 표준세액공제(연 7만원)를 적용한다.
③ 소득공제를 받고자 하는 자는 소득공제 신고서 등의 서류를 제출하며, 미제출 시는 사업자 본인에 대한 기본공제와 표준세액공제만을 적용받는다.
④ 조세특례제한법에 의한 개인연금저축, 투자조합출자 소득공제, 소기업·소상공인 소득공제는 공제받을 수 있다.

| 버튼 설명 |

버튼	설명

불러오기(F3)	사업소득자입력 메뉴의 내용을 불러온다.
	불러오기 구분 : 0.전체, 1.보험모집인, 2.방문판매원, 3.음료배달원
	데이터 불러오는 방법 : 0. 기존 데이터 삭제 없이 불러오기
	           1. 소득자료만 삭제하고 자료입력에서 불러오기
	           2. 데이터 전체를 삭제 후 자료입력에서 불러오기
	           3. 소득자료 있는 소득자만 불러오기

기부금명세서 불러오기	기부금명세서 내용을 불러온다.
소득자료갱신	현재 소득자의 소득자료를 갱신한다.
전근무지소득입력	사업소득자의 전근무지 소득을 입력한다.
소득구분일괄적용	사업소득자별 소득코드 내용을 선택하여 일괄 적용한다. 적용 시 전근무지에도 적용되며, 완료된 사업자코드는 소득구분 변경을 적용하지 않는다.
사업기간종료일 일괄적용	사업 기간 종료일을 0.지급월의 말일기준, 1.지급일의 입력기준으로 일괄적용한다.
입력내역완료	사업소득자의 연말정산 입력 완료 여부를 나타낸다. 완료 시 연말정산 입력의 수정이 불가능하다.
완료내역해제	사업소득자의 연말정산 입력 완료를 해제시킨다. 해제 시 연말정산 입력의 수정이 가능하다.

실습예제

사업소득계산자료(사업소득자 김보험)를 이용하여 연말정산을 하고자 한다. 아래 내용을 검토하여 김보험의 사업소득 연말정산을 하시오.

아래 내용을 검토하여 김보험의 사업소득 연말정산을 하시오.

| 김보험의 소득공제사항 |

소득공제사항	금액
국민연금보험료 납입금액	600,000원
개인연금저축불입액(국민은행, 계좌번호: 123456)	1,200,000원

프로세스입력

❶ 소득자료 Tab

월	지급일자	지급액	세율(%)	소득세	지방소득세	합계	소득구분
01	2022-01-31	5,000,000	3	150,000	15,000	165,000	보험설계
02	2022-02-28	5,000,000	3	150,000	15,000	165,000	보험설계
03	2022-03-31	5,000,000	3	150,000	15,000	165,000	보험설계
04	2022-04-30	5,000,000	3	150,000	15,000	165,000	보험설계
05	2022-05-31	5,000,000	3	150,000	15,000	165,000	보험설계
06	2022-06-30	5,000,000	3	150,000	15,000	165,000	보험설계
07	2022-07-31	5,000,000	3	150,000	15,000	165,000	보험설계
08	2022-08-31	5,000,000	3	150,000	15,000	165,000	보험설계
09	2022-09-30	5,000,000	3	150,000	15,000	165,000	보험설계
10	2022-10-31	5,000,000	3	150,000	15,000	165,000	보험설계
11	2022-11-30	5,000,000	3	150,000	15,000	165,000	보험설계
12	2022-12-31	5,000,000	3	150,000	15,000	165,000	보험설계
합계		60,000,000		1,800,000	180,000	1,980,000	

총계
- 인원: 1 명
- 지급금액: 60,000,000 원
- 소득금액: 15,240,000 원
- 결정세액: 119,600 원
- 기납부 주(현): 1,800,000 원
- 기납부 종(전): 0 원
- 차감징수세액: -1,680,400 원

● 수입금액

소득구분	구분	법인명(상호)	사업자등록번호	시작년월일	종료년월일	지급액(수입금액)
보험설계	주(현)			2022-01-01	2022-12-31	60,000,000
	종(전)					

❷ 부양가족 Tab

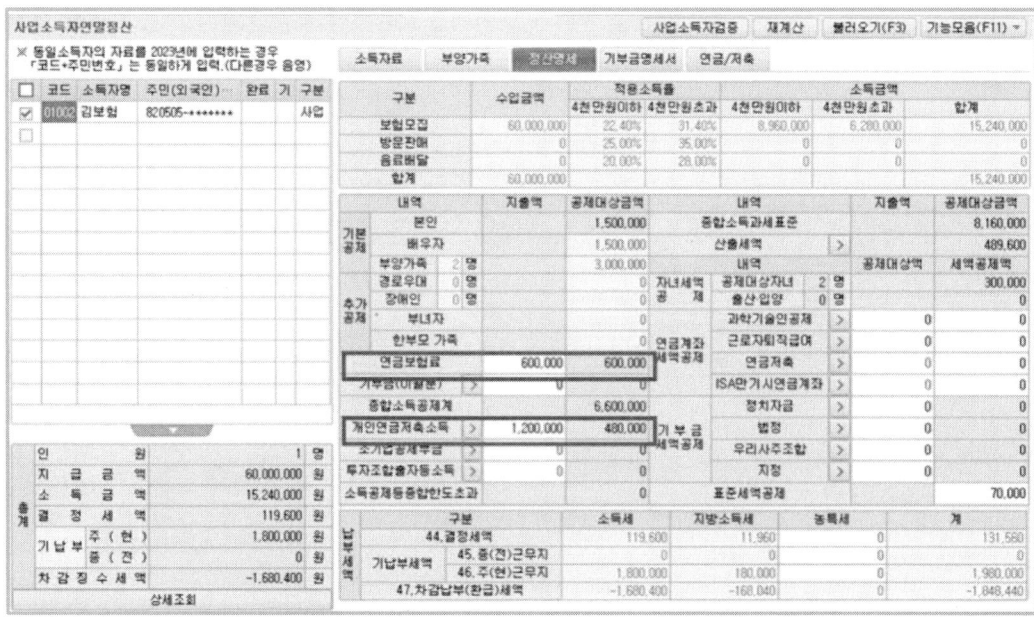

❸ 정산명세 Tab

(4) 사업소득징수부

퇴직/사업/기타 > 사업소득관리 > 사업소득징수부

연말정산 사업소득에 대한 원천징수 의무자는 '소득자별 사업소득원천징수부 [별지 제25호 서식(2)]'를 비치하여 매월 기록하여야 한다. 사업소득자연말정산 메뉴에 입력된 자료가 소득자마다 월별로 데이터가 집계되어 반영된다.

1) 지급명세 Tab

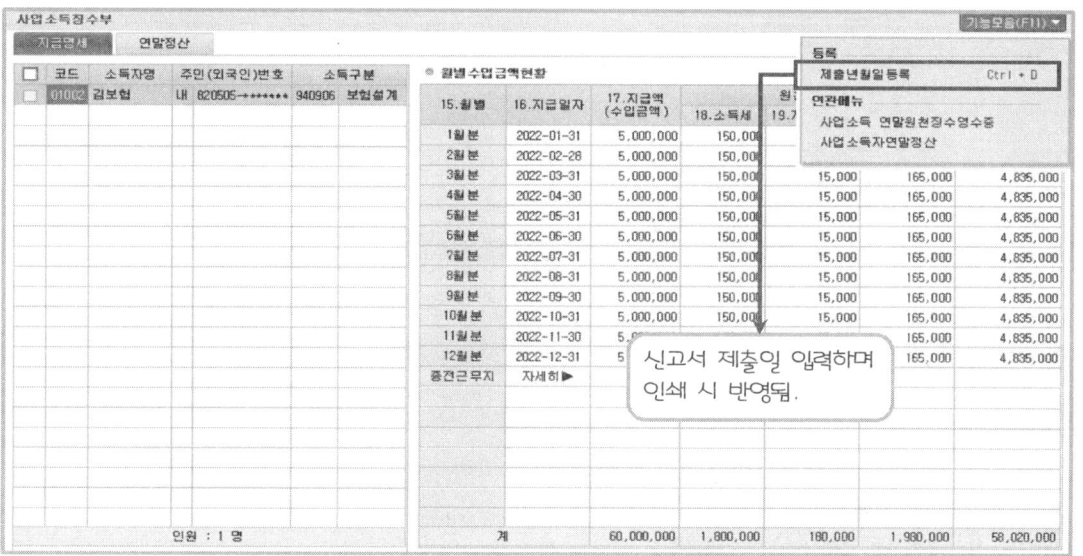

2) 연말정산 Tab

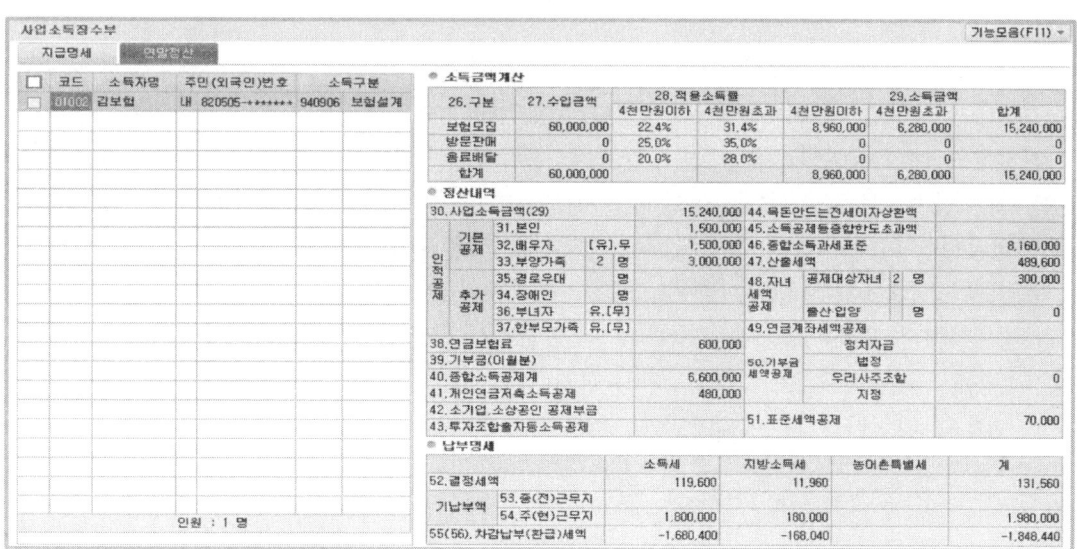

3) 소득자별 사업소득 원천징수부 인쇄

소득자별 사업소득 원천징수부

(「소득세법 시행령」제201조의1 관련)

소득자	①상호	(주)서울화재보험	②사업자등록번호	123-86-12123	가족사항	부양가족	⑦배우자	(유)·무	⑩70세 이상	0명
	③사업장소재지	서울특별시 서대문구 모래내로 139 (남가좌동)					⑧20세 이하	2 (0명)	⑪장애인	0명
	④성명	김보험	⑤주민등록번호	820505-1000009			⑨60세 이상	0명	⑫부녀자	여·(부)
	⑥주소	서울특별시 강동구 고덕로102 (암사동)					⑩신고서제출일	2023.02.28	⑭한부모	여·(부)

⑮월별	⑯지급일자	⑰지급액(수입금액)	⑱원천징수세액		⑳월별	㉑지급일자	㉒지급액(수입금액)	원천징수세액	
			⑲소득세	⑲지방소득세				㉓소득세	㉔지방소득세
1월분	2022.01.31	5,000,000	150,000	15,000	7월분	2022.07.31	5,000,000	150,000	15,000
2월분	2022.02.28	5,000,000	150,000	15,000	8월분	2022.08.31	5,000,000	150,000	15,000
3월분	2022.03.31	5,000,000	150,000	15,000	9월분	2022.09.30	5,000,000	150,000	15,000
4월분	2022.04.30	5,000,000	150,000	15,000	10월분	2022.10.31	5,000,000	150,000	15,000
5월분	2022.05.31	5,000,000	150,000	15,000	11월분	2022.11.30	5,000,000	150,000	15,000
6월분	2022.06.30	5,000,000	150,000	15,000	12월분	2022.12.31	5,000,000	150,000	15,000
					계		60,000,000	1,800,000	180,000

소 득 금 액 의 계 산

㉕수입금액(=⑰+㉒)	㉖구 분	㉗수입금액(=㉕)	㉘적용소득률	㉙소 득 금 액
60,000,000	4천만원 이하분	40,000,000	22.4%	8,960,000
	4천만원 초과분	20,000,000	31.4%	6,280,000
	계	60,000,000		15,240,000

					소득세	지방소득세	농어촌특별세	계
㉚사업소득금액(㉙)		15,240,000	㊸소기업·소상공인 공제부금					
인적공제	기본공제	㉛본인 1,500,000	㊹투자조합출자등 공제					
		㉜배우자 1,500,000	㊺목돈안드는전세이자상환액					
		㉝부양가족 3,000,000	㊻소득공제등 종합한도초과액		㊽결정세액	119,600		131,560
	추가공제	㉞경로우대	㊼종합소득과세표준	8,160,000	㊾(전) 근무지에서 원천징수한 세액			
		㉟장애인	㊽산출세액	489,600				
		㊱부녀자	세액공제	자녀 공제대상자녀 300,000	㊿(주)(현) 근무지에서 원천징수한 세액	1,800,000	180,000	1,980,000
		㊲한부모		6세이하 출산·입양				
㊳연금보험료		600,000		연금계좌				
㊴기부금(이월분)			기부금세액공제	정치자금	㊿차감원천징수세액			
㊵종합소득공제계		6,600,000		법정				
㊶개인연금저축소득공제		480,000		우리사주조합				
				지정	㊿차감환급세액	1,680,400	168,040	1,848,440
			㊷표준세액공제	70,000				

(5) 사업소득 연말원천징수영수증

> 퇴직/사업/기타 > 사업소득관리 > 사업소득연말 원천징수영수증

연말정산을 한 사업소득자에게 원천징수 정산 과정이 정리된 원천징수영수증을 발급하여야 하며, 정산된 내역을 조회 및 인쇄할 수 있다.

연말정산 대상자(보험모집인, 방문판매원, 음료배달원)인 사업자를 연말정산한 데이터가 반영되는 영수증을 조회하며, 소득세법 시행규칙 [별지 제23호 서식(3)] 사업소득 지급명세서(연말정산용)에 의하여 작성된 지급명세서를 제출해야 한다.

[48.보험모집인], [49.방문판매원], [50.음료배달원]은 매월 원천징수분에 대한 사업소득 지급명세서(연간집계표)는 제출하지 않고 연말정산내역이 포함된 사업소득지급명세서(연말정산용)만 제출하므로 사업소득자등록(거주자), 기타소득자등록(비거주자)의 연말정산 적용 여부를 확인한 후 작업해야 한다.

1) 연말정산 Tab

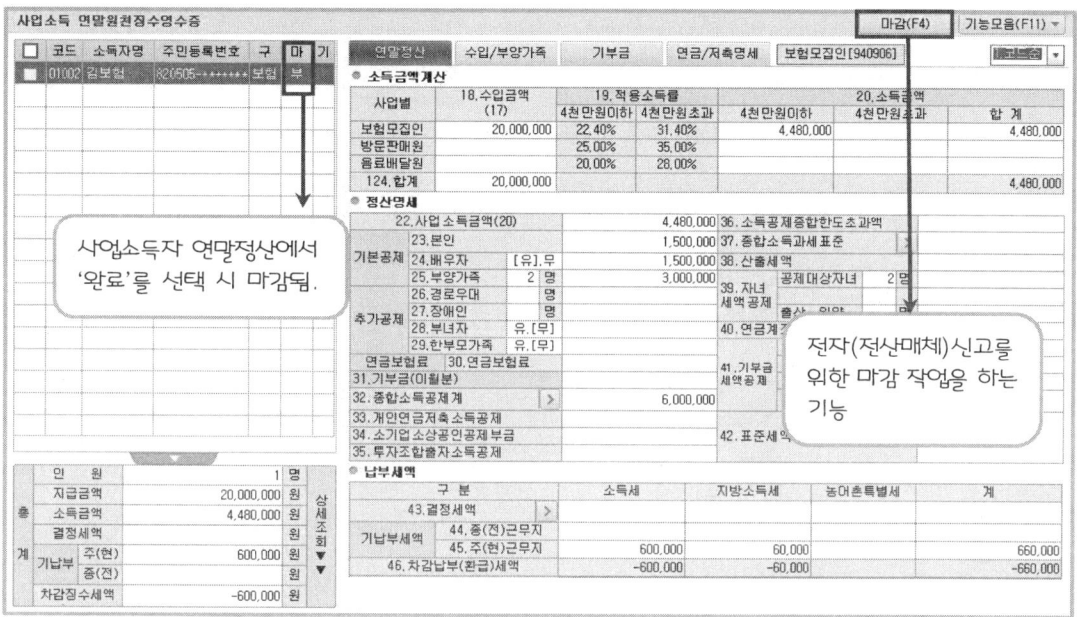

2) 수입/부양가족명세 Tab

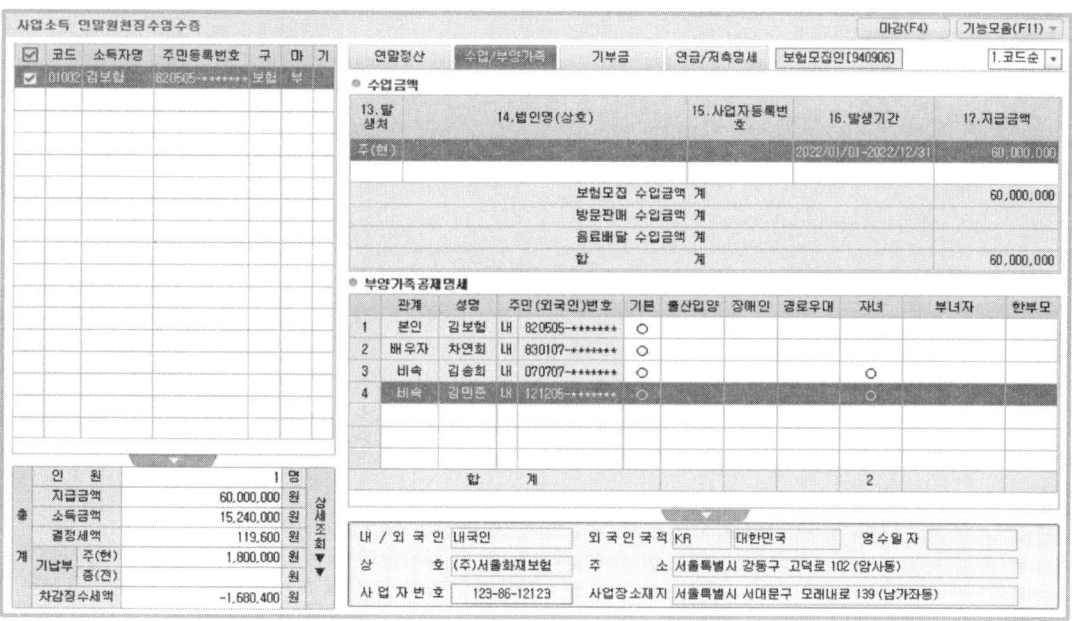

3) 연금저축명세 Tab

4) 사업소득 원천징수영수증(연말정산용) 작성

■소득세법 시행규칙 [별지 제23호서식(3)] (2022.03.18 개정)

관리번호		[v] 사업소득 원천징수영수증(연말정산용) [ ] 사업소득지급명세서(연말정산용) ([v]소득자 보관용 [ ]발행자 보관용 [ ]발행자 보고용)		소득자 구분	
① 귀속연도	2022년			거주자구분	거주자1 / 비거주자2
				내·외국인	대국인1 / 외국인9
				거주지국	거주지국코드

징수의무자	② 법인명(상호)	(주)연말정산	③ 대표자(성명)	김석주	④ 사업자등록번호	214-81-56121
	⑤ 주민(법인)등록번호		⑥ 소재지(주소)	서울특별시 서초구 강남대로261 (서초동)		

소득자	⑦ 상 호	(주)서울화재보험	⑧ 사업자등록번호	123-86-12123
	⑨ 사업장소재지	서울특별시 서대문구 모래내로139 (남가좌동)		
	⑩ 성 명	김보험	⑪ 주민등록번호	820505-1000009
	⑫ 주 소	서울특별시 강동구 고덕로102 (암사동)		

수입금액	⑬ 발생처구분	⑭ 법인명(상호)	⑮ 사업자등록번호	발생기간(연·월·일)	지급액(수입금액)
	주(현)		- -	2022/01/01-2022/12/31	60,000,000
	사업별 수입금액 계		보험모집 수입금액 계		60,000,000
			방문판매 수입금액 계		
			음료배달 수입금액 계		
			합 계 (124)		60,000,000

소득금액	사업별	수입금액( )	적용소득률		소득금액			㉑ 비고
			4천만원 이하분	4천만원 초과분	4천만원 이하분	4천만원 초과분	합 계	
	보험모집	60,000,000	22.4%	31.4%	8,960,000	6,280,000	15,240,000	
	방문판매		25.0%	35.0%				
	음료배달		20.0%	28.0%				
	(124) 합계	60,000,000						

㉒ 사업소득금액(⑳)		15,240,000	㉟ 투자조합출자등 소득공제			구분	소득세	지방소득세	농어촌특별세	계
인적공제	기본공제	㉓ 본인	1,500,000				㊸ 결정세액	119,600	11,960		131,560
		㉔ 배우자	1,500,000	㊱ 소득공제 등 종합한도 초과액		기납부세액	㊹종(전)근무지				
		㉕ 부양가족 (2명)	3,000,000	㊲ 종합소득 과세표준	8,160,000		㊺주(현)근무지	1,800,000	180,000		1,980,000
		㉖ 경로우대 (명)		㊳ 산출세액	489,600		㊻ 차감납부할세액	-1,680,400	-168,040		-1,848,440
	추가공제	㉗ 장애인 (명)		㊴ 자녀세액공제	공제대상자녀 (2)명	300,000					
		㉘ 부녀자			출산.입양 ( )명		위 원천징수세액(수입금액)을 영수(지급)합니다. 년 월 일 징수(보고)의무자 (주)연말정산 (서명 또는 인) 김보험 귀하				
		㉙ 한부모가족									
㉚ 연금보험료			600,000	㊵ 연금계좌 세액공제							
㉛ 기부금(이월분)				㊶ 기부금 세액공제	정치자금						
㉜ 종합소득 공제계			6,600,000		법정						
㉝ 개인연금저축소득공제			480,000		우리사주조합						
㉞ 소기업.소상공인 공제부금					지정						
				㊷ 표준세액공제		70,000					

㉟ 인적공제자 명세 (해당 소득자의 기본공제와 추가공제 및 부양 등으로 공제금액 계산명세가 있는 지만 적습니다. 다만, 본인은 표기하지 않습니다.)								
관계	성명	주민등록번호	관계	성명	주민등록번호	관계	성명	주민등록번호
3	차연희	330107-2000004	4	김송희	070707-4200011	4	김민준	121205-3200011

※ 관계코드 : 소득자의 직계존속=1, 배우자의 직계존속=2, 배우자=3, 직계비속(자녀, 입양자)=4, 직계비속(직계비속과 그 배우자가 장애인인 경우 그 배우자 포함하되 코드4제외)=5, 형제자매=6, 수급자7(코드1-6제외), 위탁아동=8 · 4-6은 소득자와 배우자의 각각의 관계를 포함합니다

작 성 방 법
1. 거주지국과거주지국코드는 비거주자에 해당하는 경우에 한하여 적으며, 국제표준화기구(ISO)가 정한 ISO코드 중 국명악어 및 국가코드를 적습니다.
2. 징수의무자의 ⑤주민(법인) 등록번호는 소득자 보관용에는 적지 않습니다.
3. 원천징수의무자는 지급일이 속하는 과세기간의 다음 연도 3월 10일 (휴·폐업한 경우에는 휴업일·폐업일이 속하는 달의 다음다음달 말일)까지 지급조서를 제출하여야합니다.
4. "㊻차감 납부할 세액" 란이 소득부징수(1천원 미만을 말합니다)에 해당하는 경우 "0"으로 적습니다.
5. 이 서식에 적는 금액 중 소수점 이하 값은 버립니다.
6. 해당 소득자가 기부금 세액공제를 한 경우에는 사업소득 지급명세서를 원천징수 관할 세무서장에게 제출시 해당 명세서(기부금세액공제가 있는 경우에는 별지 제45호서식 기부금명세서)를 함께 제출해야 합니다.

(6) 사업소득자료제출집계표

> 퇴직/사업/기타 > 사업소득관리 > 사업소득자료제출집계표

사업소득자료의 지급명세서 표지 개념으로 지급내역을 집계하여 조회 및 제출하는 서식이다. 사업소득자료입력에서 입력한 사업소득자들의 지급내역을 월별 또는 연간집계, 연말정산집계내역을 조회한다.

사업소득연말정산 신고만 대행하기

사업소득 연말정산결과를 입력하여 연말정산 지급명세서제출과 전자신고를 하려고 하는 경우에 [인사환경설정]에서 1.사업연말서식입력을 선택하고 [사업소득자등록]후, [사업소득자연말서식입력]에 입력한다.

1 인사환경설정

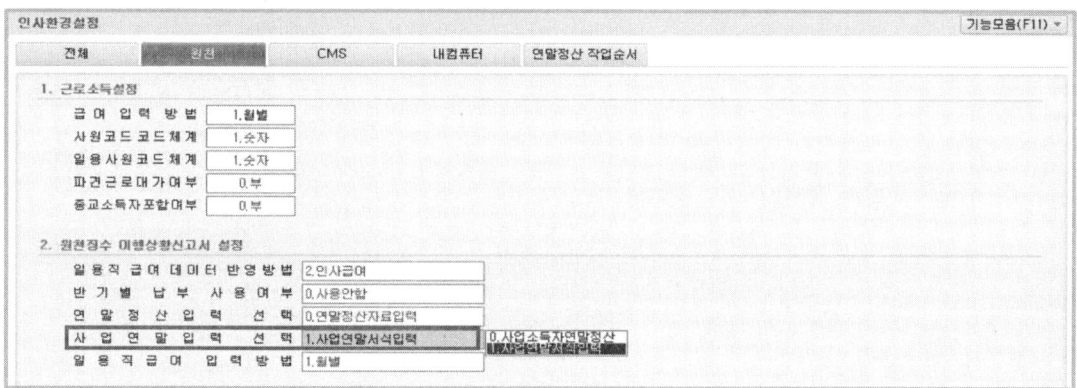

2 사업연말서식입력

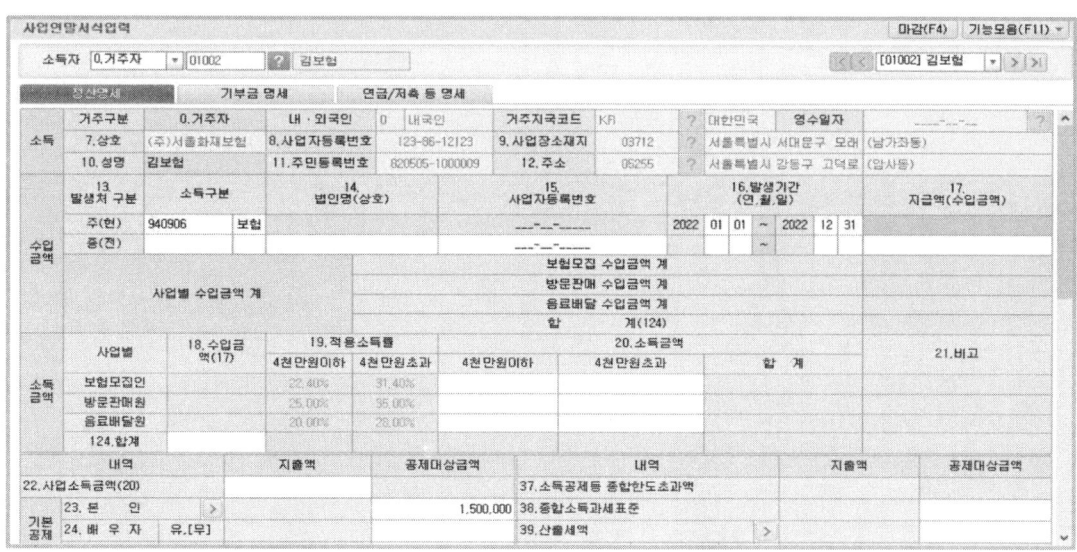

PART 04

기타소득 연말정산 (종교인소득)

Point 48. 종교인소득의 연말정산

1 종교인소득

종교인소득이란 종교 관련 종사자(이하 "종교인")가 종교의식을 집행하는 등 종교인으로서의 활동과 관련하여 소속된 종교 단체로부터 받은 소득을 말한다.

(1) 종교인소득 과세체계

종교인소득 또는 근로소득 중 선택하여 신고 및 납부할 수 있다.

종교 단체는 소속된 종교인에게 지급하는 종교인소득(또는 근로소득)에 대하여 매월 원천징수 및 다음 해 2월 소득지급 시 연말정산을 해야 한다. 종교 단체가 원천징수를 하지 아니한 경우 종교인이 다음 해 5월에 종교인소득에 대해 종합소득세 확정신고를 직접 해야 한다.

	종교인소득 (종교인소득의 과세 체계 적용)		근로소득 (근로소득의 과세 체계 적용)	
과세소득	종교인이 종교 활동 관련하여 소속 종교 단체로부터 받은 소득		종교인이 종교 활동 관련하여 소속 종교 단체로부터 받은 소득	
비과세소득	학자금, 식사·식사대, 실비변상액(종교활동비 포함), 출산보육수당, 사택제공 이익 등		근로소득의 비과세소득 규정을 적용(사실상 동일)	
필요경비 또는 근로소득공제	종교인이 받은 금액	필요경비	총급여액	근로소득공제금액
	2천만원 이하	80%	500만원 이하	70%
	2천만원 초과 4천만원 이하	1,600만원+ 2천만원 초과의 50%	500만원 초과 1,500만원 이하	350만원+ 500만원 초과의 40%
	4천만원 초과 6천만원 이하	2,600만원+ 4천만원 초과의 30%	1,500만원 초과 4,500만원 이하	2,600만원+ 4천만원 초과의 30%
	6천만원 초과	3,200만원+ 6천만원 초과의 20%	4,500만원 초과 1억 원 이하	3,200만원+ 6천만원 초과의 20%
			1억 원 초과	1,475만원+ 1억 원 초과액의 2%
소득공제	기본공제, 추가공제, 국민연금보험료 공제, 창업투자조합출자금, 개인연금저축		(좌동) + 특별소득공제(건보료 등), 주택마련저축공제, 신용카드공제, 장기펀드저축액	
세액공제	자녀세액공제, 기부금공제, 외국납부, 연금계좌세액공제, 표준공제(7만원)		(좌동, 표준공제는 13만원) + 월세, 의료비·교육비·보험료공제, 근로소득세액공제	
근로·자녀 장려금	수급 가능		수급 가능	

※ 참고문헌 : 2022년종교인소득 신고안내 「국세청」

(2) 종교인소득과 근로소득의 과세체계 비교

과세체계			종교인소득	근로소득
총수입금액(비과세소득 제외)			총 수입금액	총 급여액
필요경비			필요경비(20~80%)	근로소득공제(2~70%)
소득금액				
소득공제	인적	기본(본인·배우자·부양가족 1인당 150만원)	○	○
		추가(경로 100만원, 장애인 200만원 등)	○	○
	국민연금 등 공적연금보험료(전액)		○	○
	특별	건강·고용보험료(전액)	×	○
		주택자금(300~1,800만원 한도)	×	○
	조특법	신용카드 등 사용금액 공제	×	○
		장기펀드 저축액	×	○
		창업투자조합 출자금 등	○	○
		개인연금저축	○	○
과세표준				
(×) 세율(6~42%)				
산출세액				
세액공제	근로소득(50만원~74만원 한도)		×	○
	외국납부(국외원천소득비율 한도)		○	○
	자녀(1명 15만원, 2명 30만원, 3명 60만원)		○	○
	연금계좌(12%, 400만원(퇴직연금 700만원 한도)		○	○
	특별	보험료(12%, 100만원 한도)	×	○
		의료비(15%, 700만원 한도)	×	○
		교육비(15%, 300만원(대학 900만원 한도)	×	○
		기부금(금액별 100/110, 15%,25%,30%)	○	○
	표준세액공제(특별소득·세액공제 미신청자)		○ (7만원)	○ (13만원)
	조특법	정치자금기부금 등	○	○
결정세액				
기납부세액 차감				
차가감 납부(환급)할 세액				

2 종교인소득의 원천징수

종교인소득은 소득세법상 기타소득으로 구분되나, 근로소득으로 선택하여 원천징수할 수 있다.

(1) 원천징수 시기

종교단체는 종교인에게 종교인소득을 지급하는 때에 종교인의 소득세액을 원천징수하고 지급한다.

(2) 종교인소득(기타소득)의 원천징수 방법

종교 단체가 소속 종교인의 종교인소득에 대한 소득세를 원천징수하는 경우 [종교인소득 간이세액표]에 따른 세액을 기준으로 원천징수한다.

(3) 원천징수이행상황신고서 제출

종교 단체는 종교인소득을 지급하면서 원천징수한 세액을 다음달 10일까지 원천징수이행상황신고서를 작성하여 제출하여야 한다. (월별신고 또는 반기신고 가능)

(4) 원천징수세액 납부

종교 단체는 종교인소득을 지급하면서 원천징수한 세액을 다음 달 10일까지 금융 기관에 납부하여야 한다.

(5) 원천징수영수증(지급명세서) 교부

종교 단체는 소득금액, 원천징수세액을 확인할 수 있도록 종교인에게 원천징수영수증(지급명세서)을 교부하고 소득을 지급한 다음해 3월 10일까지 관할 세무서에 제출한다.

종교인소득 연말정산 보고하기

종교인소득 연말정산 실무 프로세스

종교인 사원등록 (기타연말정산용) 종교인월별기타소득입력 (연말정산용) 종교인기타소득자 연말정산

1 종교인 사원등록(기타연말정산용)

> 종교인소득 > 종교인소득관리 > 종교인사원등록(기타연말정산용)

연말정산 대상 종교인의 인적사항을 등록한다.

| 버튼 설명 |

버튼	설명
종교인 기타소득자 불러오기	[기타소득자등록]에 종교인으로 등록된 사원을 불러온다.
기본공제 재계산	부양가족명세의 주민등록번호를 기준으로 기본공제대상자를 재계산해준다.

2. 종교인 월별기타소득입력(연말정산용)

종교인소득 > 종교인소득관리 > 종교인월별기타소득입력(연말정산용)

연말정산 대상 종교인의 월별 급여내역을 입력한다.

| 버튼 설명 |

버튼	설명
지급일자	귀속월별 지급 내역을 확인할 수 있으며, 정기적으로 발생하는 급여나 상여금이 동일할 때 복사를 이용하여 손쉽게 작업할 수 있다. 또한 입력 실수 등으로 지급일자, 지급구분 등을 변경하고자 할 때 [지급일자]키를 이용하여 해당 내역을 삭제 후 다시 설정하여 등록할 수 있다.
재계산(F8)	과세, 비과세금액이 변경되거나 사원의 양 가족이 변경되는 등 입력된 정보의 내용을 변경하고

버튼	설명
	자 하는 경우 사용
기능모음의 수당공제등록	급여지급항목과 공제항목을 추가로 등록할 수 있으며, 수당등록시 과세/비과세를 구분하여 등록하여야 한다. 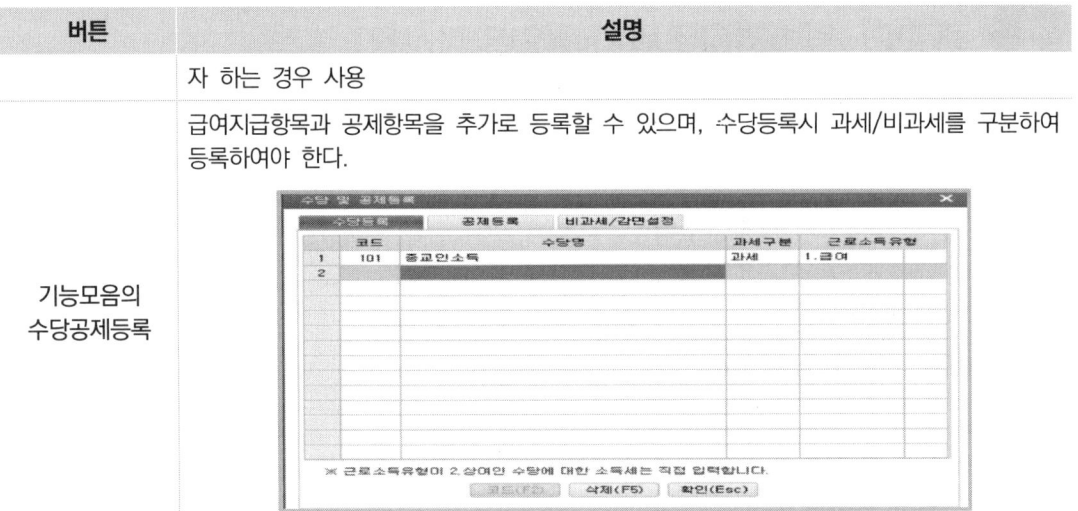

3 종교인기타소득자 연말정산

종교인소득 > 종교인소득관리 > 종교인기타소득자 연말정산

연말정산 대상 종교인의 소득공제내역과 기부금해당 내역을 입력하면 정산명세에 공제 내역이 반영된다. 77번기타소득자료불러오기 를 클릭하면 [기타소득자자료입력]의 77.종교인소득으로 입력된 자료를 조회하여 정산명세에 반영할 수 있다.

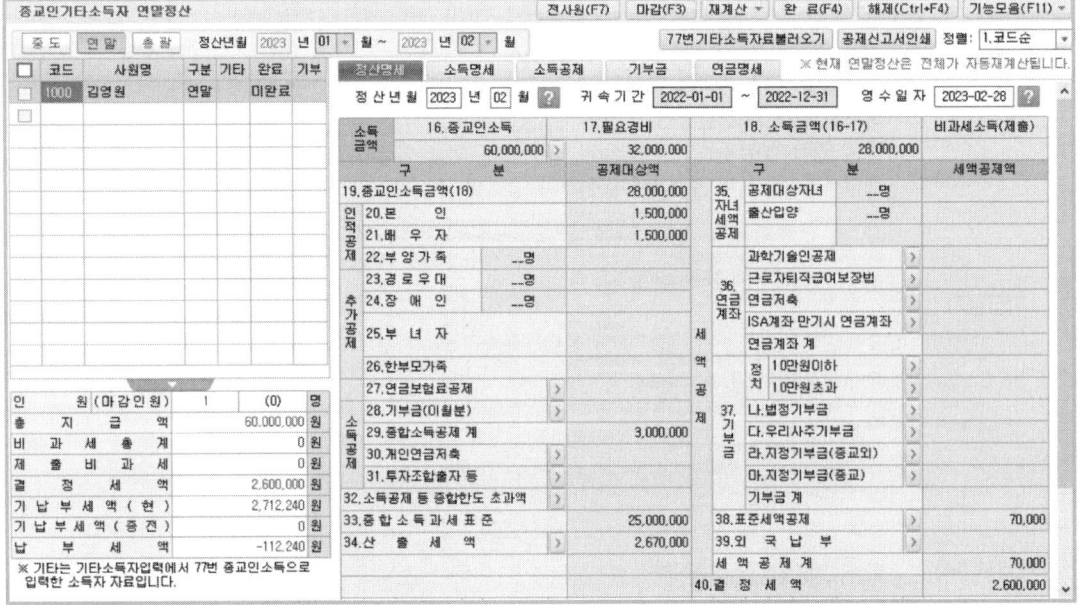

4. 종교인소득 지급명세서 작성

데이타 백업과 복구하기

1 데이터 백업

작업한 자료를 데이터로 백업받으며, 하단의 전체데이터백업을 선택하면 전체연도에 대한 자료를 백업할 수 있다.

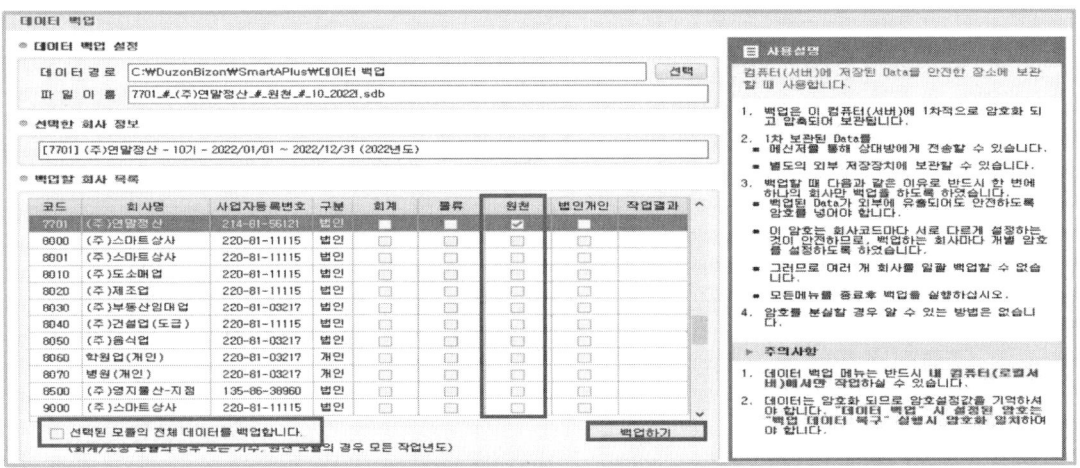

2 백업데이터 복구

백업받은 데이터를 SmartA에 복구하여야 작업을 진행할 수 있다.

서실장의 더존실무톡톡 | **서승희**

약력 | 건국대학교 행정대학원 석사
       가톨릭대학교(성심)경영학부 겸임교수
       동서울대학교 테크노경영학부 겸임교수
       ㈜더존비즈온 지식서비스센타 전임강사
       한국생산성본부 ERP전문강사
       한국공인회계사회 AT연수강사
       대한상공회의소 기업세무실무 연수강사
       스마트교육연구소 대표
       한국평생학습교육원 NCS경영아카데미 총괄이사
       세무TV 더존스마트에이 실무교육 전임교수
       유투브 서실장의 더존실무톡톡 운영중

저서 | ERP정보관리실무「경기도교육청」
       전산세무회계「경기도교육청」
       세무회계「경기도교육청」
       스마트에이 재무회계실무(BASIC)「도서출판 희소」
       스마트에이 재무회계실무(MASTER)「도서출판 희소」
       스마트에이 인사급여실무「도서출판 희소」
       스마트에이 부가가치세신고실무 Point50「나눔에이엔티」
       스마트에이 원천세실무 Point40「나눔에이엔티」
       스마트에이 법인세신고실무 Point50「나눔에이엔티」
       스마트에이 법인결산실무 Point50「나눔에이엔티」
       스마트에이 개인결산실무 Point50「나눔에이엔티」
       스마트에이 종합소득세신고실무 Point50「나눔에이엔티」

참고문헌

2021귀속 연말정산 신고실무. 서울지방세무사회
2022귀속 원천징수의무자를 위한 연말정산. 국세청
2022귀속 원천세 신고안내. 국세청
2022귀속 중소기업 취업자 소득세 감면제도 안내. 국세청
2022 개정세법 해설. 국세청
TAT2급(세무실무), 서승희. 나눔에이엔티
SmartA 사용설명서(인사급여), (주)더존비즈온
SmartA 사용자교육자료(인사급여), (주)더존비즈온

세무대리인이 알아야 할
연말정산실무 Point50

개정2판 발행	2022년 11월 11일
저자	서승희(유튜브: 서실장의 더존실무톡톡)
발행처	나눔에이엔티
발행인	이윤근
주소	서울시 성북구 보문로36길 39
전화	02-924-6545
팩스	02-924-6548
등록	제307-2009-58호
홈페이지	www.nanumant.com / www.sshedu.kr(동영상제공)
ISBN	978-89-6891-397-6
정가	18,000원

나눔에이엔티는 정확하고 신속한 지식과 정보를 독자분들께 제공하고자 최선의 노력을 다하고 있습니다. 그럼에도 불구하고 모든 경우에 완벽성을 갖출 수 없기에 본 서의 수록내용은 특정사안에 대한 구체적인 의견제시가 될 수 없으며, 적용결과에 대하여 당사가 책임지지 않으니 필요한 경우 전문가와 상담하시기 바랍니다.
이 책은 저작권법에 의해 보호를 받는 저작물이므로 당사의 서면허락 없이는 어떠한 형태로도 무단 전재와 복제를 금합니다.

※ 파본은 구입하신 서점이나 출판사에서 교환해 드립니다.